普通高等院校"十三五"规划教材

证券投资学

ZHENGQUAN

TOUZIXUE

喻晓平　耿选珍　查道中◎主　编
段小力　郭园园　赵　宏　吕　君　贺　华　杨虎锋◎副主编
关黎丽◎参　编

清华大学出版社
北　京

内容简介

未来，证券业的发展将在国际化、信息化、工程化、全能化方面进一步深化，由此将对证券业内具备国际化视野的复合型高级管理人才、专业人才提出更高的要求。为了适应证券投资人才需求的变化，本书在注重理论体系完整的同时，详细介绍了证券投资理论的应用和证券投资的基本方法。本书主要内容包括四大篇十二章，系统地阐述了证券投资的基础知识、证券投资的基本面分析、证券投资的技术分析、证券投资组合管理理论与策略等，并将国内外证券业发展和改革创新成果以专题、案例、思考题等形式呈现，进一步丰富教材内容。

本书适合应用型本科院校经济、管理、金融等专业的学生使用，也适合金融行业的从业人员和普通投资者参考使用。

图书在版编目(CIP)数据

证券投资学 / 喻晓平，耿选珍，查道中主编. —北京：清华大学出版社，2018(2025.2 重印)
(普通高等院校"十三五"规划教材)
ISBN 978-7-302-50489-4

Ⅰ.①证… Ⅱ.①喻… ②耿… ③查… Ⅲ.①证券投资-高等学校-教材 Ⅳ.①F830.91

中国版本图书馆 CIP 数据核字(2018)第 134733 号

责任编辑： 刘志彬
封面设计： 汉风唐韵
责任校对： 宋玉莲
责任印制： 丛怀宇

出版发行： 清华大学出版社
网　　址： https://www.tup.com.cn，https://www.wqxuetang.com
地　　址： 北京清华大学学研大厦 A 座　　**邮　　编：** 100084
社 总 机： 010-83470000　　**邮　　购：** 010-62786544
投稿与读者服务： 010-62776969，c-service@tup.tsinghua.edu.cn
质量反馈： 010-62772015，zhiliang@tup.tsinghua.edu.cn
印 装 者： 涿州市般润文化传播有限公司
经　　销： 全国新华书店
开　　本： 185mm×260mm　　**印　　张：** 15.5　　**字　　数：** 358 千字
版　　次： 2018 年 7 月第 1 版　　**印　　次：** 2025 年 2 月第 8 次印刷
定　　价： 50.00 元

产品编号：080180-01

前　言

我国证券市场自建立以来，一直处于我国经济改革和发展的前沿，推动我国经济体制和社会资源配置方式的变革。随着社会主义市场经济体制的逐步建立，市场在资源配置中发挥的作用越来越大，证券市场在国民经济中的地位和作用也日益突出。未来，我国证券市场的发展将面临新的机遇和挑战，将基本完成由“新兴＋转轨”向成熟市场的过渡，迈入全面发展的时期。一个更加公正、透明、高效的证券市场，将在我国经济构筑自主创新体系的过程中发挥重要作用，成为建设和谐社会的重要力量。同时，一个更加开放和具有国际竞争力的证券市场，也将在国际金融体系中发挥应有的作用。伴随证券市场的发展和变化，证券投资理论研究要与时俱进，证券投资人才的培养也要与之适应，因此证券投资学相关教材的内容也需要及时更新。正是基于这样的背景，我们组织编写了这本《证券投资学》教材。本书在编写过程中，着重突出以下几个特点。

第一，反映国内外证券投资学发展的最新成果。紧密联系全球经济、金融发展的最新动态，将证券投资纳入金融经济运行的整体框架中进行研究，使读者更清晰、更准确地把握证券投资学的基本理论框架。

第二，内容充实，通俗易懂。紧密结合本科阶段“证券投资学”课程的特点和新型人才培养的需要，在内容安排上，避免与相关课程内容交叉，充分考虑与先导课程和后续课程的衔接，力求体系完整、结构清晰、内容充实、行文简练，以及在教学中的适用性。

第三，注重理论与实践的结合。本书在内容安排和材料选用上注重专业性、权威性和实用性，引用了大量的历史资料、最新研究成果和相关理论，并将理论、案例、问题融为一体，体现了理论和实践相结合的特点。

总之，本书力求结合我国证券市场发展改革的实践，体现最新的研究成果；使用简洁的语言，深入浅出地阐述证券投资学的基本理论和原理。

本书由山东工商学院喻晓平、西昌学院耿选珍、淮北师范大学查道中任主编，郑州师范学院段小力、山东工商学院郭园园、山东农业工程学院赵宏、山东科技大学吕君、贵州大学明德学院贺华、西北农林科技大学经济管理学院杨虎锋任副主编，郑州师范学院关黎丽参与编写。尽管我们参考了大量文献，也做了最大努力，但仍存在很多缺点和不足，有待读者、专家补充和指正。

编　者

目　录

第一篇　基础知识

第二篇　基本面分析

第三篇 技术分析

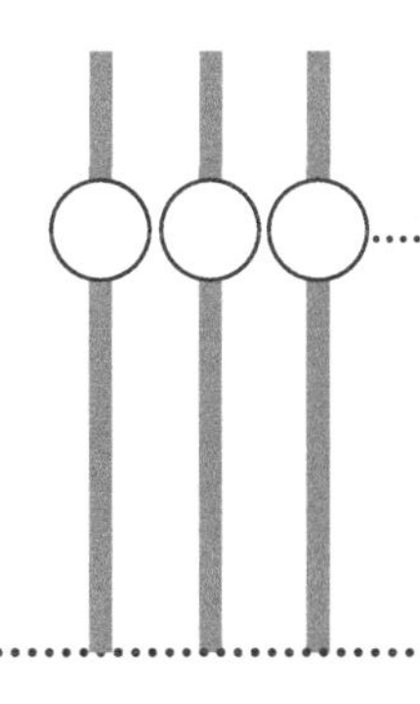

第一篇

基础知识

第一章 证券市场概述

知识目标

1. 掌握证券、证券市场的含义和分类；
2. 熟悉证券发行与流通的基本原理；
3. 了解国内外证券市场的产生与发展过程。

开篇导言

2016年，是我国证券市场崎岖坎坷、坚强果敢成长的第26个年头。

26年来，中国股票账户和基金开户数双双超过1亿大关，有千万个家庭和机构参与股票市场，证券市场的一举一动牵动着13亿人的脉搏和心跳。沪深股市最初只有13家上市公司，而今已突破3 000家，资本市场融资规模不断创新高。2016年，A股市场年融资额已经达到14 510亿元，股票总市值超过50万亿元。

26年来，我国已初步形成由主板、中小板、创业板、新三板和区域性股权市场构成的多层次资本市场体系，在调结构、促创新和引导资源配置等方面发挥了重要作用。

第一节 证券及证券市场

一、证券的含义和分类

从广义的角度来说，证券是指代表一定权利的书面凭证，如车船票、各类入场券、提单、仓单、栈单、邮票、存单、股票、债券等；从狭义的角度来说，证券特指有价证券，如股票、债券、证券投资基金、新股认购证等。

(一) 有价证券的含义

有价证券是指标有票面金额，证明持有人有权按期取得一定收入并可自由转让和买卖的所有权或债权凭证。有价证券是虚拟资本的一种形式，它本身没有价值，但有价格。有价证券有广义与狭义之分。广义的有价证券包括商品证券、货币证券和资本证券。狭义的有价证券特指资本证券。

▶ 1. 商品证券

商品证券是指证明持券人拥有商品所有权或使用权的凭证，取得这种证券就等于取得这种商品的所有权，持券人对这种证券所代表的商品的所有权受法律保护。属于商品证券的有提货单、运货单、仓库栈单等。

▶ 2. 货币证券

货币证券是指本身能使持券人或第三者取得货币索取权的有价证券。货币证券主要分为两大类：一类是商业证券，主要包括商业汇票和商业本票；另一类是银行证券，主要包括银行汇票、银行本票和支票。

▶ 3. 资本证券

资本证券是指由金融投资或与金融投资有直接联系的活动而产生的证券。持券人对发行人有一定的收入请求权。资本证券包括股票、债券及其衍生品种，如基金证券、可转换证券等。资本证券是有价证券的主要形式，在日常生活中，人们通常把狭义的有价证券——资本证券直接称为有价证券或者证券。

(二) 有价证券的分类

有价证券可以从不同角度，按不同标准进行分类。

▶ 1. 根据证券发行主体分类

根据证券发行主体的不同，有价证券可分为政府证券(包括中央政府债券、地方政府债券、政府机构债券)、公司证券和金融证券。

政府证券通常是指由中央政府或地方政府发行的证券。中央政府债券也称国债，通常由一国财政部发行。地方政府债券由地方政府发行，以地方税或其他收入偿还。政府机构债券是指由经批准的政府机构发行的证券，我国目前不允许政府机构发行证券。

公司证券是公司为筹措资金而发行的有价证券，公司证券的范围比较广泛，有股票、公司债券及商业票据等。其中，在公司债券中，通常将银行及非银行金融机构发行的证券称为金融证券。金融证券是较为常见的公司证券。

▶ 2. 根据证券上市与否分类

根据证券是否在证券交易所挂牌交易，有价证券可分为上市证券和非上市证券。

上市证券又称挂牌证券，是指经证券主管机关批准，并向证券交易所注册登记，获得在交易所内公开买卖资格的证券。

非上市证券又称非挂牌证券、场外证券，是指未申请上市或不符合在证券交易所挂牌交易条件的证券。

▶ 3. 根据证券收益是否固定分类

根据证券收益的固定与否，有价证券可分为固定收益证券和变动收益证券。

固定收益证券是指持券人可以在特定的时间内取得固定的收益并预先知道取得收益的数量和时间，如固定利率债券、优先股股票等。

变动收益证券是指收益随客观条件的变化而变化的证券。例如，普通股的股利收益事先不确定，而是由公司税后利润的多少来确定；又如，浮动利率债券的到期收益不确定，也属于变动收益证券。

一般来说，变动收益证券比固定收益证券的收益高、风险大，但是在通货膨胀条件下，固定收益证券的风险要比变动收益证券的风险大得多。

▶ 4. 根据证券募集方式分类

根据募集方式的不同，有价证券可分为公募证券和私募证券。

公募证券是指发行人通过中介机构向不特定的社会公众投资者公开发行的证券，其审批较严格，并采取公示制度。

私募证券是指向少数特定的投资者发行的证券，其审查条件相对宽松，投资者也较少，不采取公示制度。私募证券的投资者多为与发行者有特定关系的机构投资者，也有发行公司、企业的内部职工。

▶ 5. 根据转移方式的不同分类

根据转移方式的不同，有价证券可分为记名有价证券、无记名有价证券和指示有价证券。

记名有价证券是指在证券上记载证券权利人的姓名或名称的证券，如记名的票据和股票等。记名有价证券可按债权让与方式转让证券上的权利。

无记名有价证券是指在证券上不记载权利人的姓名或名称的证券，如国库券和无记名股票等。无记名有价证券上的权利由持有人享有，可以自由转让，证券义务人只对证券持有人负履行义务。

指示有价证券是指在证券上指明第一个权利人的姓名或名称的证券，如指示支票等。指示有价证券的权利人是证券上指明的人，证券义务人只对证券上记载的持券人负履行义务。指示有价证券的转让须由权利人背书并指定下一个权利人，证券义务人对指定的权利人负履行义务。

二、证券市场的含义和分类

(一) 证券市场的含义

证券市场是证券发行和交易的场所。从广义的角度来讲，证券市场是指一切以证券为对象的交易关系的总和。从经济学的角度来讲，可以将证券市场定义为通过自由竞争的方式，根据供需关系来决定有价证券价格的一种交易机制。在发达的市场经济中，证券市场是一个完整的市场体系的重要组成部分，它不仅反映和调节货币资金的运动，而且对整个经济的运行具有重要影响。

（二）证券市场的分类

按照不同的标准，证券市场可以分为以下几类。

1. 按照证券进入市场的顺序分类

按照证券进入市场的顺序，证券市场可以分为初级市场和次级市场。

初级市场又称一级市场，是证券发行人以筹集资金为目的，按照一定的法律规定和发行程序，向投资者出售新证券所形成的市场。

次级市场又称二级市场，是已发行证券通过买卖交易实现流通转让的市场。

2. 按照证券品种分类

按照证券品种的不同，证券市场可以分为股票市场、债券市场、基金市场等。

股票市场是股票发行和买卖交易的市场。股票市场的发行人为股份有限公司。

债券市场是债券发行和买卖交易的市场。债券的发行人有中央政府、地方政府、金融机构、公司和企业。

基金市场是证券投资基金份额发行和买卖交易的市场。

3. 按照市场组织形式分类

按照市场组织形式的不同，证券市场可以分为场内交易市场和场外交易市场。

场内交易市场是指证券交易所内的证券交易市场。场内交易市场是有组织、制度化的市场，其设立和运作需要符合法律法规的规定，如我国的上海证券交易所和深圳证券交易所。一般而言，证券必须达到证券交易所规定的上市标准才能够在场内交易。

场外交易市场是指在证券交易所以外进行证券交易的市场，如柜台市场。在柜台市场中，开办柜台交易的证券经营机构既是交易的组织者，又是交易的参与者。

三、证券市场的参与主体

证券市场的参与主体是证券市场的重要构成要素，主要包括证券发行人和证券投资者。除此之外，为了确保证券市场的规范、有序，还必须有证券市场中介机构、自律性组织和证券监管机构等。它们共同构成了证券市场的参与体系。

（一）证券发行人

证券发行人是指为筹措资金而发行债券、股票等证券的政府及其机构、金融机构、公司和企业。证券发行人是证券发行的主体。证券发行是将证券向投资者销售的行为。证券发行可以由发行人直接办理，这种证券发行方式称为自办发行或直接发行。自办发行是比较特殊的发行行为，也比较少见。20 世纪末以来，由于网络技术在发行中的广泛应用，自办发行开始增多。证券发行又称承销发行或间接发行，一般由证券发行人委托证券公司进行的。按照发行风险的承担、所筹资金的划拨及手续费高低等标准划分，承销发行的方式有包销和代销两种，包销又可分为全额包销和余额包销。

(二) 证券投资者

证券投资者是证券市场的资金供给者，也是金融工具的购买者。证券投资者类型甚多，投资的目的也各不相同，可分为机构投资者和个人投资者两大类。

▶ 1. 机构投资者

相对于个人投资者而言，机构投资者是指拥有资金、信息、人力等优势，能影响某个证券价格波动的投资者，包括企业、商业银行、非银行金融机构(如养老基金、保险基金、证券投资基金)等。各类机构投资者的资金来源、投资日的、投资方向虽各不相同，但一般都具有投资的资金量大、收集和分析信息的能力强、注重投资的安全性、可通过有效的资产组合以分散投资风险、对市场影响大等特点。

▶ 2. 个人投资者

个人投资者是指从事证券投资的居民，他们是证券市场最广泛的投资者。个人投资者的主要投资目的是追求盈利，谋求资本的保值和增值，所以十分重视本金的安全和资产的流动性。

(三) 证券市场中介机构

证券市场中介机构是指为证券的发行与交易提供服务的各类机构，包括证券公司和其他证券服务机构，通常把两者合称为证券中介机构。证券中介机构是连接证券投资者与筹资人的桥梁，证券市场功能的发挥在很大程度上取决于证券中介机构的活动。通过证券中介机构的经营服务活动，沟通了证券需求者与证券供应者之间的联系，不仅保证了各种证券的发行和交易，还起到了维持证券市场秩序的作用。

▶ 1. 证券公司

证券公司是指依法设立的可经营证券业务且具有法人资格的金融机构。证券公司的主要业务有承销、经纪、自营、投资咨询、购并、受托资产管理、基金管理等。证券公司一般分为综合类证券公司和经纪类证券公司。

▶ 2. 证券服务机构

证券服务机构是指依法设立的从事证券服务业务的法人机构，主要包括财务顾问机构、证券投资咨询公司、会计师事务所、资产评估机构、律师事务所、证券信用评级机构等。

(四) 自律性组织

自律性组织包括证券交易所和证券行业协会。

▶ 1. 证券交易所

根据《中华人民共和国证券法》的规定，证券交易所是提供证券集中竞价交易场所的不以营利为目的的法人。其主要职责有：提供交易场所与设施；制定交易规则；监管在该交易所上市的证券及会员交易行为的合规性、合法性，确保交易的公开、公平和公正。

▶ 2. 证券行业协会

证券行业协会是证券行业的自律性组织，是社会团体法人。证券行业协会的权力机构为由全体会员组成的会员大会。根据《中华人民共和国证券法》的规定，证券公司应当加入证券行业协会。证券行业协会应当履行协助证券监督管理机构组织会员执行有关法律，维护会员的合法权益，为会员提供信息服务，制定规则，组织培训和开展业务交流，调解纠纷，就证券业的发展开展研究，监督、检查会员行为，以及证券监督管理机构赋予的其他职责。

▶ 3. 证券登记结算机构

证券登记结算机构是为证券交易提供集中登记、存管与结算业务，不以营利为目的的法人。按照《证券登记结算管理办法》，证券登记结算机构实行行业自律管理。我国的证券登记结算机构为中国证券登记结算有限责任公司。

(五) 证券监管机构

在我国，证券监管机构是指中国证券监督管理委员会(以下简称中国证监会)及其派出机构。中国证券监督管理委员会是国务院直属的证券监督管理机构，依法对证券市场进行集中统一监管。它的主要职责是负责行业性法规的起草，负责监督有关法律法规的执行，负责保护投资者的合法权益，对全国的证券发行、证券交易、中介机构的行为等依法实施全面监管，维持公平而有秩序的证券市场。

全球知名的证券交易所

1. 纽约证券交易所

纽约证券交易所(New York Stock Exchange，NYSE)是世界上第二大证券交易所。纽约证券交易所曾是世界上最大的交易所，直到1996年，它的交易量被纳斯达克超过。2005年4月末，纽约证券交易所收购全电子证券交易所，成为一个盈利性机构。

纽约证券交易所的起源可以追溯到1792年5月17日，当时24个证券经纪人在纽约华尔街68号外一棵梧桐树下签署了《梧桐树协议》，宣告纽约股票交易所的诞生。1817年3月8日，这个组织起草了一项章程，并把名字更改为“纽约证券交易委员会”，1863年改为现名——纽约证券交易所。从1868年起，只有从当时老成员中买得席位方可取得成员资格。

纽约证券交易所的第一个总部是一间位于华尔街40号，月租200美元的房间，直到1865年，交易所才拥有自己的大楼。坐落在纽约市华尔街11号的大楼是1903年启用的。交易所内设有主厅、蓝厅、“车房”等3个股票交易厅和1个债券交易厅，是证券经纪人聚集和交易的场所，共设有16个交易亭，每个交易亭有16～20个交易柜台，均装备有现代化办公设备和通信设施。交易所的主要经营对象为股票，其次为各种国内外债券。除节假日外，交易时间每周5天，每天5小时。自20世纪20年代起，纽约证券交易所一直是国际金融中心，这里股票行市的暴涨与暴跌都会在其他资本主义国家的股票市场产生连锁反应，引起波动。现在，它还是纽约市最受欢迎的旅游名胜之一。

纽约证券交易所在“一战”发生后不久(1914 年 7 月)就被关闭了，但是这一年的 11 月 28 日又重新开放。1929 年 10 月 24 日，即“黑色星期四”，美国股票市场崩溃，股价下跌引起的恐慌又促使了大萧条的发生。1938 年 10 月 31 日，为了恢复投资者的信心，提高对投资公众的保护，交易所推出了“15 点计划”。

1934 年 10 月 1 日，纽约证券交易所向美国证券交易委员会申请注册成为一家全国性证券交易所，董事会由一位主席和 33 位成员组成。1971 年 2 月 18 日，非营利法人团体正式成立，董事会成员的数量减少到 25 位，规定只有盈利 250 万美元(税前)、最低发行售出股票 100 万股、给普通股东以投票权并定期公布财务的公司，其股票才有资格在交易所挂牌。1999 年 2 月，交易所的日均交易量达 6.7 亿股，交易额达 300 亿美元。截至 1999 年 2 月，在纽约证券交易所上市的公司已超过 3 000 家，其中包括来自 48 个国家的 385 家外国公司，在全球资本市场上筹措资金超过 10 万亿美元。另外，美国政府、公司和外国政府、公司，以及国际银行的数千种债券也在纽约证券交易所上市交易。

2006 年 6 月 1 日，纽约证券交易所宣布与泛欧证券交易所合并组成纽约证交所—泛欧证交所公司。1 股纽约证交所的股票可换取 1 股新公司股票，1 股泛欧证交所股票可换取 0.98 股新公司股票和 21.32 欧元现金。新公司总部设在纽约。

2. 纳斯达克

纳斯达克(NASDAQ)是美国全国证券交易商协会于 1968 年着手创建的自动报价系统，可以收集和发布场外交易非上市股票的证券商报价。它现已成为全球最大的证券交易市场，目前的上市公司有 5 400 多家，涵盖所有新技术行业，包括软件和计算机、电信、生物技术、零售和批发贸易等。世人瞩目的微软公司便是通过纳斯达克上市并获得成功的。纳斯达克指数是反映纳斯达克证券市场行情变化的股票价格平均指数，基本指数为 100。

纳斯达克股票市场是世界上主要的股票市场中成长速度最快的市场，并且是首家电子化的股票市场。每天在美国市场上换手的股票中，有超过半数的交易是在纳斯达克市场中进行的。纳斯达克在传统的交易方式上通过应用当今先进的技术和信息——计算机和电信技术，从而使它与其他股票市场相比能独树一帜。代表着世界上最大的几家证券公司的 500 多位券商被称作做市商，他们在纳斯达克市场中提供了 6 万个竞买和竞卖价格。这些大范围的活动由一个庞大的计算机网络(包括 70 多个计算机终端)进行处理，向遍布 52 个国家的投资者显示其中的最优报价。

投资者在纳斯达克市场上任何一只挂牌的股票的交易都采取公开竞争的方式来完成——用他们的自有资本来买卖纳斯达克股票，这种竞争活动和资本提供活动使交易活跃地进行，广泛有序的市场环境和指令的迅速执行为大小投资者买卖股票提供了有利条件。这一切不同于拍卖市场，拍卖市场有一个单独的指定交易员或特定的人，这个人被指定负责一种股票在这处市场上的所有交易并撮合买卖双方，在必要时为了保持交易的不断进行还要充当交易者的角色。纳斯达克强化了交易市场中的优秀因素，并增强了它的交易系统，这些改进使纳斯达克有能力把投资者的指令发送到其他的电子通信网络中，感觉好像进入了一个拍卖市场。

3. 东京证券交易所

东京证券交易所的历史虽然不长，却是世界上最大的证券交易中心之一，是日本最大的证券交易所，占日本全国交易量的80%以上。

东京证券交易所的前身是于1879年5月成立的东京证券交易株式会社。由于当时日本经济发展缓慢，证券交易不兴旺，1943年6月，日本政府合并所有证券交易所，成立了半官方的日本证券交易所，但成立不到4年就解体了。第二次世界大战前，日本的资本主义虽有一定的发展，但重工业、兵器工业均由国家垄断经营，纺织、海运等行业也由国家控制。那时，即使企业发行股票，往往也被同一财阀内部的企业所“消化”。因此，证券业务难以发展。日本战败后，1946年交易所解散。1949年1月，美国同意东京证券交易所重新开业。随着日本战后经济的恢复和发展，东京证券交易所也逐渐发展繁荣起来。

东京证券交易所的股票有两种交易方式：第一种方式是在股票交易大厅里对第一部的250种大宗股票和外国股票进行交易。交易大厅中有6个U形交易台，其中5个为国内股票交易台，1个为外国股票交易台，站在台外边的是正式会员公司派驻的交易员，站在台里边的是中介人会员。交易时，正式会员公司的交易员根据场外公司传来的指令，向台里边的中介人会员征询，谈判买卖。中介人会员的任务是把各正式会员移交的买卖委托，按交易规则加以撮合，使买卖成交，成交结果由计算机储存处理。第二种方式是通过电脑进行交易。除在第一部交易的股票外，其他所有的上市股票都是通过这种方式成交的。各会员公司通过计算机的指令输入装置向交易所内的中央处理机发出指令，通过交易室内的专用终端装置，由交易所经纪人按照显示的报价情况加以撮合成交。

4. 伦敦证券交易所

伦敦证券交易所是世界上历史最悠久的证券交易所。它的前身为17世纪末伦敦交易街的露天市场，是当时买卖政府债券的“皇家交易所”。1773年，露天市场迁入司威丁街的室内，并正式改名为“伦敦证券交易厅”。1802年，伦敦证券交易所获得英国政府正式批准。此后，在英国其他地方也出现了证券交易所，高峰时期达30余家。1967年，英国各地交易所组成了7个区域性的证券交易所。1973年，伦敦证券交易所与设在英国格拉斯哥、利物浦、曼彻斯特、伯明翰和都柏林等地的交易所合并成大不列颠及爱尔兰证券交易厅，各地证券交易所于20世纪80年代后期停止运作。1995年12月，该交易所分为两个独立的部分：一部分归属爱尔兰共和国；另一部分归属英国，即现在的伦敦证券交易所。

伦敦证券交易所曾为当时英国经济的兴旺立下汗马功劳，但随着英国国内和世界经济形势的变化，其浓重的保守色彩，特别是沿袭的陈规陋习严重阻碍了英国证券市场的发展。在这种形势下，伦敦证券交易所于1986年10月进行了重大改革，例如，改革固定佣金制；允许大公司直接进入交易所进行交易；放宽对会员的资格审查；允许批发商与经纪人兼营；证券交易全部实现自动化，与纽约、东京交易所联机，实现24小时全球交易。这些改革措施使英国证券市场发生了根本性的变化，巩固了其在国际证券市场中的地位。

5. 法兰克福证券交易所

法兰克福证券交易所也称德意志证券交易所，是世界四大证券交易所之一。

法兰克福证券交易所的证券交易业务全部由德国政府商会管理。政府商会由商会管理委员会、仲裁董事会、监事董事会和官方经纪人四方面组成，具体负责1896年国家颁布的《证券交易法》执行情况的监督，根据政策法令协调有关证券交易的事宜。至于地方其他证券市场如汉堡、布莱梅、汉诺威、斯图加特、慕尼黑等，主要由地方州政府负责管理，当地州政府有权批准或废除当地证券市场的交易业务。

资料来源：百度百科。

第二节　证券的发行市场与流通市场

一、证券发行市场

(一) 证券发行市场的含义

证券发行市场也称一级市场或初级市场，是证券发行人向投资者出售证券的市场。证券发行市场通常无固定场所，是一个无形的市场。

(二) 首次公开发行股票的准备工作与操作程序

1. 首次公开发行股票的准备工作

1) 聘请保荐机构和保荐代表人

发行人申请公开发行股票、可转换为股票的公司债券，依法采取承销方式的，或者公开发行法律、行政法规规定实行保荐制度的其他证券的，应当聘请具有保荐资格的机构担任保荐人。

保荐人应当遵守业务规则和行业规范，诚实守信，勤勉尽责，对发行人的申请文件和信息披露资料进行审慎核查，监督发行人规范运作。

保荐人的资格及管理办法由国务院证券监督管理机构规定。

2) 制作申请文件

设立股份有限公司公开发行股票，应当符合《中华人民共和国公司法》(以下简称《公司法》)规定的条件和经国务院批准的国务院证券监督管理机构规定的其他条件，向国务院证券监督管理机构报送募股申请和下列文件：①公司章程；②发起人协议；③发起人姓名或者名称，发起人认购的股份数、出资种类及验资证明；④招股说明书；⑤代收股款银行的名称及地址；⑥承销机构的名称及有关的协议。依照《公司法》规定聘请保荐人的，还应当报送保荐人出具的发行保荐书。

法律、行政法规规定设立公司必须报经批准的，还应当提交相应的批准文件。

3）申报、核准

（1）主板上市公司首次公开发行股票的核准程序。

① 申报。发行人按照中国证监会有关规定制作申请文件，由保荐机构保荐并向中国证监会申报。

② 受理。中国证监会在收到申请文件后 5 个工作日内做出是否受理决定。

③ 初审。由相关职能部门对发行人的申请文件进行初审。

④ 预披露。招股说明书申报稿在证监会网站预先披露。

⑤ 发审委审核。

⑥ 决定。

（2）创业板上市公司首次公开发行股票的核准程序。

① 发行人董事会做出在创业板上市的相关决议并提请股东大会批准(包括股票的种类和数量、发行对象，价格区间或者定价方式，募集资金用途，发行前滚存利润的分配方案，决议的有效期，对董事会办理本次发行的授权等)。

② 制作申请文件，向中国证监会申报(应当对发行人的成长性进行尽职调查和审慎判断，并出具专项意见，对自主创新企业还要在意见中说明其能力)。

③ 证监会在 5 日内做出是否受理的决定(初审后由创业板发审委审核，证监会对审核结果出具相关文件)。发行人自核准之日起的 6 个月内发行股票(未获核准的，可 6 个月后再次申请)。

2. 首次公开发行股票的操作程序

首次公开发行股票的具体操作包括推介、询价与定价、报价申购、发售、验资、承销总结等一系列活动。

1）推介

根据中国证监会证监发行字〔2001〕12 号《关于新股发行公司通过互联网进行公司推介的通知》的规定，新股发行公司在新股发行前，必须通过互联网采用网上直播(至少包括图像直播和文字直播)的方式向投资者进行公司推介，也可辅以现场推介。新股发行公司的董事长、总经理、财务负责人、董事会秘书(其他高级管理人员不限)和保荐人的项目负责人必须出席公司推介活动。新股发行公司关于进行网上直播推介活动的公告应与其招股说明书概要(或招股意向书)同日同报刊登，并在拟上市证券交易所指定网站(一般为巨潮资讯网)同日发布。网上直播推介活动的公告内容至少应包括网站名称、推介活动的出席人员名单、时间(推介活动不少于 4 个小时)等，直播内容应以电子方式报备中国证监会和拟上市证券交易所。

2）询价与定价

根据中国证监会证监发行字〔2004〕162号《关于首次公开发行股票试行询价制度若干问题的通知》，首次公开发行股票的公司(以下简称发行人)及其保荐机构应通过向询价对象询价的方式确定股票发行价格，询价对象是指符合中国证监会规定条件的证券投资基金管理公司、证券公司、信托投资公司、财务公司、保险机构投资者和合格境外机构投资者(QFII)，以及其他经中国证监会认可的机构投资者。询价分为初步询价和累计投标询价两个阶段，发行人及其保荐机构应通过初步询价确定发行价格区间，通过累计投标询价确定发行价格。首次发行的股票在中小企业板上市的，发行人及其主承销商可以根据初步询价结果确定发行价格，不再进行累计投标询价。发行申请经中国证监会核准后，发行人应公告招股意向书，开始进行推介和询价。

3）报价申购、发售、验资

申购一般分为网上申购和网下申购。网上申购一般针对个人投资者，网下申购一般针对机构投资者。一般申购流程如下。

T日：上网发行。

T+1日：中国证券登记结算有限责任公司(以下简称登记公司)冻结申购资金，主承销商联系会计师事务所对申购资金进行验资，并且联系摇号队和公证处。

T+2日：主承销商与会计师事务所在登记公司进行验资，根据验资情况书面通知证券交易所本次网上发行的数量和价格；主承销商把验资报告报送证券交易所并取得中签率，准备中签率公告、发行数量及价格公告，并联系报社准备次日刊登。

T+3日：中签率公告见报，主承销商举行摇号仪式；发行数量及价格公告见报；主承销商准备摇号结果公告，联系报社于次日刊登。

T+4日：登记公司解冻资金，并将募集资金划至主承销商指定的席位对应清算账户；登记公司向发行人提供股东软盘；中签摇号结果公告见报。

T+4日之后：主承销商将股款缴付公司，发行人请会计师事务所检验资金到位情况，签署验资报告；发行人到登记公司办理股权托管证明；主承销商与发行人做好上市前准备工作。

4)承销总结

主承销商应当在证券上市后10日内向中国证监会报备承销总结报告，总结说明发行期间的基本情况及新股上市后的表现，并提供下列文件：募集说明书单行本、承销协议及承销团协议、律师见证意见、会计师事务所验资报告，以及中国证监会要求的其他文件。

专题

我国股票发行审核制度的演变

总体来看，我国股票发行审核制度的演变经历了从审批制到核准制的转变过程。这一过程又分别或同时与额度管理、指标管理、通道制和保荐制四个阶段并行，其中额度管理和指标管理属于审批制，通道制和保荐制属于核准制。

一、额度管理阶段(1993—1995 年)

这一阶段的主要做法是国务院证券管理部门根据国民经济发展需求及资本市场的实际情况，首先确定融资总额度，然后根据各个省级行政区域和行业在国民经济发展中的地位和需要进一步分配总额度，再由省级政府或行业主管部门来选择和确定可以发行股票的企业(主要是国有企业)。

二、指标管理阶段(1996—2000 年)

这一阶段实行"总量控制，限报家数"的做法，由国务院证券主管部门确定在一定时期内发行上市的企业家数，然后向省级政府和行业主管部门下达股票发行家数指标，省级政府或行业主管部门在上述指标内推荐预选企业，证券主管部门对符合条件的预选企业同意其上报发行股票正式申报材料并审核。

三、通道制阶段(2001 年 3 月—2004 年 12 月)

2001 年 3 月，实行了核准制下的通道制，也就是向综合类券商下达可以推荐拟公开发行股票的企业家数。只要具有主承销商资格，就可获得 2～9 个通道，具体通道数主要以 2000 年该主承销商所承销的项目数为基准，新的综合类券商将有 2 个通道。主承销商的通道数也就是其可以推荐申报的拟公开发行股票的企业家数。通道制下股票发行名额有限的特点未变，但通道制改变了过去行政机制遴选和推荐发行人的做法，使主承销商在一定程度上承担了股票发行风险，同时也获得了遴选和推荐股票发行人的权利。

2004 年 2 月保荐制度实施后，通道制并未立即废止，每家券商仍须按通道报送企业，直至 2004 年 12 月 31 日彻底废止了通道制。因此，2004 年 2—12 月为通道制与保荐制并存时期。

四、保荐制阶段(2004 年 2 月至今)

保荐制下，企业发行上市不但要有保荐机构进行保荐，还要有保荐代表人资格的从业人员具体负责保荐工作。保荐工作分为两个阶段，即尽职推荐和持续督导阶段。

从中国证监会正式受理公司申请文件到完成发行上市为尽职推荐阶段。证券发行上市后，首次公开发行股票的，持续督导期间为上市当年剩余时间及其后两个完整会计年度。保荐机构和保荐代表人在向中国证监会推荐企业发行上市前，要对发行人进行尽职调查和专业辅导培训，保荐机构要在推荐文件中对发行人是否符合发行上市条件，申请文件不存在虚假记载、误导性陈述或重大遗漏等事项做出承诺。证券发行上市后，保荐机构要持续督导发行人履行规范运作、信守承诺、信息披露等义务。保荐制的核心内容是进一步强化和细化了保荐机构的责任，尤其是以保荐代表人为代表的证券从业人员的个人责任。实施证券发行上市保荐制度是深化发行审核制度改革的重大举措，是对证券发行上市建立市场约束机制的重要制度探索，将推动证券发行制度从核准制向注册制转变。

资料来源：投融界．我国股票发行审核制度经历了哪些演变？东方财富网。

(三) 债券与基金的发行和承销

1. 债券的发行承销

1) 债券的发行

债券发行是指发行人以借贷资金为目的，依照法律规定的程序向投资者要约发行代表一定债权和兑付条件的债券的法律行为。债券发行是证券发行的重要形式之一。按照不同的分类标准，债券的发行方式可分为以下几种。

(1) 按照债券的发行对象，债券的发行可分为私募发行和公募发行两种方式。

私募发行是指面向少数特定的投资者发行债券，一般以少数关系密切的单位和个人为发行对象，不对所有的投资者公开出售。具体发行对象有两类：一类是机构投资者，如大的金融机构或与发行者有密切业务往来的企业等；另一类是个人投资者，如发行单位自己的职工，或使用发行单位产品的用户等。私募发行一般多采取直接销售的方式，不经过证券发行中介机构，不必向证券管理机关办理发行注册手续，这样可以节省承销费用和注册费用，手续比较简便。但是私募债券不能公开上市，流动性差，利率比公募债券高，发行数额一般不大。

公募发行是指公开向广泛不特定的投资者发行债券。公募债券发行者必须向证券管理机关办理发行注册手续。由于发行数额一般较大，通常要委托证券公司等中介机构承销。公募债券信用度高，可以上市转让，因而发行利率一般比私募债券利率低。

西方国家以公募方式发行国家债券一般采取招标投标的办法进行。投标又分为竞争性投标和非竞争性投标。竞争性投标是指先由投资者(大多是投资银行和大证券商)主动投标，然后由政府按照投资者自报的价格和利率，或从高价开始，或从低价开始，依次确定中标者名单和配额，直到完成预定发行额为止。非竞争性投标是指政府预先规定债券的发行利率和价格，由投资者申请购买数量，政府按照投资者认购的时间顺序，确定他们各自的认购数额，直到完成预定发行额为止。

(2) 按照债券的实际发行价格和票面价格的异同，债券的发行可分平价发行、溢价发行和折价发行。

平价发行是指债券的发行价格和票面价格相等，因而发行收入的数额和将来还本数额也相等。前提是债券发行利率和市场利率相同，这在西方国家比较少见。

溢价发行是指债券的发行价格高于票面价格，以后偿还本金时仍按票面价格偿还。只有在债券票面利率高于市场利率的条件下才能采用这种发行方式。

折价发行是指债券发行价格低于债券票面价格，而偿还时却要按票面价格偿还本金。折价发行是因为规定的票面利率低于市场利率。

2) 债券的承销

根据证券经营机构在承销过程中承担的责任和风险的不同，承销又可分为包销、投标承购、代销、赞助推销四种方式。

包销是指发行人与承销机构签订合同，由承销机构买下全部或销售剩余部分的证券，承担全部销售风险。包销适用于那些资金需求量大、社会知名度低而且缺乏证券发行经验的企业。

投标承购通常是在投资银行处于被动竞争较激烈的情况下采用的。采用这种形式发行的证券通常信用较高，较受投资者欢迎。

代销一般是在投资银行认为该证券的信用等级较低，承销风险大的情况下而采用的。这时，投资银行只接受发行者的委托，代理其销售证券，如在规定的期限计划内发行的证券没有全部销售出去，则将剩余部分返回证券发行者，发行风险由发行者自己承担。

赞助推销通常在发行公司增资扩股时采用，其主要对象是现有股东，但又不能确保现有股东均认购其证券，为防止难以及时筹集所需资金，甚至引起本公司股票价格下跌，发行公司一般都要委托投资银行办理对现有股东发行新股的工作，从而将风险转嫁给投资银行。

▶ 2. 基金的发行和承销

1）基金的发行

证券投资基金的发行也叫基金的募集，是指基金发起人在其设立或扩募基金的申请获得国家主管部门批准之后，向投资者推销基金单位、募集资金的行为。发行方式是指基金募集资金的具体办法。

在国外，常见的基金发行方式有四种：①直接销售方式，是指基金不通过任何专门的销售部门直接销售给投资者的销售办法；②包销方式，是指基金由经纪人按基金的资产净值买入，然后再以公开销售价格转卖给投资者，从中赚取买卖差价的销售办法；③销售集团方式，是指由包销人牵头组成几个销售集团，基金由各销售集团的经纪人代销，包销人支付给每个经纪人一定的销售费用的销售方式；④计划公司方式，是指在基金销售过程中，有一公司在基金销售集团和投资者之间充当中间销售人，以使基金能以分期付款的方式销售出去的方式。

2）基金的承销

基金的承销过程也是基金的交易过程，是在基金成立之后进行的买卖活动。根据基金的运作方式不同，可将基金分为封闭式基金和开放式基金。封闭式基金一般是在证券交易所申请挂牌上市的。由于封闭式基金的封闭性，买入的封闭式基金不能卖回给发起人，投资者若想将手中的基金卖出，只能通过证券交易所的交易主机进行撮合转让给其他投资者；若想买入，也要通过证券交易所从其他投资者手中买进。开放式基金一般不到证券交易所挂牌上市交易，而是通过指定的销售网点进行申购或赎回。开放式基金的开放性对投资者来说，就是可以随时从基金发起人和基金管理公司买入(术语叫申购)或卖出(术语叫赎回)基金。

二、证券流通市场

(一) 证券流通市场的含义

证券流通市场又称二级市场、次级市场，是已发行的证券通过买卖交易实现流通转让的场所。证券流通市场一般由两个子市场构成：一是证券交易所市场，其交易有固定的场所和固定的交易时间，是最重要的、集中的证券流通市场；二是场外交易市场，是证券经营机构开设的证券交易柜台，不在证券交易所上市的证券可申请在场外进行交易。

(二) 证券流通市场的交易方式

以证券交割清算的期限和实际交易的内容为依据，可以把证券交易方式分为现货交易、期货交易、期权交易和信用交易等。

1. 现货交易

现货交易是指交易双方达成交易协议后马上办理交割手续的交易方式。

2. 期货交易

期货交易是指交易双方在成交后签订一个契约，约定将来在某一时日按约定的条件进行清算交割的交易方式。

中国股指期货的推出

2010 年 4 月 16 日，沪深 300 股指期货合约正式在中国金融期货交易所上线交易(见表 1-1)。股指期货的推出，进一步丰富了资本市场的风险管理手段，大大提高了我国资本市场的活跃程度。2014 年，国务院颁布了《关于进一步促进资本市场健康发展的若干意见》(简称新国九条)，指出为了适应资本市场风险管理的需要，逐步丰富股指期货、股指期权和股票期权等金融衍生产品，继沪深 300 股指期货后，先后推出了 5 年期和 10 年期国债期货、上证 50ETF 期权、上证 50 和中证 50 股指期货等。

表 1-1 沪深 300 指数期货合约标准

项目	内容
合约标的	沪深 300 指数
合约乘数	每点 300 元
报价单位	指数点
最小变动价位	0.2 点
合约月份	当月、下月及随后两个季月
交易时间	上午：9：15—11：30，下午：13：00—15：15
最后交易日交易时间	上午：9：15—11：30，下午：13：00—15：00
每日价格最大波动限制	上一个交易日结算价的±10%
最低交易保证金	合约价值的 12%

续表

项　目	内　容
最后交易日	合约到期月份的第三个周五，遇国家法定假日顺延
交割日期	同最后交易日
交割方式	现金交割
交易代码	IF
上市交易所	中国金融期货交易所

▶ 3. 期权交易

期权交易是一种单方面的权利有偿转让交易方式，期权的买方在支付了一定的期权费后，即拥有了在一定时间内按合约规定的价格出售或购买一定数量证券的权利。

▶ 4. 信用交易

信用交易又称保证金交易和垫头交易，是指证券交易的当事人在买卖证券时，只向证券公司交付一定的保证金，或者只向证券公司交付一定的证券，而由证券公司提供融资或者融券进行交易。因此，信用交易具体分为融资买进和融券卖出两种。也就是说，客户在买卖证券时仅向证券公司支付一定数额的保证金或交付部分证券，其应当支付的价款和应交付的证券不足时，由证券公司进行垫付，而代理进行证券的买卖交易。其中，融资买入证券为“买空”，融券卖出证券为“卖空”。

证券公司融资融券业务

融资融券业务是指证券公司向客户出借资金供其买入证券或出借证券供其卖出证券的业务。

融资融券交易分为融资交易和融券交易两类：客户向证券公司借资金买入证券为融资交易；客户向证券公司借证券卖出为融券交易。我国融资融券业务的推出经历了融资融券业务法规的制定、融资融券业务的试点、融资融券业务的推广、融资融券业务的市场化四个阶段。

中国证监会于2006年6月发布了《证券公司融资融券业务试点管理办法》。2008年4月，国务院正式公布《证券公司监督管理条例》和《证券公司风险处置条例》，对融资融券业务的定义、范围、资金、证券来源、账户管理和风险控制等做了具体规定。2008年10月5日，中国证监会宣布正式启动证券公司融资融券业务试点工作，融资融券业务最终于2010年3月31日正式启动。

资料来源：中国证监会网站。

第三节 国内外证券市场的产生与发展

一、中国证券市场的产生与发展

中国证券市场的发展历史是中国改革开放历史的缩影。证券市场的出现和发展是中国经济逐渐从计划体制向市场体制转型过程中最为重要的成就之一，而证券市场改革和发展的经验也是中国经济改革宝贵经验的重要组成部分。中国证券市场从开始出现的第一天起，就站在中国经济改革和发展的前沿，推动中国经济体制和社会资源配置方式的变革。而随着市场经济体制的逐步建立，社会对市场化资源配置的需求日益增加，证券市场在国民经济中发挥作用的范围和程度也日益提高。回顾改革开放以来中国证券市场的发展历史，大致可以划分为以下三个阶段。

(一) 新中国证券市场的萌芽(1978—1991 年)

从 20 世纪 70 年代末到 80 年代中期，中国的改革遵循的是一条"放权让利"的思路。这就是当时采取的"将更多的决策权下放给地方政府和生产单位，同时给予地方、企业和个人以更多的利益，允许一部分人先富起来"的"经济民主化"的政策。与此同时，中国出现了国债、企业债和金融债。1981 年 7 月，国务院决定恢复发行国债，开启了改革开放后中国债券市场的发展进程。1986 年 8 月，沈阳市信托投资公司率先开办了代客买卖股票和债券及企业债券抵押业务。同年 9 月，中国工商银行上海市信托投资公司静安业务部率先对其代理发行的飞乐音响公司和延中实业公司的股票开展柜台挂牌交易，标志着股票二级市场的初步形成。

从 1988 年 4 月起，沈阳等 7 个城市开始开展个人持有的国库券的转让业务，同年 6 月，这种转让市场扩大到全国 28 个省市区 54 个大中城市，1991 年年初，国库券转让市场在全国范围内出现。这些采用柜台交易方式的国库券转让市场是债券二级市场的雏形。

(二) 全国证券市场的初步形成(1992—1998 年)

1990 年 12 月，上海证券交易所、深圳证券交易所相继成立。1991 年，上海证券交易所共有 8 只上市股票，25 家会员；深圳证券交易所共有 6 只上市股票，15 家会员。1992 年 10 月，国务院决定设立国务院证券管理委员会和中国证监会，12 月，国务院发布《关于进一步加强证券市场宏观管理的通知》，明确了中央政府对证券市场的统一管理体制。中国证监会的成立，标志着中国证券市场开始逐步纳入全国统一监管框架，全国性市场由此开始发展。在监管部门的推动下，中国证券市场建立了一系列的规章制度，初步形成了证券市场的法规体系。

中国证监会成立后，股票发行试点走向全国。在证券市场创建初期，各方对证券市场的规则、自身权利和义务的认识不足，为了防止一哄而上，避免股票发行引起投资过热的现象，监管机构采取了额度指标管理的审批制度，具体做法是将额度指标下达至省级政府或行业主管部门，由其在指标限度内推荐企业，再由证监会审批企业发行股票。1992—1998 年，我国上市公司数量增长状况如图 1-1 所示。

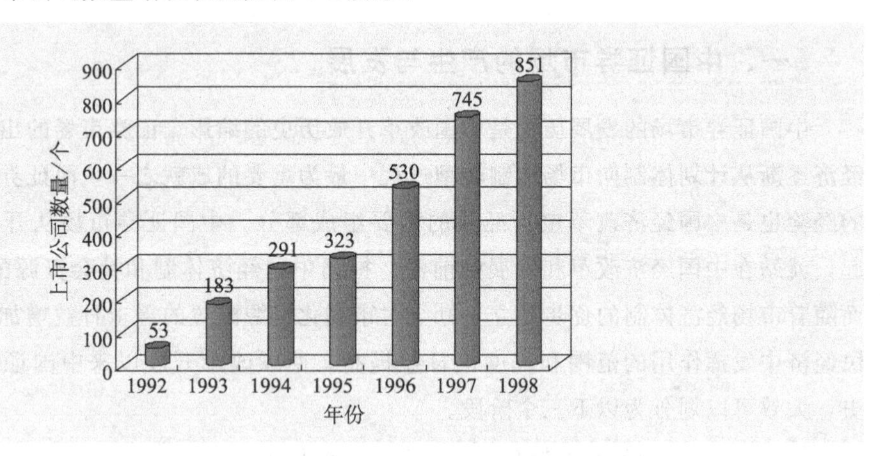

图 1-1　1992—1998 年上市公司数量增长状况

资料来源：历年《中国证券期货统计年鉴》。

1993—1997 年证券市场情况如表 1-2 所示。

表 1-2　1993—1997 年证券市场情况

年份	A 股筹资/亿元	B 股筹资/亿元	投资者开户数/万个	股票市价总值/百万元	股票流通市值/百万元	沪深交易量/百万元
1993	276.41	38.13	835.17	354 152.07	86 162.97	362 720.32
1994	99.78	38.27	1 107.765	369 061.68	96 890.11	812 762.89
1994	85.51	33.35	1 294.19	347 427.64	93 821.91	403 645.27
1995	294.34	47.18	2 422.08	984 238.66	286 704.01	2 133 217.43
1996	825.92	107.90	3 480.26	1 752 923.7	520 442.39	3 072 183.20
1997	778.02	25.55	4 259.88	1 952 181.21	574 537.94	2 352 731.48

资料来源：历年《中国证券期货统计年鉴》。由于中国股票市场在 2005 年之前存在国有股和法人股暂不流通，故存在股票市价总值和股票流通市值之分。

(三) 证券市场的快速规范发展(1999 年至今)

1999 年 7 月，《中华人民共和国证券法》(以下简称《证券法》)实施，以法律形式确认了证券市场的地位。2005 年 11 月，修订后的《证券法》发布。在这期间，随着国企改革的深入，国有股份公司和非国有股份公司不断进入证券市场，成为证券市场新的组成部分，中国股票市场得到较快发展，上市公司数量快速增长。

为了积极推进证券市场的改革开放和稳定发展，国务院于 2004 年 1 月发布了《关于推进证券市场改革开放和稳定发展的若干意见》，此后，中国证券市场推行了一系列的改革措施，以完善证券市场基础性制度，主要包括实施股权分置改革、提高上市公司质量、对证券公司综合治理、改革发行制度、大力发展机构投资者等。经过这些改革，投资者信心得到恢复，证券市场出现转折性变化。

2001年12月，中国加入世界贸易组织(以下简称"入世")，此后，中国证券市场对外开放步伐明显加快。截至2006年年底，中国已全部履行了"入世"时有关证券市场对外开放的承诺。中国"入世"时证券业对外开放承诺包括：外国证券机构可以直接从事B股交易；外国证券机构驻华代表处可以成为所有中国证券交易所的特别会员；允许外国服务提供者设立合资公司，从事国内证券投资基金管理业务，外资比例不超过33%，"入世"后3年内外资比例不超过49%；"入世"后3年内，允许外国证券公司设立合资公司，外资比例不超过1/3，合资公司可以不通过中方中介从事A股的承销，B股、H股及政府与公司债券的承销和交易，以及基金的发起。对外开放推进了中国证券市场的市场化、国际化进程，促进了证券市场的成熟和发展壮大。

2005年4月，经国务院批准，中国证监会发布了《关于上市公司股权分置改革试点有关问题的通知》，启动股权分置改革试点工作。股权分置改革后A股进入全流通时代，大小股东利益趋于一致。2006年1月，修订后的《证券法》《公司法》正式施行。同月，中关村高科技园区非上市股份制企业开始进入代办转让系统挂牌交易。2006年9月，中国金融期货交易所批准成立，有力推动了中国金融衍生产品的发展，完善了中国资本市场体系结构。2007年7月，中国证监会下发了《证券公司分类监管工作指引(试行)》和相关通知，这是对证券公司进行风险监管的新举措。2009年10月，创业板的推出标志着多层次资本市场体系框架基本建成。2010年，证券市场制度创新取得新的突破。2010年3月、2010年4月，融资融券和股指期货的推出为资本市场提供了双向交易机制，这是中国证券市场金融创新的又一重大举措。2012年8月、2013年2月，转融资和转融券业务陆续推出，有效地扩大了融资融券发展所需的资金和证券来源。2013年11月，中国共产党第十八届中央委员会第三次全体会议召开，会议提出的对金融领域的改革，为证券市场带来新的发展机遇。2013年11月30日，中国证监会发布《关于进一步推进新股发行体制改革的意见》，新一轮新股发行制度改革正式启动。2013年12月，以及新三板准入条件进一步放开，新三板市场正式扩容至全国。2014年5月，证监会印发《关于进一步推进证券经营机构创新发展的意见》，就进一步推进证券经营机构创新发展，建设现代投资银行、支持业务产品创新、推进监管转型3部分提出了15条意见。2015年11月，证监会发布《关于进一步推进全国中小企业股份转让系统发展的若干意见》，进一步强调加快发展全国股转系统的重要意义，进一步明确全国股转系统在多层次资本市场体系中的战略定位，进一步明确全国股转系统下一步转型发展的方向和重点，对推进全国股转系统的创新发展具有重要指导意义。

随着多层次资本市场体系的建立和完善，新股发行体制改革的深化，以及新三板、股指期货等制度创新和产品创新的推进，中国证券市场逐步走向成熟，证券市场为中国经济提供投融资服务等功能将日益突出和体现。

经过 20 多年的发展，不论是从上市公司的数量，还是从融资金额、上市公司市值等方面来看，中国资本市场均已具备了相当的规模，其在融资、优化资源配置等方面为中国经济的发展发挥着越来越重要的作用。2006—2016 年，我国证券市场上市公司数量以及市值情况如图 1-2 所示。

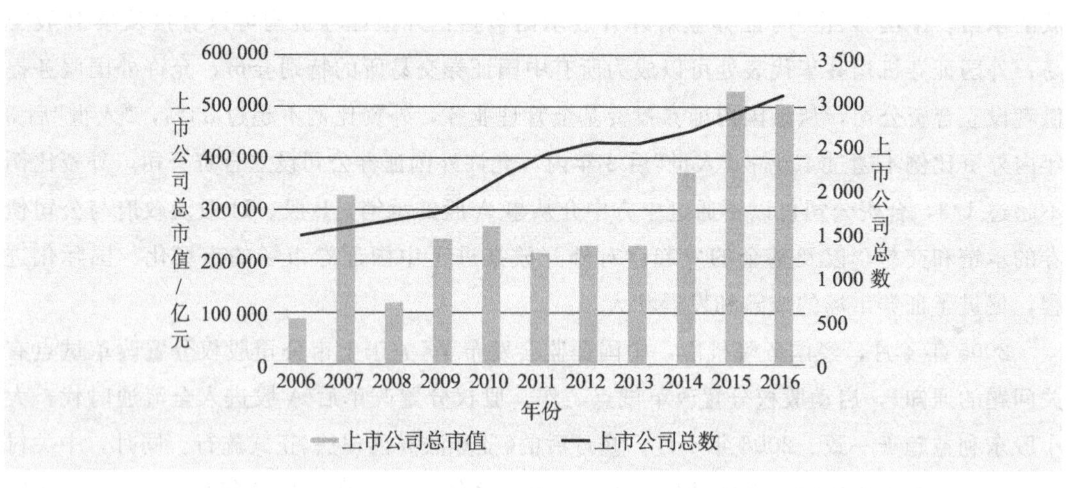

图 1-2　2006—2016 年我国证券市场上市公司数量以及市值情况

数据来源：根据统计资料整理。

二、西方国家证券市场的产生与发展

纵观西方证券市场的发展历程，大概经历了萌芽阶段、发展阶段和完善阶段。

(一) 证券市场的萌芽阶段(17 世纪初—18 世纪末)

回顾资本主义经济社会发展的历史，证券市场的最初萌芽可以追溯到 16 世纪初资本主义原始积累时期的西欧。当时法国的里昂、比利时的安特卫普已经有了证券交易活动，最早进入证券市场交易的是国家债券。17 世纪初，随着资本主义经济的发展，出现了所有权与经营权相分离的生产经营方式，即股份公司。股份公司的形成促使股票、债券开始发行，从而使股票、公司债券等进入有价证券交易的行列。1602 年，荷兰的阿姆斯特丹成立了世界上第一家股票交易所。1773 年，英国的第一家证券交易所在“乔纳森咖啡馆”成立，于 1802 年获得英国政府的正式批准。这家证券交易所即为伦敦证券交易所的前身。该交易所的交易品种最初是政府债券，此后，公司债券和矿山、运河股票进入交易所交易。1790 年，美国第一家证券交易所——费城证券交易所宣布成立，从事政府债券等有价证券的交易活动。1792 年 5 月 17 日，24 名经纪人在华尔街的一棵梧桐树下聚会，商订了一项名为《梧桐树协议》的协议，约定每日在梧桐树下聚会，从事证券交易，并定出了交易佣金的最低标准及其他交易条款。1817 年，这些经纪人共同组成了“纽约证券交易会”，1863 年改名为“纽约证券交易所”，这便是著名的纽约证券交易所的前身。在 18 世纪资本主义产业革命的影响下，包括铁路、运输、矿山、银行等行业的股份公司成为普遍的企业组织形式，其股票以及各类债券都在证券市场上流通，这一切标志着证券市场已基本形成。

这一时期证券市场的特点是：信用工具很单一，主要是股票、债券两种形式；证券市场规模小，主要采用手工操作；证券市场行情变动较大，投机、欺诈、操纵行为十分普遍；证券市场立法很不完善，证券市场也较为分散。

(二) 证券市场的发展阶段(19 世纪初—20 世纪 20 年代)

18 世纪 70 年代开始的工业革命推动了机器制造业的迅速发展，并使股份公司在机器制造业中普遍建立起来。英国的产业革命在 19 世纪 30 年代末 40 年代初完成。机器大工业取代了传统的工场手工业，机器制造业在工业体系中逐渐取得了优势地位。19 世纪 70—80 年代，股份公司有了极大的发展。1862 年，英国有 165 家股份公司，80 年代中期，登记的股份公司达 1.5 万多家。在英国发生的这些事情，无一例外地也在多数资本主义国家发生。美国、法国、德国等欧美资本主义国家在产业革命后，股份公司迅速成为企业的主要组织形式。股份公司的建立和发展使有价证券发行量不断扩大，据统计，世界有价证券发行额 1871—1880 年为 761 亿法郎，1881—1890 年为 645 亿法郎，1891—1990 年为 1 004亿法郎，1911—1920 年为 3 000 亿法郎，1921—1930 年为 6 000 亿法郎。与此同时，有价证券的结构也发生了变化，在有价证券中占有主要地位的不是政府公债，而是公司股票和企业债券。据统计，1900—1913 年发行的有价证券中，政府公债占有价证券发行总额的 40%，公司债券和各类股票则占 60%。

综观这一时期的证券市场，其主要特点是：第一，股份公司逐渐成为经济社会中的主要企业组织形式；第二，有价证券发行量不断扩大，已初具规模；第三，一些国家开始加强证券管理，引导证券市场规范运行，如英国在 1862 年颁布了《股份公司条例》，德国在 1892 年通过了《有限责任公司法》，法国在 1867 年通过了《公司法》，日本在 1894 年制定了《证券交易法》等；第四，证券交易市场得到了发展，如日本东京证券交易市场形成于 1878 年，苏黎世证券交易所创建于 1877 年，1891 年中国香港成立了股票经纪协会，1914 年易名为香港证券交易所，等等。

(三) 证券市场的完善阶段(20 世纪 30 年代以来)

1929—1933 年的经济危机是资本主义世界最严重、最深刻的一次经济危机。这次危机严重地影响了证券市场，当时世界主要证券市场股价一泻千里，市场崩溃，投资者损失惨重。1932 年 7 月 8 日，道琼斯工业股票价格平均数只有 41 点，仅为 1929 年最高水平的 11%。这次危机使各国政府清醒地认识到必须加强对证券市场的管理，于是世界各国政府纷纷制定证券市场法规和设立管理机构，使证券交易市场趋向法制化，如美国在 1933—1940 年期间先后制定了证券交易法、证券法、信托条款法、投资顾问法、投资银行法等。其他国家也都通过加强立法对证券市场的证券发行和证券交易实行全面控制和管理。

第二次世界大战结束后，随着资本主义各国经济的恢复和发展以及各国经济的增长，证券市场也迅速恢复和发展。20 世纪 70 年代以后，证券市场出现了高度繁荣的局面，证券市场的规模不断扩大，证券交易也日益活跃。这一时期证券市场的运行机制发生了深刻的变化，出现了一些明显的新特点。

1. 金融证券化

证券在整个金融市场上所占的比例急剧上升，地位越来越突出。尤其在美国，随着新的金融工具的纷纷出现，证券投资活动广泛而卓有成效地进行；在日本，20 世纪 60 年代企业的资金主要依靠银行贷款，证券筹资占筹资总额的比重不到 20%，而到 1978 年，发行证券筹资所占比例已上升到 44%。同时，居民储蓄结构也出现了证券化倾向。由于保持和增加收益的需要，人们将储蓄从银行存款转向证券投资。

2. 证券市场多样化

证券市场的多样化主要表现为：各种有价证券的发行种类、数量及其范围不断扩大；交易方式日趋多样化，除了证券现货交易外，还出现了期货交易、期权交易、股票价格指数期货交易、信用交易等多种交易方式。

3. 证券投资法人化

第二次世界大战后，证券投资有所变化。除了社会公众个人认购证券外，法人进行证券投资的比重日益上升。尤其是 20 世纪 70 年代后随着养老基金、保险基金、投资基金的大规模入市，证券投资者法人化、机构化速度进一步加快。法人投资者从以金融机构为主扩大到各个行业。据估计，法人投资在世界各国的证券市场占 50%左右。

4. 证券市场法制化

第二次世界大战后，西方国家更加重视证券市场的法制化管理，不断制定和修订证券法律、法规，不断推进证券市场的规范化运行。同时，还通过各种技术监督和管理活动，严格证券市场法规的执行，从而使证券市场行情趋于稳定，证券市场的投机、操纵、欺诈行为逐渐减少。

5. 证券市场网络化

计算机系统从 20 世纪 50 年代下半期开始应用于证券市场。1970 年年初，伦敦证券交易所采用市场价格显示装置。1972 年 2 月，美国建成“全国证券商协会自动报价系统”。1978 年，纽约证券交易所创设“市场间交易系统”，利用电子通信网络，将波士顿、纽约、费城、辛辛那提等交易所连接起来进行沟通，使各交易所每种股票的价格和成交量在荧屏上显示，经纪人和投资者可在任何一个证券市场上直接进行证券买卖。至今，世界上各主要证券市场基本上已实现了计算机化，从而大大提高了证券市场的运行效率。在以计算机为基础的网络技术的推动下，证券市场的网络化迅速发展，这主要体现在网上交易的突飞猛进。与传统交易方式相比，网上交易的优势是：第一，突破了时空限制，投资者可以随时随地交易；第二，直观方便，网上不但可以浏览实时交易行情和查阅历史资料（公告、年报、经营信息等），而且还可以进行在线咨询；第三，成本低，无论是证券公司还是投资者，其成本都可以大大降低。毫无疑问，证券市场的网络化是证券市场最基本的发展趋势之一。

▶ 6. 证券市场国际化

现代证券交易越来越趋向于全球性交易。计算机系统装置被运用于证券业务中，世界上主要证券市场的经纪人可以通过设在本国的电子计算机系统与国外的业务机构进行昼夜不间断的 24 小时业务活动联系，世界上各主要的证券交易所都成为国际性证券交易所，它们不仅在本国大量上市外国公司的证券，而且在国外设立分支机构，从事国际性的股票委托交易。1990 年，在伦敦证券交易所上市的外国公司达 500 家，纽约证券交易所有 110 家，东京证券交易所有 80 多家。越来越多的公司到本国以外的证券市场上发行股票、债券。根据有关资料，1975 年，在美国 220 家销售额在 10 亿美元以上的大公司中，有 80 家在国外的证券交易所挂牌出售股票。证券投资国际化和全球一体化已成为证券市场发展的一个主要趋势。

▶ 7. 金融创新不断深化

第二次世界大战之前，证券品种一般仅有股票、公司债券和政府公债券，而在“二战”后，西方发达国家的证券融资技术日新月异，证券品种不断创新。浮动利率债券、可转换债券、认股权证、分期债券、复合证券等新的证券品种陆续涌现，特别是在 20 世纪的后 20 年，金融创新获得了极大的发展，金融期货与期权交易等衍生品种的迅速发展使证券市场进入了一个全新的阶段。融资技术和证券种类的创新增强了证券市场的活力和对投资者的吸引力，加速了证券市场的发展。证券品种和证券交易方式的创新是证券市场生命力的源泉。实际上，从 20 世纪 70 年代开始，金融创新就形成了加速发展的态势并成为金融企业在激烈的竞争中求得生存和发展的关键因素。

在世界经济一体化的推动下，随着证券市场物质技术基础的更新和投资需求多元化的进一步发展，21 世纪会形成新的证券创新浪潮。

本章重要概念

证券市场　公募发行　私募发行　一级市场　溢价发行　平价发行　折价发行
二级市场　期货交易　现货交易　信用交易

本章思考题

1. 证券市场的种类有哪些？
2. 证券市场的参与主体包括哪些？
3. 证券的交易方式有哪些？
4. 简述我国证券市场发展历史及存在的问题。

第二章 证券投资的主要工具

知识目标

1. 理解股票、债券、基金等证券投资工具的含义、特征和分类；
2. 熟悉国内外股票价格指数的含义和编制方法；
3. 掌握股票、债券价格与价值的计算和估算。

开篇导言

股票最早出现于资本主义国家。世界上最早的股份有限公司制度诞生于1602年在荷兰成立的东印度公司。股份有限公司这种企业组织形态出现以后，很快为资本主义国家广泛利用，成为资本主义国家企业组织的重要形式之一。伴随股份公司的诞生和发展，以股票形式集资入股的方式也得到发展，并且产生了买卖交易转让股票的需求，带动了股票市场的出现和形成，并促使股票市场的完善和发展。

据文献记载，早在1611年就曾有一些商人在荷兰的阿姆斯特丹进行荷兰东印度公司的股票买卖交易，形成了世界上第一个股票市场，即股票交易所。目前，股份有限公司已经成为资本主义国家最基本的企业组织形式，股票已经成为资本主义国家企业筹资的重要渠道和方式，也是投资者投资的基本选择方式。而股票的发行和市场交易也已成为资本主义国家证券市场的重要的、基本的经营内容，成为证券市场不可缺少的重要组成部分。

资料来源：百度百科。

在证券投资工具中，债券的历史比股票悠久，其中最早的债券形式是在奴隶制时代产生的公债券。据文献记载，希腊和罗马在公元前4世纪就开始出现国家向商人、高利贷者和寺院借债的情况。进入封建社会之后，公债得到进一步的发展，许多封建主、帝王和共和国每当遇到财政困难，特别是发生战争时便发行公债。12世纪末期，在当时经济最发达的意大利城市佛罗伦萨，政府曾向金融业者募集公债。其后，热那亚、威尼斯等城市相继仿效。15世纪末16世纪初，美洲新大陆被发现，欧洲和印度之间的航路开通，贸易进一步扩大。

为争夺海外市场而进行的战争使荷兰、英国等竞相发行公债，筹措资金。在1600年设立的东印度公司，是历史上最古老的股份公司，它除了发行股票之外，还发行短期债券，并进行买卖交易。美国在独立战争时期也曾发行多种中期债券和临时债券，这些债券的发行和交易便形成了美国最初的证券市场。19世纪30年代后，美国各州大量发行州际债券。

19世纪40—50年代，由政府担保的铁路债券迅速增长，且有力地推动了美国的铁路建设。19世纪末到20世纪，欧美资本主义各国相继进入垄断阶段，为确保原料来源和产品市场，建立和巩固殖民统治，加速资本的积聚和集中，股份公司发行大量的公司债，并不断创造出新的债券种类，形成了当今多品种、多样化的债券体系。

第一节 股 票

一、股票的含义和特征

(一) 股票的含义

股票是股份公司在筹集资本时向出资人公开或私下发行的、用以证明出资人的股本身份和权利，并根据持有人所持有的股份数享有权益和承担义务的凭证。股票是一种有价证券，代表着其持有人(股东)对股份公司的所有权，每一股同类型股票所代表的公司所有权是相等的，即同股同权。

股票持有人享有多种权利，如参加股东大会的股东权利、参与公司重大决策的权利、投票表决的权利、收取股息和分享红利的权利等。此外，公司一旦破产清算，股东享有法定程序的被赔偿权利。与此同时，股东也要承担公司运作中的所有风险。

(二) 股票的基本特征

1. 不可偿还性

股票是一种无偿还期限的有价证券，投资者认购了股票后，就不能再要求退股，只能到二级市场卖给第三者。股票的转让只是意味着公司股东的改变，并不减少公司的资本。从期限上看，只要公司存在，它所发行的股票就存在，股票的期限等于公司存续的期限。

2. 参与性

股东有权出席股东大会，选举公司董事会，参与公司重大决策。股票持有者通常是通过出席股东大会来行使股东权利的，其参与公司决策的权利大小取决于所持有股份的多少。从实践来看，只要股东持有的股票数量达到左右决策结果所需的实际多数时，就能掌握公司的决策控制权。

▶ 3. 收益性

股东凭其持有的股票，有权从公司领取股息或红利，获取投资的收益。股息或红利的大小主要取决于公司的盈利水平和公司的盈利分配政策。股票的收益性还表现在股票投资者可以获得价差收入或实现资产保值增值。通过低价买入和高价卖出股票，投资者可以赚取价差利润。

▶ 4. 流通性

股票的流通性是指股票在不同投资者之间的可交易性。流通性通常以可流通的股票数量、股票成交量，以及股价对交易量的敏感程度来衡量。可流通股数越多，成交量越大，价格对成交量越不敏感(价格不会随成交量的变化而变化)，股票的流通性就越好；反之，股票的流通性就越差。股票的流通使投资者可以在市场上卖出所持有的股票，取得现金。通过股票的流通和股价的变动，可以看出人们对于相关行业和上市公司的发展前景与盈利潜力的判断。那些在流通市场上吸引大量投资者、股价不断上涨的行业和公司，可以通过增发股票不断吸收大量资本投入生产经营活动，实现资源最优配置。

▶ 5. 风险性

股票在交易市场上作为交易对象，同商品一样，有自己的市场行情和市场价格。由于股票价格受诸如公司经营状况、供求关系、银行利率、大众心理等多种因素的影响，其波动有很大的不确定性，有可能使股票投资者遭受损失。价格波动的不确定性越大，投资风险也越大。因此，股票是一种高风险的金融产品。

二、股票的分类

根据不同的分类标准，股票可以分为以下几类。

(一) 按照股东权利分类

▶ 1. 普通股

普通股是随着企业利润变动而变动的一种股份，是股份公司资本构成中最普通、最基本的股份，是股份企业资金的基础部分。

普通股的基本特点是其投资收益(股息和分红)不是在购买时约定，而是事后根据股票发行公司的经营业绩来确定。公司的经营业绩好，普通股的收益就高；反之，若经营业绩差，普通股的收益就低。普通股是股份公司资本构成中最重要、最基本的股份，也是风险最大的一种股份，但又是股票中最基本、最常见的一种。在我国上海证券交易所与深圳证券交易所上市的股票都是普通股。

▶ 2. 优先股

优先股是股份公司发行的在分配红利和剩余财产时比普通股具有优先权的股份。优先股也是一种没有期限的有权凭证，优先股股东一般不能在中途向公司要求退股(少数可赎回的优先股例外)。优先股的主要特征有两点：一是优先股通常预先订明股息收益率。由于优先股股息率事先固定，所以优先股的股息一般不会根据公司经营情况而增减，而且一般也不能参与公司的分红，但优先股可以先于普通股获得股息，对公司来说，由于股息固定，所以不影响公司的利润分配。二是优先股的权利范围小。优先股股东一般没有选举权和被选举权，对股份公司的重大经营无投票权，但在某些情况下可以享有投票权。

(二) 按照上市地区分类

1. A 股

A 股即人民币普通股票，是由我国境内的公司发行，供境内机构、组织或个人(不含台、港、澳投资者)以人民币认购和交易的普通股股票。

2. B 股

B 股即人民币特种股票，是以人民币标明面值，以外币认购和买卖，在境内(上海、深圳)证券交易所上市交易的股票。它的投资者包括外国的自然人、法人和其他组织，我国香港、澳门、台湾地区的自然人、法人和其他组织，定居在国外的中国公民，以及中国证监会规定的其他投资者。2001 年 6 月 1 日，B 股市场正式向境内投资者开放。B 股公司的注册地和上市地都在境内，只不过投资者在境外或在我国香港、澳门及台湾地区。

3. H 股、S 股和 N 股

H 股即注册地在内地、上市地在我国香港的外资股。香港的英文是 Hong Kong，取其首字母，在香港上市的外资股就叫作 H 股。依此类推，纽约的英文名称的第一个英文字母是 N，新加坡的英文名称的第一个英文字母是 S，在纽约和新加坡上市的股票分别叫作 N 股和 S 股。

(三) 按照票面形态分类

1. 记名股票

记名股票在发行时，票面上记载有股东的姓名，并记载于公司的股东名册上。记名股票的特点就是除持有者和其正式的委托代理人或合法继承人、受赠人外，任何人都不能行使该股票的股权。另外，记名股票不能任意转让，转让时，不仅要将受让人的姓名、住址分别记载于股票票面，还要在公司的股东名册上办理过户手续，否则转让不能生效。显然，这种股票有安全、不怕遗失的优点，但转让手续烦琐。这种股票如果需要私自转让，例如发生继承和赠予等行为时，必须在转让行为发生后立即办理过户等手续。

2. 无记名股票

无记名股票在发行时，票面上不记载股东的姓名，其持有者可自行转让股票，任何人一旦持有便享有股东的权利，无须再通过其他方式、途径证明有自己的股东资格。这种股票转让手续简便，但也应该通过证券市场的合法交易实现转让。

3. 面值股票

面值股票是有票面金额的股票，又称金额股票或面额股票，是指在股票票面上记载一定的金额，如每股人民币 100 元、200 元等。面值股票给股票定了一个票面价值，这样就可以很容易地确定每一股份在该股份公司中所占的比例。

4. 无面值股票

无面值股票又称比例股票或无面额股票。无面值股票发行时无票面价值记载，仅表明每股占资本总额的比例。无面值股票的价值随公司财产的增减而增减，因此，这种股票的内在价值总是处于变动状态。这种股票最大的优点就是避免了公司实际资产与票面资产的背离，因为股票的面值往往是徒有虚名，人们关心的不是股票面值而是股票价格。发行这种股票对公司管理、财务核算、法律责任等方面的要求极高，因此只在美国比较流行，不少国家根本不允许发行。

三、股票的价值和价格

(一) 股票的价值

股票的价值主要体现在每股权益比率和对公司成长的预期上。如果每股权益比率越高，那么相应的股票价值就越高；反之，价值就越低。如果公司发展非常好，规模不断扩大，效益不断提高，能够不断分红，那么，股票价值就越高；反之，价值就越低。股票价值包括票面价值、账面价值、清算价值、内在价值等。

1. 票面价值

股票的票面价值又称面值，是股份公司在所发行的股票票面上标明的票面金额，它以元/股为单位，用来表明每一张股票所包含的资本数额。

2. 账面价值

股票的账面价值又称股票的净值、每股净资产，是用会计统计的方法计算出来的每股股票所包含的资产净值。用公司的净资产(包括注册资金、各种公积金、累积盈余等，不包括债务)除以总股本，得到的就是每股的净值。

3. 清算价值

股票的清算价值是指一旦股份公司破产或倒闭后进行清算时，每股股票所代表的实际价值。从理论上讲，股票的每股清算价值应与股票的账面价值相一致，但企业在破产清算时，其财产价值是以实际的销售价格来计算的，而在进行财产处置时，其售价一般都会低于实际价值。所以，股票的清算价值就会与股票的净值不一致。

4. 内在价值

股票的内在价值即理论价值，是指股票未来收益的现值，取决于股息收入和市场收益率。股票的内在价值决定股票的市场价格。

(二) 股票的价格

股票的价格有理论价格和市场价格之分。

1. 股票的理论价格

股票的理论价格即股票的内在价值，是指股票未来现金流入的现值。其计算公式为

$$V_t = \sum_{i=1}^{\infty} \frac{E_t \mathrm{d}_{t+i}}{(1+r_t)^i} \tag{2-1}$$

式中，r_t 表示 t 期股票的预期股利贴现率或资本成本；$E_t d_{t+i}$表示以 t 期股票的预期股利收益表示的 t 期股票的内在价值。

▶ 2. 股票的市场价格

股票的市场价格即股票在股票市场上的买卖价格。股票市场分为发行市场和流通市场，因此，股票的市场价格也就有发行价格和流通价格之分。

股票的发行价格就是发行公司与证券承销商议定的价格。股票发行采用面额发行、溢价发行和折价发行的方式，对应的发行价格分别等于、高于、低于股票的票面价值。

股票发行注册制

股票发行注册制主要是指发行人申请发行股票时，必须依法将公开的各种资料完全、准确地向证券监管机构申报。证券监管机构的职责是对申报文件的全面性、准确性、真实性和及时性做形式审查，不对发行人的资质进行实质性审核和价值判断，而将发行公司股票的良莠留给市场来决定。

注册制的核心是证券发行人提供的材料不存在虚假、误导或者遗漏。这类发行制度的代表国家是美国和日本。实行股票发行注册制的市场化程度最高。

2015 年 12 月 9 日，国务院常务会议审议通过了拟提请全国人大常委会审议的《关于授权国务院在实施股票发行注册制改革中调整适用〈中华人民共和国证券法〉有关规定的决定(草案)》。2015 年 12 月 27 日，国务院实施股票发行注册制改革的举措获得中国最高立法机关的修法授权，于 2016 年 3 月起施行股票发行注册制。

2016 年 3 月 12 日，在第十二届全国人大四次会议记者会上，中国证券监督管理委员会主席刘士余表示，注册制是不可以单兵突进的，研究论证需要相当长的一个过程。这也意味着股票发行注册制改革将暂缓施行。

资料来源：百度百科。

四、股票价格指数

(一) 股票价格指数的含义

股票价格指数是指反映整个股票市场上各种股票市场价格的总体水平及其变动情况的指标，简称股票指数。它是由证券交易所或金融服务机构编制的表明股票行市变动的一种供参考的指示数字。由于股票价格起伏无常，投资者必然面临市场价格风险。

(二) 股票价格指数的编制方法

股票价格指数主要由证券交易所、金融服务机构、研究咨询机构或财经媒体等编制和发布，各指数的编制方法虽各不相同且在不断发展，但也基本上形成了若干比较普遍的原则和方法。

计算股票指数时，往往把股票指数和股价平均数分开计算。按照定义，股票指数即股价平均数，但就两者对股市的实际作用而言，股价平均数是反映多种股票价格变动的一般水平，通常以算术平均数表示。通过对不同时期的股价平均数的比较，人们可以认识多种股票价格变动水平。而股票指数是反映不同时期的股价变动情况的相对指标，也就是将第一时期的股价平均数作为另一时期股价平均数的基准的百分数。通过股票指数，人们可以了解计算期的股价比基期的股价上升或下降的百分比率。由于股票指数是一个相对指标，因此就一个较长的时期来说，股票指数能比股价平均数更精确地衡量股价的变动。

股票价格指数是以计算期样本股市价总值除以基期市价总值再乘上基期指数而得到的。股票指数是反映不同时点上股价变动情况的相对指标，通常是将报告期的股票价格与选定的基期价格相比，并将两者的比值乘以基期的指数值，即为该报告期的股票指数。

1. 股价平均数的计算

1）简单算术股价平均数

简单算术股价平均数是指将样本股票每日收盘价之和除以样本数得出的，即

$$\overline{P}=\frac{\sum_{i=1}^{n}P_i}{N} \tag{2-2}$$

式中，$\overline{P}$ 为平均股价；P_i 为各样本股收盘价；N 为样本股票种数。

世界上第一个股票价格平均数——道琼斯指数，在 1928 年 10 月 1 日之前就是使用简单算术平均法计算得到的。

2）加权股价平均数

加权股价平均数是根据各种样本股票的相对重要性进行加权平均计算的股价平均数，其权数可以是成交股数、股票总市值、股票发行量等。其计算公式为

$$\overline{P}=\frac{\sum_{i=1}^{n}P_iw_i}{\sum_{i=1}^{n}w_i} \tag{2-3}$$

式中，w_i 为样本股的发行量或成交量。

3）修正股价平均数

修正股价平均数又称除数修正法或道式修正法。这是美国道·琼斯在 1928 年创造的一种计算股价平均数的方法。该法的核心是求出一个常数除数，以修正因股票分割、增资、发放红股等因素而造成的股价平均数的变化，以保持股份平均数的连续性和可比性。具体做法是用新股价总额除以旧股价平均数，求出新的除数，再用计算期的股价总额除以新除数，就得出修正的股价平均数，即

$$\text{新除数}=\frac{\text{变动后的新股价总额}}{\text{旧的股价平均数}}$$

$$\text{修正的股价平均数}=\frac{\text{报告期股价总额}}{\text{新除数}}$$

2. 股价指数的计算

股价指数是报告期的股价与某一基期的相对变化指数。股价指数的计算方法有两大类：简单算术股价指数和加权股价指数。

1）简单算术股价指数

简单算术股价指数有相对法和综合法两种计算方法。

相对法又称平均法，就是先计算各样本股票指数，再加总求总的算术平均数。其计算公式为

$$P^I = \frac{1}{n}\sum_{i=1}^{n}\frac{P_{1i}}{P_{0i}} \times 100 \tag{2-4}$$

式中，P^I 为股价指数；P_{0i} 为基期第 i 种股票价格；P_{1i} 为报告期第 i 种股票价格；n 为样本数。

综合法是将样本股票基期价格和报告期价格分别加总，然后求股价指数。其计算公式为

$$P^I = \frac{\sum_{i=1}^{n} P_{1i}}{\sum_{i=1}^{n} P_{0i}} \times 100 \tag{2-5}$$

式中，P^I 为股价指数；P_{0i} 为基期第 i 种股票价格；P_{1i} 为报告期第 i 种股票价格；n 为样本数。

2）加权股价指数

加权股价指数是根据各期样本股票的相对重要性予以加权，其权数可以是成交量或发行量。根据权数选择的不同，加权股价指数分为以下几种计算方法。

（1）以基期交易量或发行量为权数。计算公式为

$$P^I = \frac{\sum_{i=1}^{n} P_{1i}Q_{0i}}{P_{0i}Q_{0i}} \tag{2-6}$$

（2）以报告期交易量或发行量为权数。计算公式为

$$P^I = \frac{\sum_{i=1}^{n} P_{1i}Q_{1i}}{\sum_{i=1}^{n} P_{0i}Q_{1i}} \tag{2-7}$$

式 2-6 和式 2-7 中，P^I 为股价指数；P_{0i} 为基期第 i 种股票价格；P_{1i} 为报告期第 i 种股票价格；n 为样本数；Q_{0i} 为基期第 i 种股票交易量或发行量；Q_{1i} 为报告期第 i 种股票交易量或发行量。

五、我国主要股票价格指数

我国主要的股票价格指数包括以下几大类。

(一)中证系列指数

中证指数有限公司成立于2005年8月25日，是由上海证券交易所和深圳证券交易所共同出资发起设立的一家专业从事证券指数及指数衍生产品开发服务的公司。

1. 沪深300指数

沪深300指数是沪、深证券交易所于2005年4月8日联合发布的反映A股市场整体趋势的指数。沪深300指数的编制目标是反映中国证券市场股票价格变动的概貌和运行状况，并能够作为投资业绩的评价标准，为指数化投资和指数衍生产品创新提供基础条件。中证指数有限公司成立后，沪、深证券交易所将沪深300指数的经营管理及相关权益转移至中证指数有限公司。

沪深300指数简称沪深300，成分股数量为300只，指数基期为2004年12月31日，基点为100点。

2. 中证规模指数

中证规模指数包括中证100指数、中证200指数、中证500指数、中证700指数、中证800指数和中证流通指数，这些指数与沪深300指数共同构成中证规模指数体系。其中，中证100指数为大盘指数，中证200指数为中盘指数，沪深300指数为大中盘指数，中证500指数为小盘指数，中证700指数为中小盘指数，中证800指数则由大中小盘指数构成。中证规模指数的计算方法、修正方法、调整方法与沪深300指数相同。

(二)上证系列指数

由上海证券交易所编制并发布的上证系列指数是一个包括上证180指数、上证50指数、上证综合指数、A股指数、B股指数、分类指数、债券指数、基金指数等指数的系列，其中最早编制的为上证综合指数。

1. 成分指数类

1）上证成分股指数

上证成分股指数简称上证180指数，是上海证券交易所对原上证30指数进行调整和更名产生的指数。

上证成分股指数的样本股共有180只股票，选择样本股的标准是遵循规模(总市值、流通市值)、流动性(成交金额、换手率)和行业三项指标，即选取规模较大、流动性较好且具有行业特征的股票作为样本，建立一个反映上海证券市场概貌和运行状况、具有可操作性和投资性、能够作为投资评价尺度及金融衍生产品基础的基准指数。上证成分股指数依据样本稳定性和动态跟踪的原则，每年调整一次成分股，每次调整比例一般不超过10%，在特殊情况下也可能对样本股进行临时调整。

2）上证50指数

2004年1月2日，上海证券交易所发布了上证50指数。上证50指数根据流通市值、成交金额对股票进行综合排名，从上证180指数样本中挑选上海证券市场中规模大、流动性好的50只股票组成样本股，以综合反映上海证券市场最具影响力的一批龙头企业的整体状况。

3）上证380指数

上海证券交易所和中证指数有限公司于2010年1月29日发布上证380指数。上证380指数样本股的选择主要出于公司规模、盈利能力、成长性、流动性和新兴行业的代表性的考虑，侧重反映在上海证券交易所上市的中小盘股票的市场表现。

2. 综合指数类

1）上证综合指数

上海证券交易所从1991年7月15日起编制并公布上海证券交易所股份指数，它以1990年12月19日为基期，以全部上市股票为样本，以股票发行量为权数，按加权平均法计算。

2）新上证综合指数

新上证综合指数简称新综指，指数代码为000017，于2006年1月4日首次发布。新综指选择已完成股权分置改革的上海证券交易所上市公司组成样本，将实施股权分置改革的股票在方案实施后的第2个交易日纳入指数。新综指是一个全市场指数，它不仅包括A股市值，对于含B股的公司，其B股市值同样计算在内。

上证综合指数系列还包括A股指数、B股指数及工业类指数、商业指数、地产类指数、公用事业类指数、综合类指数、中型综指、上证流通指数等。

上海证券交易所按全部上市公司的主营范围、投资方向及产出分别计算工业类指数、商业类指数、地产类指数、公用事业类指数和综合类指数。上证工业类指数、商业类指数、地产类指数、公用事业类指数、综合类指数均以1993年4月30日为基期，基期指数设为1 358.78点，于1993年6月1日正式对外公布。以在上海证券交易所上市的全部工业类股票、商业类股票、地产类股票、公用事业类股票、综合类股票为样本，以全部发行股数为权数进行计算。

上海证券交易所编制和发布的指数还有上证行业指数系列、策略指数系列、上证风格指数系列、上证主题指数系列等。

（三）深证系列指数

1. 成分指数类

1）深证成分股指数

深证成分股指数由深圳证券交易所编制，通过对所有在深圳证券交易所上市的公司进行考察，按一定标准选出40家有代表性的上市公司作为成分股，以成分股的可流通股数为权数。采用加权平均法编制而成。

2）深证100指数

深圳证券信息有限公司于2003年年初发布深证100指数。深证100指数成分股的选取主要考察A股上市公司流通市值和成交金额两项指标，从在深圳证券交易所上市的股票中选取100只A股作为成分股，以成分股的可流通A股数为权数，采用派许综合法编制。

根据市场动态跟踪和成分股稳定性原则，深证 100 指数每半年调整一次成分股。

2. 综合指数类

深证系列综合指数包括深证综合指数、深证 A 股指数、深证 B 股指数、行业分类指数、中小板综合指数、创业板综合指数、深证新指数、深市基金指数等全样本类指数。

1）深证综合指数

深证综合指数以在深圳证券交易所主板、中小板、创业板上市的全部股票为样本股。深证系列综合指数均为派许加权股价指数，即以指数样本股计算日股份数作为权数进行加权逐日连锁计算。

2）深证 A 股指数

深证 A 股指数以在深圳证券交易所主板、中小板、创业板上市的全部 A 股为样本股，以样本股发行总股本为权数进行加权逐日连锁计算。

3）深证 B 股指数

深证 B 股指数以在深圳证券交易所上市的全部 B 股为样本，以样本股发行总股本为权数进行加权逐日连锁计算。

4）行业分类指数

行业分类指数以在深圳证券交易所主板、中小板、创业板上市的按行业进行划分的股票为样本。行业分类指数依据《上市公司行业分类指引》中的门类划分，编制 13 个门类指数；依据制造业门类下的大类划分，编制 9 个大类指数，共有 22 条行业分类指数。行业分类指数以样本股发行总股本为权数进行加权逐日连锁计算。

5）中小板综合指数

中小板综合指数以在深圳证券交易所中小企业板上市的全部股票为样本。中小企业板指数以可流通股本数为权数，进行加权逐日连锁计算。中小板综合指数以 2005 年 6 月 7 日为基期，基期指数为 1 000 点，于 2005 年 12 月 1 日开始发布。

6）创业板综合指数

创业板综合指数以在深圳证券交易所创业板上市的全部股票为样本。创业板指数以可流通股本数为权数，进行加权逐日连锁计算。创业板综合指数以 2010 年 5 月 31 日为基期，基期指数为 1 000 点，于 2010 年 8 月 20 日开始发布。

7）深证新指数

深证新指数以在深圳证券交易所主板、中小板、创业板上市的正常交易的且已完成股改的 A 股为样本股。深证新指数以可流通股本数为权数进行加权逐日连锁计算。

（四）香港恒生指数

香港恒生指数由香港恒生银行全资附属的恒生指数服务有限公司编制，是以香港股票市场中的 50 家上市股票为成分股样本，以其发行量为权数的加权平均股价指数，是最能反映香港股市价格趋势的股价指数。该指数于 1969 年 11 月 24 日首次公开发布，基期为 1964 年 7 月 31 日，基期指数为 100。

六、国际主要股票价格指数

(一) 道琼斯指数

道琼斯指数(Dow Jones Indexes)最早是在1884年由道琼斯公司的创始人查尔斯·亨利·道(Charles Henry Dow，1851—1902)开始编制的，是一种算术平均股价指数。

最初的道琼斯股票价格平均指数是根据11种具有代表性的铁路公司的股票，采用算术平均法进行计算编制而成，发表在查尔斯·亨利·道自己编辑出版的《每日通讯》上。该指数的编制目的在于反映美国股票市场的总体走势，涵盖金融、科技、娱乐、零售等多个行业。

自1897年起，道琼斯股票价格平均指数开始分成工业与运输业两大类，其中工业股票价格平均指数包括12种股票，运输业平均指数则包括20种股票，并且开始在道琼斯公司出版的《华尔街日报》上公布。1929年，道琼斯股票价格平均指数又增加了公用事业类股票，使其所包含的股票达到65种，并一直延续至今。

道琼斯指数亦称＄US30，即道琼斯股票价格平均指数，是世界上最有影响、使用最广的股价指数。它以在纽约证券交易所挂牌上市的一部分有代表性的公司股票作为编制对象，由四种股价平均指数构成。

(1) 以30家著名的工业公司股票为编制对象的道琼斯工业股价平均指数。

(2) 以20家著名的交通运输业公司股票为编制对象的道琼斯运输业股价平均指数。

(3) 以15家著名的公用事业公司股票为编制对象的道琼斯公用事业股价平均指数。

(4) 以上述三种股价平均指数所涉及的65家公司股票为编制对象的道琼斯股价综合平均指数。

在四种道琼斯股价指数中，以道琼斯工业股价平均指数最为著名，它被大众传媒广泛地报道，并作为道琼斯指数的代表加以引用。

(二) 标准普尔股票价格指数

除了道琼斯股票价格指数外，标准普尔股票价格指数在美国也很有影响力，它是美国最大的证券研究机构，即标准普尔公司编制的股票价格指数。该公司于1923年开始编制发表股票价格指数，最初选取了230种股票，编制两种股票价格指数。1957年，这一股票价格指数的范围扩大到500种股票，分成95种组合，其中最重要的四种组合是工业股票组、铁路股票组、公用事业股票组和500种股票混合组。从1976年7月1日开始，改为400种工业股票、20种运输业股票、40种公用事业股票和40种金融业股票，几十年来，虽然有股票样本更迭，但始终保持为500种。标准普尔公司股票价格指数以1941—1943年抽样股票的平均市价为基期，以上市股票数为权数，按基期进行加权计算，其基点数为10。标准普尔股票价格指数以当前的股票市场价格乘以股票市场上发行的股票数量为分子，用基期的股票市场价格乘以基期股票数为分母，相除之数再乘10就是股票价格指数。

(三) 纳斯达克综合指数

纳斯达克综合指数是反映纳斯达克证券市场行情变化的股票价格平均指数，基本指数为100。纳斯达克的上市公司涵盖所有新技术行业，包括软件和计算机、电信、生物技术、零售和批发贸易等，主要由美国的数百家发展最快的先进技术、电信和生物公司组成，包括微软、英特尔、美国在线、雅虎这些家喻户晓的高科技公司，因而成为美国“新经济”的代名词。

纳斯达克综合指数是代表各工业门类的市场价值变化的“晴雨表”。因此，纳斯达克综合指数与标准普尔500指数、道琼斯工业指数(仅包括30个著名大工商业公司，20家运输业公司和15家公用事业大公司)相比，更具有综合性。纳斯达克综合指数包括5 000多家公司，超过其他任何单一证券市场。因为它有如此广泛的基础，所以已成为最有影响力的证券市场指数之一。

(四) 金融时报指数

根据样本股票的种数，金融时报指数包括30种股票指数、100种股票指数及500种股票指数三种指数。

金融时报100指数现已更名为富时100指数(FTSE 100 Index)。富时100指数是由富时集团所编制，包括在伦敦证券交易所上市且市值最大的100家公司。富时100指数以1984年1月3日为基期，基期指数为1 000。

金融时报30指数(FT-30 Index)又称金融时报工业股票指数、30种股票指数。该指数包括30种最优良的工业股票价格，样本股票均为英国工业中财力雄厚的大公司所发行，发行量多，其中有烟草、食油、电子、化学药品、金属机械、原油等。由于这30家公司股票的市值在整个股市中所占的比重大，具有一定的代表性，并且随着产业结构的变化和上市公司实力的升降，30种样本股票的成分股也在不断调整。因此，该指数是反映伦敦证券市场股票行情变化的重要尺度。它以1935年7月1日为基期，后来调整为以1962年4月10日为基期，基期指数为100。

(五) 日经指数

日经指数的全称为“日本经济新闻社道琼斯股票平均价格指数”，是由日本经济新闻社编制公布的反映日本东京证券交易所股票价格变动的股票价格平均指数。

日经指数按其计算对象的采样数目不同，现分为两种：一是日经225种平均股价指数，是从1950年9月开始编制的；二是日经500种平均股价指数，是从1982年1月开始编制的。

股权分置改革

所谓股权分置，是指将A股市场上的上市公司的股份分为流通股与非流通股。股东所持向社会公开发行且能在证券交易所上市交易的股份称为流通股；而公开发行前暂不能上市交易的股份称为非流通股。这种同一上市公司股份分为流通股和非流通股的股权分置状况，为中国内地证券市场所特有。

股权分置不能适应资本市场改革开放和稳定发展的要求，必须通过股权分置改革，消除非流通股和流通股的流通制度差异。股权分置改革是为了解决A股市场相关股东之间的利益平衡问题而采取的举措。

我国于2006年4月29日启动股权分置改革试点。我国上市公司股权分置的情况十分复杂，股改启动时，近1 400家上市公司中，不仅有800多家国有和国有控股的上市公司，而且还有约500家民营和外资控股，以及三种性质的大股东共融一个上市公司的情况。因此，各类上市公司是不可能由监管部门采用"一刀切"的对价模式的，只能由上市公司根据自身经济性质、规模、行业和效益的特点由两类股东博弈，自主决定解决股权分置的对价模式。

从股权分置改革情况来看，各上市公司对价方案主要以送股方案为主，将多样化的承诺条款作为解决股权分置问题方案的组成部分。非流通股股东的承诺除了遵循全体非流通股股份自获得上市流通权之日起，1年内不上市交易或者转让，2年内减持不超过总股本的5%，3年内减持不超过总股本10%的规定外，多数公司通过增加承诺条款表达公司拟长期持有股份的决心，减轻市场对控股股东套现、大幅扩容的担忧，增强投资者持股信心。

第二节 债　　券

一、债券的含义与特征

（一）债券的含义

债券是政府、金融机构、工商企业等直接向社会借债筹措资金时，向投资者发行，承诺按一定利率支付利息并按约定条件偿还本金的债权债务凭证。债券包含了以下四层含义。

（1）债券的发行人（政府、金融机构、企业等机构）是资金的借入者。

（2）购买债券的投资者是资金的借出者。

（3）发行人（借入者）需要在一定时期还本付息。

（4）债券是债的证明书，具有法律效力。债券购买者与发行者之间是一种债权债务关系，债券发行人即债务人，投资者（或债券持有人）即债权人。

（二）债券的特征

债券作为一种重要的融资手段和金融工具，具有如下特征。

（1）偿还性。债券一般都规定了偿还期限，发行人必须按约定条件偿还本金并支付利息。

(2) 流通性。债券一般都可以在流通市场上自由转让。

(3) 安全性。与股票相比，债券通常有固定的利率。与企业绩效没有直接联系，收益比较稳定，风险较小。此外，在企业破产时，债券持有者对企业剩余资产的索取权优先于股票持有者。

(4) 收益性。债券的收益性主要表现在两个方面：一是投资债券可以给投资者定期或不定期地带来利息收入；二是投资者可以利用债券价格的变动，买卖债券赚取差额。

二、债券的分类

债券的种类繁多，可以根据不同的分类标准进行分类。

(一) 按发行主体划分

按照发行主体的不同，债券可以分为政府债券、金融债券和公司债券。

1. 政府债券

政府债券是政府为筹集资金而发行的债券，主要包括国债、地方政府债券等，其中最主要的是国债。国债因其信誉好、利率优、风险小而又被称为“金边债券”。除了政府部门直接发行的债券外，有些国家把政府担保的债券也划归为政府债券体系，称为政府保证债券。这种债券由一些与政府有直接关系的公司或金融机构发行，并由政府提供担保。

中国历史上发行的国债主要品种有国库券和国家债券，其中国库券自1981年后基本上每年都发行，主要面向企业、个人；国家债券曾经发行包括国家重点建设债券、国家建设债券、财政债券、特种债券、保值债券、基本建设债券，这些债券大多对银行、非银行金融机构、企业、基金等定向发行，部分也对个人投资者发行。向个人发行的国库券利率基本上根据银行利率制定，一般比银行同期存款利率高1～2个百分点。在通货膨胀率较高时，国库券也采用保值办法。

2. 金融债券

金融债券是由银行和非银行金融机构发行的债券。在我国，金融债券主要由国家开发银行、进出口银行等政策性银行发行。金融机构一般有雄厚的资金实力，信用度较高，因此金融债券往往有良好的信誉。

3. 企业债券和公司债券

在国外，没有企业债券和公司债券的划分，统称公司债券。在我国，企业债券是按照《企业债券管理条例》的规定，发行与交易由国家发展与改革委员会监督管理的债券，而在实际中，其发债主体为中央政府部门所属机构、国有独资企业或国有控股企业，因此，企业债券在很大程度上体现了政府信用。公司债券管理机构为中国证券监督管理委员会，发债主体为按照《中华人民共和国公司法》设立的公司法人，在实际中，其发行主体为上市公司，其信用保障是发债公司的资产质量、经营状况、盈利水平和持续盈利能力等。公司债券在证券登记结算公司统一登记托管，可申请在证券交易所上市交易，其信用风险一般高于企业债券。于2008年4月15日施行的《银行间债券市场非金融企业债务融资工具管理办法》进一步促进了企业债券在银行间债券市场的发行。企业债券和公司债券成为我国商业银行越来越重要的投资对象。

(二) 按是否有财产担保划分

按是否有财产担保划分，债券可以分为抵押债券和信用债券。

1. 抵押债券

抵押债券是以企业财产作为担保的债券，按抵押品的不同又可以分为一般抵押债券、不动产抵押债券、动产抵押债券和证券信托抵押债券。以不动产如房屋等作为担保品，称为不动产抵押债券；以动产如适销商品等作为担保品的，称为动产抵押债券；以有价证券如股票及其他债券作为担保品的，称为证券信托债券。一旦债券发行人违约，信托人就可将担保品变卖处置，以保证债权人的优先求偿权。

2. 信用债券

信用债券是不以任何公司财产作为担保，完全凭信用发行的债券，这种债券由于其发行人的绝对信用而具有坚实的可靠性。政府债券属于此类债券。一些公司也可发行这种债券，即信用公司债。与抵押债券相比，信用债券的持有人承担的风险较大，因而往往要求较高的利率。为了保护投资者的利益，发行这种债券的公司往往受到种种限制，只有那些信誉卓著的大公司才有资格发行。除此之外，在债券契约中都要加入保护性条款，如不能将资产抵押其他债权人、不能兼并其他企业、未经债权人同意不能出售资产、不能发行其他长期债券等。

(三) 按债券形态分类

按债券形态分类，债券可分为实物债券、凭证式债券和记账式债券。

1. 实物债券(无记名债券)

实物债券是一种具有标准格式实物券面的债券。它与无实物债券相对应，简单地说，就是发给投资者的债券是纸质的而非计算机里的数字。券面上一般印制了债券面额、债券利率、债券期限、债券发行人全称、还本付息方式等各种债券票面要素。实物债券不记名、不挂失，可上市流通。实物债券是一般意义上的债券，很多国家通过法律或者法规对实物债券的格式予以明确规定。实物债券由于其发行成本较高，将会被逐步取消。

2. 凭证式债券

凭证式债券是指国家采取不印刷实物券，而用填制“国库券收款凭证”的方式发行的国债。我国从1994年开始发行凭证式债券。凭证式债券具有类似储蓄又优于储蓄的特点，通常被称为“储蓄式国债”，是以储蓄为目的的个人投资者理想的投资方式。从购买之日起计息，可记名、可挂失，但不能上市流通。

3. 记账式债券

记账式债券指没有实物形态的票券，以计算机记账方式记录债权，通过证券交易所的交易系统发行和交易。我国通过沪、深交易所的交易系统发行和交易的记账式国债就是记账式债券的实例。如果投资者进行记账式债券的买卖，就必须在证券交易所设立账户，所以，记账式债券又称无纸化债券。

记账式债券购买后可以随时在证券市场上转让，流动性较强，就像买卖股票一样，当然，中途转让除可获得应得的利息外(市场定价已经考虑到)，还可以获得一定的价差收益(不排除损失的可能)，这种债券有付息债券与零息债券两种。付息债券按票面发行，每年付息一次或多次。零息债券折价发行，到期按票面金额兑付，中间不再计息。

由于记账式债券发行和交易均无纸化，所以交易效率高、成本低，是未来债券发展的趋势。

(四) 按是否可转换划分

按是否可转换划分，债券可分为可转换债券和不可转换债券。

▶ 1. 可转换债券

可转换债券是指在特定时期内可以按某一固定的比例转换成普通股的债券。它具有债务与权益双重属性，属于一种混合性筹资方式。由于可转换债券赋予债券持有人将来成为公司股东的权利，因此其利率通常低于不可转换债券。若将来转换成功，在转换前发行企业就达到了低成本筹资的目的，转换后又可节省股票的发行成本。根据《中华人民共和国公司法》的规定，发行可转换债券应由国务院证券管理部门批准，发行公司应同时具备发行公司债券和发行股票的条件。

在深、沪证券交易所上市的可转换债券是指能够转换成股票的企业债券，兼有股票和普通债券的双重特征。一个重要特征就是有转股价格。在约定的期限后，投资者可以随时将所持的可转换债券按股价转换成股票。可转换债券的利率是年均利息对票面金额的比率，一般要比普通企业债券的利率低，通常发行时以票面价发行。转换价格是指转换发行的股票每一股所要求的公司债券票面金额。

▶ 2. 不可转换债券

不可转换债券是指不能转换为普通股的债券，又称普通债券。由于其没有赋予债券持有人将来成为公司股东的权利，所以其利率一般高于可转换债券。

(五) 按付息的方式划分

按付息的方式不同，债券可分为零息债券、定息债券和浮息债券。

▶ 1. 零息债券

零息债券也叫贴现债券，是指债券券面上不附有息票，在票面上不规定利率，发行时按规定的折扣率，以低于债券面值的价格发行，到期按面值支付本息的债券。从利息支付方式来看，贴现国债以低于面额的价格发行，可以看作是利息预付，因而又称利息预付债券、贴水债券。零息债券是期限比较短的折现债券。

▶ 2. 定息债券

定息债券即固定利率债券，是将利率印在票面上并按期向债券持有人支付利息的债券。由于定息债券的利率不随市场利率的变化而调整，因而可以较好地抵制通货紧缩的风险。

▶ 3. 浮息债券

浮息债券即浮动利率债券，其息票率是随市场利率变动而调整的利率。因为浮息债券的利率同当前市场利率挂钩，而当前市场利率又考虑到了通货膨胀率的影响，所以浮息债券可以较好地抵制通货膨胀的风险。浮息债券的利率通常根据市场基准利率加上一定的利差来确定。浮息债券往往是中长期债券。

(六) 按是否能够提前偿还划分

按是否能够提前偿还，债券可以分为可赎回债券和不可赎回债券。

▶ 1. 可赎回债券

可赎回债券是指在债券到期前，发行人可以按事先约定的赎回价格收回的债券。公司发行可赎回债券主要考虑到公司未来的投资机会和回避利率风险等问题，以增加公司资本结构调整的灵活性。发行可赎回债券最关键的问题是赎回期限和赎回价格的制定。

▶ 2. 不可赎回债券

不可赎回债券是指不能在债券到期前收回的债券。

专题

地方政府债务的内涵与范围

我国地方政府债务一般有两个层面的内涵：一是债务的发生方属于地方政府而非中央政府，即省、市、县、乡(镇)四级行政和事业部门；二是债务内容有显性和隐性两种，前者常常被认定为地方政府的直接举借，明示偿还的部分，如向国际组织借款、农业贷款等；后者主要是由政府出面担保的各类债务，如地方金融机构呆坏账、社保资金缺口等。从风险来看，前者比较透明，风险小，易于管理；而后者模糊了借款机构的真实背景，风险很大，管理也很难。但两者都有一个共同特点，就是同属于政府性债务，即被认为最终政府都必须偿还(无论是对直接借贷的部分还是担保的部分都会到期偿还)，原因就是基于对社会稳定度和国家治理能力的一种信任，其信誉度仅次于中央政府发行的“金边债券”，可以说是一种“银边债券”。投资者愿意基于对地方政府的信任而接受较低的收益率，这有点类似美国在次贷危机前的“两房”债券，所不同的是，在不同的政治体制下，一旦国家或地方政府的信誉被下调而遭到质疑时，会产生两个不同的后果：如联邦制的美国政府可以“赖账”而将“两房”退市，债券评级下降，甚至对地方政府可以破产清算；而像我国这样的单一制国家，地方政府债务危机首先会冲击中央政府的信誉，也就是说，中央政府必须出面救助，如果不救或救不了，那就不仅意味着投资者手中债券价值缩水而遭受损失，而且意味着会直接影响政权和社会的稳定，因为单一制政府被认为中央和地方政府是不可分割的有机整体。正是基于这种认识，才会自然产生一种借债的“潜规则”，即只要有可能，地方政府就尽量先借债花钱，再借新还旧、无限递延下去。

另外，对于地方政府债务的范围界定，如果我们按较大口径的地方政府性债务统计，可以将其分成两类：一是直接债务部分，包括一般公共服务部门(不含财政部门)、财政部门、其他职能部门的负债；二是担保负债部分，即政府机关、事业单位和融资平台公司与其他单位的借债担保。而按照审计署统计结果，目前我国地方政府融资平台债务占全国地方政府性债务的比例达46.38%，为主要部分，也是主要风险区，因此，清理和规范地方政府融资平台债务就自然成为治理地方政府债务的重中之重。

地方政府融资平台是指由地方政府及其部门和机构等通过财政拨款或注入土地、股权等资产设立，承担政府投资项目融资功能，并拥有独立法人资格的经济实体。地方政府融资平台从性质上来划分，可分为企业法人和事业法人；从功能上来划分，可分为经营性平台和公益性平台；从融资方式来看，主要以银行贷款为主，还包括银信合作、银行理财、证信合作、发行城投债等方式。

资料来源：许安拓．我国地方政府债务风险现状及对策[OL]．国研网。

第三节 证券投资基金

一、证券投资基金的含义

证券投资基金是一种利益共存、风险共担的集合证券投资方式，即通过发行基金份额，集中投资者的资金，由基金托管人托管，由基金管理人管理和运用资金。与股票、债券不同，证券投资基金是一种间接投资工具。基金投资收益在扣除由基金管理人和基金托管人所承担费用后的盈余全部归基金投资者所有，并依据各个投资者所购买的基金份额的多少在投资者之间分配。

二、证券投资基金的特点

基金作为一种现代化的投资工具，主要具有以下三个特征。

1. 集合投资

基金将零散的资金巧妙地汇集起来，交给专业机构投资于各种金融工具，以谋取资产的增值。基金对投资的最低限额要求不高，投资者可以根据自己的经济能力决定购买数量，有些基金甚至不限制投资额大小，完全按份额计算收益的分配，因此，基金可以最广泛地吸收社会闲散资金，集腋成裘，汇成规模巨大的投资资金。在参与证券投资时，资本越雄厚，优势越明显，而且可能享有大额投资在降低成本上的相对优势，从而获得规模效益的好处。

2. 分散风险

通过科学的投资组合降低风险、提高收益是基金的另一大特点。在投资活动中，风险和收益总是并存的，因此，“不能将所有的鸡蛋都放在一个篮子里”，这是证券投资的箴言。但是，要实现投资资产的多样化，需要一定的资金实力，对小额投资者而言，由于资金有限，很难做到这一点，而基金则可以帮助中小投资者解决这个困难。基金可以凭借其雄厚的资金，在法律规定的投资范围内进行科学的组合，分散投资于多种证券，借助于资金庞大和投资者众多的优势使每个投资者面临的投资风险变小，同时利用不同的投资对象之间的互补性，达到分散投资风险的目的。

▶ 3. 专业理财

基金实行专家管理制度，这些专业管理人员都经过专门训练，具有丰富的证券投资和其他项目投资经验。他们善于利用基金与金融市场的密切联系，运用先进的技术手段分析各种信息资料，能对金融市场上对各种品种的价格变动趋势做出比较正确的预测，从而能最大限度地避免投资决策的失误，提高投资成功率。对那些没有时间，或者对市场不太熟悉，没有能力专门研究投资决策的中小投资者来说，投资于基金，实际上就可以获得专家们在市场信息、投资经验、金融知识和操作技术等方面所拥有的优势，从而尽可能地避免因盲目投资带来的损失。

三、证券投资基金的分类

按照不同的分类标准，证券投资基金可以分为以下几大类。

(一) 按基金的组织方式分类

按基金的组织方式分类，可将证券投资基金分为契约型基金和公司型基金。

▶ 1. 契约型基金

契约型基金又称单位信托基金，是指把投资者、管理人、托管人三者作为基金的当事人，通过签订基金契约的形式，发行受益凭证而设立的一种基金。契约型基金起源于英国，之后流行于中国香港、新加坡、印度尼西亚等国家和地区。

契约型基金是基于契约原理而组织起来的代理投资行为，没有基金章程，也没有董事会，而是通过基金契约来规范三方当事人的行为。基金管理人负责基金的管理操作。基金托管人作为基金资产的名义持有人，负责基金资产的保管和处置，对基金管理人的运作实行监督。

▶ 2. 公司型基金

公司型基金是按照《公司法》以公司形态组成的，该基金公司以发行股份的方式募集资金，一般投资者则因为认购基金而购买该公司的股份，从而成为该公司的股东，凭其持有的股份依法享有投资收益。这种基金公司要设立董事会，重大事项由董事会讨论决定。

发行公司型基金的基金公司的设立程序类似一般股份公司，基金公司本身依法注册为法人，但不同于一般股份公司的是，基金公司是委托专业的财务顾问或管理公司来经营与管理；基金公司的组织结构也与一般股份公司类似，设有董事会和持有人大会，基金资产由公司所有，投资者则是这家公司的股东，共同承担风险并通过股东大会行使权利。

3. 契约型基金与公司型基金的区别

契约型基金与公司型基金的不同点包括以下几个方面。

(1) 法律依据不同。契约型基金是依照基金契约组建，《中华人民共和国信托法》是其设立的依据，基金本身不具有法律资格。公司型基金是按照《公司法》组建的，具有法人资格。

(2) 资金的性质不同。契约型基金的资金是通过发行基金份额筹集的信托财产；公司型基金的资金是通过发行普通股票筹集的公司法人的资本。

(3) 投资者的地位不同。契约型基金的投资者购买基金份额后成为基金契约的当事人之一，投资者既是基金的委托人(基于对基金管理人的信任，将自己的资金委托给基金管理人管理和营运)，又是基金的受益人(享有基金的受益权)；公司型基金的投资者购买基金的股票后成为该公司的股东。因此，契约型基金的投资者没有管理基金资产的权利，而公司型基金的股东通过股东大会享有管理基金公司的权利。

(4) 基金的营运依据不同。契约型基金依据基金契约营运基金；公司型基金依据基金公司章程营运基金。

由此可见，契约型基金和公司型基金在法律依据、资金性质、投资者地位及基金营运依据上是不同的。但对投资者来说，投资于公司型基金和契约型基金并无多大区别，两者的投资方式都是把投资者的资金集中起来，按照基金设立时所规定的投资目标和策略，将基金资产分散投资于众多的金融产品上，获取收益后再分配给投资者。

从世界基金业的发展趋势来看，公司型基金除了比契约型基金多了一层基金公司组织外，其他各方面都与契约型基金有趋同化的倾向。

(二) 按基金运作方式分类

按基金运作方式分类，可将证券投资基金分为封闭式基金和开放式基金。

1. 封闭式基金

封闭式基金又称固定型投资基金，是指基金的发起人在设立基金时，限定了基金单位的发行总额，当筹集到这个总额后，基金即宣告成立并进行封闭，即在一定时期内不再接受新的投资。基金单位的流通采取在证券交易所上市的办法，投资者日后买卖基金单位都必须通过证券经纪商在二级市场上进行竞价交易。

封闭式基金的期限是指基金的存续期，即基金从成立到终止之间的期间。决定基金期限长短的因素主要有两个：一是基金本身投资期限的长短。一般如果基金目的是进行中长期投资(如创业基金)的，其存续期就可长一些；反之，如果基金目的是进行短期投资(如货币市场基金)，其存续期可短一些。二是宏观经济形势。一般经济稳定增长，基金存续期可长一些，若经济波浪起伏，则基金存续期相对短一些。当然，在现实中，存续期还应考虑基金发起人和众多投资者的要求来确定。基金期限届满即为基金终止，管理人应组织清算小组对基金资金进行清产核资，并将清产核资后的基金净资产按照投资者的出资比例进行公正、合理的分配。

如果基金在运行过程中，因为某些特殊的情况，使基金的运作无法进行，报经主管部门批准，可以提前终止。提前终止的一般情况如下：

(1) 国家法律和政策的改变使该基金的继续存在为非法或者不适宜；

(2) 管理人因故退任或被撤换，无新的管理人承继的；

(3) 托管人因故退任或被撤换，无新的托管人承继的；

(4) 基金持有人大会上通过提前终止基金的决议。

2. 开放式基金

开放式基金是指基金管理公司在设立基金时，发行基金单位的总份额不固定，可视投资者的需求追加发行。投资者也可根据市场状况和各自的投资决策，或者要求发行机构按现期净资产值扣除手续费后赎回股份或受益凭证，或者再买入股份或受益凭证增持基金单位份额。为了防止投资者中途抽回资金，满足投资者变现的要求，开放式基金一般都从所筹资金中拨出一定比例，以现金形式保持这部分资产。这样虽然会影响基金的盈利水平，但作为开放式基金来说，这是必需的。

3. 封闭式基金与开放式基金的区别

1) 期限不同

封闭式基金一般有固定的封闭期，通常在5年以上，一般为10年或15年，经持有人大会通过并经主管机关同意可以适当延长期限。而开放式基金没有固定期限，投资者可随时向基金管理人赎回基金单位。

2) 发行规模限制不同

封闭式基金在招募说明书中列明其基金规模，在封闭期限内未经法定程序认可不能再增加发行。开放式基金没有发行规模限制，投资者可随时提出认购或赎回申请，基金规模就随之增加或减少。

3) 基金单位交易方式不同

封闭式基金的基金单位在封闭期限内不能赎回，持有人只能寻求在证券交易场所出售给第三者。开放式基金的投资者则可以在首次发行结束一段时间(多为3个月)后，随时向基金管理人或中介机构提出购买或赎回申请，买卖方式灵活，除极少数开放式基金在交易所做名义上市外，通常不上市交易。

4) 基金单位的交易价格计算标准不同

封闭式基金与开放式基金的基金单位除了首次发行价都是按面值加一定百分比的购买费计算外，以后的交易计价方式不同。封闭式基金的买卖价格受市场供求关系的影响，常出现溢价或折价现象，并不必然反映基金的净资产值。开放式基金的交易价格则取决于基金每单位净资产值的大小，其申购价一般是基金单位资产值加一定的购买费，赎回价是基金单位净资产值减去一定的赎回费，不直接受市场供求影响。

5) 投资策略不同

封闭式基金的基金单位数不变，资本不会减少，因此基金可进行长期投资，基金资产的投资组合能在预定计划内有效进行。开放式基金因基金单位可随时赎回，为应付投资者随时赎回兑现，基金资产不能全部用来投资，更不能把全部资本用来进行长线投资，必须保持基金资产的流动性，在投资组合上须保留一部分现金和高流动性的金融商品。

6）基金份额资产净值公布的时间不同

封闭式基金一般每周或更长时间公布一次，开放式基金一般在每个交易日连续公布。

7）交易费用不同

投资者在买卖封闭式基金时，在基金价格之外要支付手续费；投资者在买卖开放式基金时，则要支付申购费和赎回费。

从发达国家的金融市场来看，开放式基金已成为世界投资基金的主流。从某种意义上说，世界基金发展史就是从封闭式基金走向开放式基金的历史。

(三）按投资目标分类

按投资目标分类，可将证券投资基金分为成长型基金、收入型基金和平衡型基金。

1. 成长型基金

成长型基金是证券投资基金中最常见的一种，它追求的是基金资产的长期增值。为了达到这一目标，基金管理人通常将基金资产投资于信誉度较高、有长期成长前景或长期盈余的所谓成长公司的股票。成长型基金又可分为稳健成长型基金和积极成长型基金。

2. 收入型基金

收入型基金主要投资于可带来现金收入的有价证券，以获取当期的最大收入为目的。收入型基金资产成长的潜力较小，损失本金的风险也相对较低，一般可分为固定收入型基金和股票收入型基金。固定收入型基金的主要投资对象是债券和优先股，因此尽管收益率较高，但长期成长的潜力很小，而且当市场利率波动时，基金净值容易受影响。股票收入型基金的成长潜力比较大，但易受股市波动的影响。

3. 平衡型基金

平衡型基金将资产分别投资于两种不同特性的证券上，并在以取得收入为目的的债券及优先股和以资本增值为目的的普通股之间进行平衡。这种基金一般将25％～50％的资产投资于债券及优先股，其余的投资于普通股。平衡型基金的主要目的是从其投资组合的债券中得到适当的利息收益，与此同时又可以获得普通股的升值收益。投资者既可获得当期收入，又可得到资金的长期增值，通常是把资金分散投资于股票和债券。平衡型基金的特点是风险比较低，缺点是成长的潜力不大。

(四）按投资标的分类

按投资标的分类，可将证券投资基金分为债券基金、股票基金、货币市场基金、指数基金、黄金基金和衍生证券基金。

1. 债券基金

债券基金是一种以债券为主要投资对象的证券投资基金。由于债券的年利率固定，因而这类基金的风险较低，适合稳健型投资者。

通常债券基金收益会受货币市场利率的影响，当市场利率下调时，其收益就会上升；反之，若市场利率上调，则基金收益率下降。除此之外，汇率也会影响基金的收益，管理人在购买非本国货币的债券时，往往还在外汇市场上做套期保值。

▶ 2. 股票基金

股票基金是指以股票为主要投资对象的证券投资基金。股票基金的投资目标侧重于追求资本利得和长期资本增值。基金管理人拟订投资组合，将资金投放于一个或几个国家，甚至全球的股票市场，以达到分散投资、降低风险的目的。

投资者之所以钟爱股票基金，是因为股票基金可以有不同的风险类型供选择，而且可以克服股票市场普遍存在的区域性投资限制的弱点。此外，股票基金还具有变现性强、流动性强等优点。由于聚集了巨额资金，几只基金甚至一只基金就可以引发股市动荡，所以各国政府对股票基金的监管都十分严格，都不同程度地规定了基金购买某一家上市公司的股票总额不得超过基金资产净值的一定比例，防止基金过度投资和操纵股市。

▶ 3. 货币市场基金

货币市场基金是以货币市场为投资对象的一种基金，其投资工具期限在一年内，包括银行短期存款、国库券、公司债券、银行承兑票据及商业票据等。通常，货币基金的收益会随着市场利率的下跌而降低，与债券基金正好相反。货币市场基金通常被认为是无风险或低风险的投资。

▶ 4. 指数基金

指数基金是20世纪70年代以来出现的新的基金品种。为了使投资者能获取与市场平均收益相接近的投资回报，产生了一种功能上近似或等于所编制的某种证券市场价格指数的基金。指数基金的投资组合等同于市场价格指数的权数比例，收益随着当期的价格指数上下波动。当价格指数上升时基金收益增加，反之，收益减少。基金因始终保持当期的市场平均收益水平，因而收益不会太高，也不会太低。指数基金的优势如下：

第一，费用低廉，指数基金的管理费较低，尤其交易费用较低。

第二，风险较小。由于指数基金的投资非常分散，可以完全消除投资组合的非系统风险，而且可以避免由于基金持股集中带来的流动性风险。

第三，在以机构投资者为主的市场中，指数基金可获得市场平均收益率，可以为股票投资者提供更好的投资回报。

第四，指数基金可以作为避险套利的工具。对于投资者尤其是机构投资者来说，指数基金是他们避险套利的重要工具。

指数基金由于其收益率的稳定性和投资的分散性，特别适用于社保基金等数额较大、风险承受能力较低的资金投资。

▶ 5. 黄金基金

黄金基金是指以黄金或者其他贵金属及其相关产业的证券为主要投资对象的基金，其收益率一般随贵金属的价格波动而变化。

▶ 6. 衍生证券基金

衍生证券基金是指以衍生证券为投资对象的证券投资基金，主要包括期货基金、期权基金和认购权证基金。由于衍生证券一般是高风险的投资品种，因此，投资这种基金的风险较大，但预期的收益水平比较高。

专题

QFII 制度与 QDII 制度

QFII(Qualified Foreign Institutional Investors)是指外国专业投资机构到境内投资的资格认定制度。QFII 是一国在货币没有实现完全可自由兑换、资本项目尚未开放的情况下，有限度地引进外资、开放资本市场的一项过渡性的制度。这种制度要求外国投资者若要进入一国证券市场，必须符合一定的条件，并得到该国有关部门的审批通过后汇入一定额度的外汇资金，将其转换为当地货币，通过严格监管的专门账户投资当地证券市场。

QDII(Qualified Domestic Institutional Investors)是指在人民币资本项下不可兑换、资本市场未开放条件下，在一国境内设立，经该国有关部门批准，有控制地允许境内机构投资境外资本市场的股票、债券等有价证券投资业务的一项制度。设立该制度的直接目的是进一步开放资本账户，以创造更多外汇需求，使人民币汇率更加平衡、更加市场化，并鼓励国内更多企业走出国门，从而减少贸易顺差和资本项目盈余，直接表现为让国内投资者直接参与国外的市场，并获取全球市场收益。

资料来源：金融市场基础知识[M]. 2017 年证券从业资格考试用书。

第四节 另类投资工具

一、另类投资工具的含义

另类投资工具是指除传统的股票、债券和现金之外的金融和实物资产，如对冲基金、私募股权基金、风险投资、艺术品投资基金、不动产投资信托、碳减排基金等，其中不动产投资信托就包括了以次级房贷为基础的债券以及这些债券的衍生金融产品。

二、另类投资工具的主要类型

(一) 对冲基金

▶ 1. 对冲基金的含义

对冲基金又称避险基金或套利基金，意为风险对冲过的基金，是指由金融期货和金融期权等金融衍生工具与金融组织结合后，以高风险投机为手段并以营利为目的的金融基金。经过几十年的发展演变，对冲基金已失去其初始的风险对冲的内涵，已成为一种新的投资模式的代名词，即基于最新的投资理论和极其复杂的金融市场操作技巧，充分利用各种金融衍生产品的杠杆效用，承担高风险，追求高收益的投资模式。

2. 对冲基金的类型

根据对冲基金的交易模式，对冲基金可分为股指期货对冲、商品期货对冲、统计对冲和期权对冲四种类型。

1）股指期货对冲

股指期货对冲是指利用股指期货市场存在的不合理价格，同时参与股指期货与股票现货市场交易，或者同时进行不同期限、不同(但相近)类别股票指数合约交易，以赚取差价的行为。股指期货对冲分为期现对冲、跨期对冲、跨市对冲和跨品种对冲。

2）商品期货对冲

与股指期货对冲类似，商品期货同样存在对冲策略，在买入或卖出某种期货合约的同时，卖出或买入相关的另一种合约，并在某个时间同时将两种合约平仓。在交易形式上它与套期保值有些相似，但套期保值是在现货市场买入(或卖出)实货，同时在期货市场上卖出(或买入)期货合约；而套利却只在期货市场上买卖合约，并不涉及现货交易。商品期货对冲主要分为期现对冲、跨期对冲、跨市场对冲和跨品种对冲。

3）统计对冲

统计对冲是指利用证券价格的历史统计规律进行套利的，是一种风险套利，其风险在于这种历史统计规律在未来一段时间内是否继续存在，有别于无风险对冲。

统计对冲的主要思路是先找出相关性最好的若干对投资品种(股票或者期货等)，再找出每一对投资品种的长期均衡关系(协整关系)，当某一对品种的价差(协整方程的残差)偏离到一定程度时开始建仓——买进被相对低估的品种、卖空被相对高估的品种，等到价差回归均衡时获利了结即可。统计对冲主要分为股票配对交易、股指对冲、融券对冲和外汇对冲交易。

4）期权对冲

期权又称选择权，是在期货的基础上产生的一种衍生性金融工具。从本质来讲，期权实质上是在金融领域中将权利和义务分开进行定价，使得权利的受让人在规定时间内对于是否进行交易行使其权利，而义务方必须履行。在期权的交易时，购买期权的一方称为买方，而出售期权的一方则称为卖方。买方即权利的受让人，而卖方则是必须履行买方行使权利的义务人。

期权的优点在于收益无限的同时风险损失有限，因此在很多时候，利用期权来取代期货进行做空、对冲利交易，会比单纯利用期货套利具有更小的风险和更高的收益率。

目前国内仅有易方达和国泰君安等金融证券机构发行了规范运作的对冲基金私募产品，采用股指期货做整体组合的对冲，在大市下跌同期也可取得不错的正收益。

(二) 私募股权基金

▶ 1. 私募股权基金的含义

私募股权基金是对私有企业即非上市企业进行权益性投资的基金。交易实施的过程中附带考虑了将来的退出机制，即通过了上市并购或管理层回购等方式出售持股获利。

▶ 2. 私募股权基金的运作

私募股权基金的实质是一种财务性投资，不追求占有被投资企业的股份以此获得长期的股息和红利回报，它所追求的是企业价值的发现、增值和放大，从而带动所投资股权的价值增加，并通过市场交易来最终获取所投资股权的价差。但是，私募股权基金在投入接受投资企业后，短期内成为产业资本，从而具备产业资本的特点。私募股权基金盈利的实现分为五个阶段。

(1) 价值发现阶段。这一阶段主要通过项目的识别，发现具有投资价值的优质项目，并且能够与项目方达成投资合作共识。

(2) 价值持有阶段。基金管理人在完成对项目的尽职调查后，私募股权基金完成对项目公司的投资，从而成为项目公司的股东，持有项目公司的价值。

(3) 价值增值阶段。基金管理人依托自身的资本聚合优势和资源整合优势，对项目公司的战略、管理、市场和财务等进行全面的提升，使企业的基本面得到改善和优化，企业的内在价值得到有效提升。

(4) 价值放大阶段。私募股权基金所投资的项目经过价值提升，培育3～5年(长的可达5～7年或更长)后，通过在资本市场公开发行股票，或者溢价出售给产业集团、上市公司，实现价值的放大。

(5) 价值兑现阶段。私募股权基金所投资的项目在资本市场上市后，基金管理人要选择合适的时机和合理的价格，在资本市场抛售项目企业的股票，实现价值的最终兑现，收益可达几倍甚至几十倍。

(三) 风险投资

▶ 1. 风险投资的含义

风险投资又叫创业投资，是指由职业金融家投入新兴的、迅速发展的、有巨大竞争力的企业中的一种权益资本。

▶ 2. 风险投资的构成要素

风险投资主要由风险资本、风险投资者、投资目的、投资期限、投资对象和投资方式六要素构成。

1) 风险资本

风险资本是指由专业投资者提供给快速成长并且具有很大升值潜力的新兴公司的一种资本。风险资本通过购买股权、提供贷款或既购买股权又提供贷款的方式进入这些企业。

2）风险投资者

风险投资者一般可分为以下四类。

（1）风险资本家。他们是向其他企业家投资的企业家，与其他风险投资者一样，通过投资来获得利润。但不同的是，风险资本家所投出的资本全部归其自身所有，而不是受托管理的资本。

（2）风险投资公司。风险投资公司的种类有很多种，但是大部分公司通过风险投资基金来进行投资，这些基金一般以有限合伙制为组织形式。

（3）产业附属投资公司。这类投资公司往往是一些非金融性实业公司下属的独立风险投资机构，它们代表母公司的利益进行投资。这类投资者通常主要将资金投向一些特定的行业。和传统风险投资一样，产业附属投资公司也同样要对被投资企业递交的投资建议书进行评估，深入企业做尽职调查并期待得到较高的回报。

（4）天使投资者。这类投资者通常投资于非常年轻的公司以帮助这些公司迅速启动。在风险投资领域，天使投资者指的是企业家的第一批投资者，这些投资者在公司产品和业务成型之前就把资金投入进来。

3）投资目的

风险投资虽然是一种股权投资，但投资的目的并不是获得企业的所有权，不是控股，更不是经营企业，而是通过投资和提供增值服务把投资企业做大，然后通过公开上市（IPO）、兼并收购或其他方式退出，在产权流动中实现投资回报。

4）投资期限

风险投资者帮助企业成长，但他们最终寻求渠道将投资撤出，以实现增值。风险资本从投入被投资企业起到撤出投资为止所间隔的时间长短就称为风险投资的投资期限。作为股权投资的一种，风险投资的期限一般较长。其中，创业期风险投资通常在7～10年内进入成熟期，而后续投资大都只有几年的期限。

5）投资对象

风险投资的产业领域主要是高新技术产业。

6）投资方式

从投资性质来看，风险投资的方式有三种：一是直接投资；二是提供贷款或贷款担保；三是提供一部分贷款或担保资金，同时投入一部分风险资本购买被投资企业的股权。不管是哪种投资方式，风险投资者一般都附带提供增值服务。风险投资还有两种不同的进入方式：一种是将风险资本分期、分批投入被投资企业，这种情况比较常见，既可以降低投资风险，又有利于加速资金周转；另一种是一次性投入，这种方式不常见，一般风险资本家和天使投资者可能采取这种方式，但一次投入后，很难也不愿提供后续资金支持。

（四）艺术品投资基金

艺术品投资基金是艺术品投资管理机构为艺术品投资市场建立的一种资本投资与运作

形式，是指在艺术品投资市场有特定目的与用途的资金投资形式，是一种间接化的证券投资方式。

收藏艺术品已经成为近几年来我国高收入阶层非常热衷的投资方向。2007 年，民生银行首家推出艺术品投资计划 1 号产品，它是一个参与艺术品市场交易的资产管理产品。

（五）不动产投资信托

不动产投资信托是一种以发行受益凭证的方式汇集特定多数投资者的资金，由专门投资机构进行房地产投资经营管理，并将投资总和收益按比例分配给投资者的一种信托基金。

（六）碳减排基金

碳减排项目投资的盈利模式是通过为项目业主垫支前期开发费用，在项目注册成功后，分享项目或签发的减排量指标在市场上进行出售收回成本并获取投资收益。碳排放指标投资主要通过低买高卖的方式实现盈利。

本章重要概念

股票　债券　证券投资基金　优先股　普通股　货币市场基金　浮动利率债券
可转换债券　封闭式基金　开放式基金　公司型基金　契约型基金　股票价格指数
私募股权基金　风险投资　对冲基金

本章思考题

1. 股票的特征有哪些？
2. 债券的特性有哪些？
3. 股票和债券的主要区别是什么？
4. 开放式基金与封闭式基金的区别是什么？
5. 公司型基金与契约型基金的主要区别是什么？
6. 股票价格指数的计算方法有哪些？
7. 私募股权基金是如何运作的？

第三章 证券投资分析的方法与内容

知识目标

1. 了解证券投资分析的主要方法及特点；
2. 掌握证券投资分析的主要内容及适用范围。

开篇导言

股票价格的涨跌从一开始就与股份公司的经营水平、盈利能力紧密相关，因此股票的基本面分析方法在历史上出现的时间也早于技术分析法。在股票市场产生几十年后，由于经济周期的波动性和大众心理的集体作用使股票价格经常背离价值形成独特的波动规律，引起了许多投资家的关注和研究，才形成了以历史经验和心理学为基础的技术分析法，其中最著名的是艾略特波浪理论和江恩理论。而基本面分析派在股票的产生和发展的每个时期都出现了许多投资大师，而且这些投资大师，包括格雷厄姆、巴菲特、彼得·林奇、索罗斯等，与技术派理论家最大的区别在于，他们都是百万富翁、市场的赢家，而技术派的鼻祖艾略特和江恩生前并没有运用其理论在股市中发财，只能称为市场的专家。从当今发达国家成熟股市的实践来看，基本面分析方法不仅依然是主流，而且地位正在继续提高，甚至有人将基本面分析方法等同于“理性投资”，而理性投资正是我国这种新兴市场迫切需要的。

第一节 证券投资分析方法概述

随着现代投资组合理论的产生，证券投资分析逐渐形成界限分明的四种分析流派，即基本面分析、技术分析、心理分析和学术分析。

一、基本面分析

基本面分析是指以宏观经济形式、行业特征及上市公司的基本财务数据作为投资分析对象与投资决策基础的投资分析方法。基本面分析以价值分析理论为基础，并且假设“股票的价值决定其价格”和“股票的价格围绕价值波动”，因此价值成为测量价格合理的尺度。

基本面分析的特点如下。

(1) 基本面分析是股市波动成因分析。基本面分析要弄懂的是股市波动的理由和原因，因此就必须对各种因素进行研究，分析它们对股市有何种方向的影响。如果股票市场大势向下，基本面分析就必须对近期股票市场的供求关系和影响因素做出合理的分析，并指明股市整体走向和个股的波动方向。

(2) 基本面分析是定性分析。在基本面分析过程中，涉及的虽主要是经济指标的数量方面，但这些指标对股市的影响程度却难以量化，只能把它们对股市的影响方向加以定性。

(3) 基本面分析是长线投资分析。基本面分析的定性分析特点就决定了它是长线投资分析工具，而非短线投资分析工具，因为基本面分析侧重于大势的判断，分析时所考察的因素也多是宏观因素和中观因素，它们对股市的影响较深远，由此分析得出的结论自然具有一定的前瞻性，对长线投资具有一定的指导意义。

二、技术分析

技术分析是指以证券的市场价格、成交量的变化，以及完成这些变化所经历的时间等市场行为为投资分析对象与投资决策基础的投资分析方法。技术分析是以价格判断为基础，以正确的投资时机选择为依据。

技术分析的特点如下。

(1) 技术分析是对股票价格变化本身的分析，不考虑价格变化背后的原因。

(2) 技术分析着眼于过去，通过对历史数据及价格变化的分析，来预测股票价格的未来走向。

(3) 技术分析主要是对股市短期波动进行分析。

由于技术分析考虑问题的范围较窄，对股市长期趋势不能进行有效的判断，所以，一般来说，技术分析只适用于短期行情分析，要想对股市有较全面的分析和较准确的判断，仅靠技术分析远远不够，还必须借助基本面分析。

三、心理分析

心理分析分为个体心理分析和群体心理分析。个体心理分析基于“人的生存欲望”“人的权力欲望”和“人的内在价值欲望”三大心理分析理论，旨在解决投资者在投资决策过程中产生的心理障碍问题。群体心理分析基于群体心理理论与逆向思维理论，旨在解决投资者如何在研究投资市场的过程中确保正确的观察视角等问题。

四、学术分析

学术分析的重点是选择价值被低估的股票长期持有，即在长期内不断吸纳、持有所选定的上市公司股票。

表 3-1 为各投资分析流派对证券价格波动的解释。

表 3-1 各投资分析流派对证券价格波动的解释

分 析 流 派	对证券价格波动原因解释
基本面分析	对价格与价值间偏离的调整
技术分析	对市场供求均衡状态偏离的调整
心理分析	对市场心理及人类行为平衡状态偏离的调整
学术分析	对价格与所反映信息内容偏离的调整

第二节 基本面分析

基本面分析主要分析影响股票价格走势的经济因素，包括宏观类影响因素(经济形势、经济政策)、中观类影响因素(行业与板块)和微观类影响因素(上市公司及其财务状况)。这三类因素是股票市场基本面分析的主要组成部分。具体而言，基本面分析包括宏观经济形势分析、宏观经济政策分析、行业与板块分析、上市公司及其财务分析，以及其他因素分析。

一、宏观经济形势分析

宏观经济运行因受各种因素的影响，常常呈现周期性变化，经济周期一般经历上升期、高涨期、下降期和停滞期四个阶段。由于股市是经济的“晴雨表”，会随着经济周期性波动而变化，因此，当经济处于停滞状态时，企业表现出效益差、开工不足、设备使用率下降等症状，继而是社会失业率上升，受其影响，股票指数会走低；当经济度过停滞期，开始缓慢上升时，股市会随着入市资金量的增加而逐渐回稳；当经济全面恢复，并进入高涨阶段时，企业生产能力得以充分利用，市场销售增加，利润回升，股票指数会攀升；当经济由高涨期进入下降期后，过热的经济会逐渐冷却下来，企业产品又开始积压，生产萎缩，利润下降，股市受其影响而由“牛市”转向“熊市”。

在分析宏观经济形势对股市的影响时，还要注意两者之间变化的前后时间关系。由于股市综合了人们对经济形势的预期，这种预期较全面地“吸收”了经济发展过程中反映的有关信息，这种预期自然也会引起股票价格的变化，因此，股市对经济周期波动的反映总是超前的。另外，宏观经济形势对股市的影响程度还受股市发育程度的制约。一般而言，股市越成熟，经济波动对其影响就越大；反之，影响则越小。在股市发展初期，股市的变化并不反映经济形势的变化，这主要是由于投机气氛太浓，股市被少数资金大户所操纵，被人为地推向巅峰或谷底。

分析宏观经济形势对股市的影响，首先就得对宏观经济的运行状态进行分析，而完成这一任务就要分析各种经济指标。反映宏观经济发展状况的指标主要有经济增长率、固定资产投资规模及其发展速度、失业率、物价水平、进出口额等。在这些指标中，有些指标的升降对股市涨跌有正面影响，有些指标的升降对股市涨跌有负面影响。

二、宏观经济政策分析

宏观经济政策主要包括货币政策和财政政策。

1. 货币政策

货币政策是国家调控国民经济运行的重要手段，它的变化对国民经济发展速度、就业水平、居民收入、企业发展等都有直接影响，进而对股市产生较大影响。当国家为了控制通胀而紧缩银根时，利率就会上升。一般情况下，利率上升，股价下跌。相反，利率下降，股价上升。货币政策主要有利率政策、汇率政策、信贷政策等。

2. 财政政策

财政政策也是国家调控宏观经济的手段。一般来说，财政政策对股市的影响不如货币政策那样直接，但它可以影响国民经济的运行，然后再间接地影响股市。另外，财政政策中关于证券交易税项调整措施本身就是股票市场调控体系的组成部分，其对股市的影响力较大。财政政策主要包括公共支出政策、公债政策、税收政策等，这些政策的变化对股市有着直接或间接的影响，是进行基本面分析时要注意的重要问题。

三、行业与板块分析

行业与板块分析是介于宏观经济分析和上市公司分析之间的中间层次分析。

▶ 1. 行业分析

行业分析的主要内容包括行业的市场类型分析、行业的生命周期分析、行业变动因素分析等。行业的市场类型分析侧重于行业的竞争程度分析。竞争程度越激烈的行业，其投资壁垒越少，进入成本低，但风险大；竞争程度低的行业，风险小，利润丰厚，但投资壁垒多，进入成本高。生命周期分析主要是对行业所处生命周期的不同阶段进行分析，行业的生命周期分为四个阶段：初创阶段、成长阶段、成熟阶段和衰退阶段。当行业处于成长阶段时，股市不太稳定，有大起大落的可能；当行业处于成熟阶段时，涉足该行业的公司股票价格往往会处于稳中有升的状态；当行业处于衰退阶段时，股票价格会下跌。行业变动分析主要是指政府有关产业政策变动分析和相关行业发展变化分析。

▶ 2. 板块分析

板块分析主要是分析区域经济因素对股票价格的影响。由于我国幅员辽阔，各地区经济发展水平很不一致，而上市公司在一定程度上又受区域经济的影响，从而形成股市中的"板块"行情，所以，对这些股票的分析一定要结合当地的经济形势进行。

四、上市公司及其财务分析

▶ 1. 上市公司分析

上市公司是股票的发行主体，分析股价的变化趋势就要分析上市公司的一些具体情况，如公司的竞争能力、盈利能力、经营管理能力、科研能力、产品的市场占有率、发展潜力以及财务状况等。只有通过对这些方面的分析研究，才能发现某支股票的潜在投资价值。

▶ 2. 上市公司的财务分析

财务分析也是基本分析中最重要的一环，它主要通过对上市公司的有关财务数据资料进行比较分析，以了解其当前的财务状况，预测其发展趋势，确定该公司的成长潜力。

财务分析的对象主要有资产负债表、利润表、现金流量等。

财务分析的方法主要有财务比率分析法和比较分析法等。

财务分析主要对公司资本结构、公司偿债能力、公司经营能力、公司获利能力、股东权益保障能力等进行分析。

五、其他因素分析

除了经济因素影响股市外，社会因素、政治因素、自然因素等也影响股市的走势。例如，社会稳定与否会对股市有极大的心理影响，政局不稳和战争爆发对股市都是负面影响，自然灾害往往也会引起股市的大跌。可以说，社会、政治、经济等因素中的任何一个发生变化都会引起股市或大或小的波动，因此，想要较全面地认识股市变化规律，就要尽量考虑诸多因素。

第三节 技术分析

一、技术分析的理论基础

技术分析自19世纪产生以来，经过不断充实、完善和发展，本身逐渐形成一套颇为复杂的体系，但支撑该体系的理论基础是以下三个假定条件或前提条件：

假设1——市场行为包容一切信息；

假设2——价格以趋势方式演变，并保持趋势；

假设3——历史会重演。

（一）市场行为包容一切信息

“市场行为包容一切信息”是技术分析的基石。技术分析者认为，任何可能影响股票、期货市场价格的因素，基础的、政治的、心理的或其他因素，实际上都反映在价格之中，而价格变化必定反映供求关系。

技术分析者只研究价格变化就足够了，而不必研究导致价格变动的内在因素。

技术分析者所使用的图表等工具之所以发生作用，是因为这些工具本身如实地描述了市场参与者的行为，使技术分析者能够把握市场参与者对市场的反应，从而把握市场的未来趋势。

（二）价格以趋势方式演变，并保持趋势

“趋势”概念是技术分析的核心。技术分析者认为，市场确有趋势可循，而且当前的市场趋势有势能或惯性，只有当它走到趋势的尽头，它才会掉头反向。

研究价格图表的全部意义，就是要辨识趋势发展的早期形态，以便顺应趋势进行交易。事实上，大多数技术分析理论在本质上就是顺应趋势，即以判定、追随市场的既成趋势为目的。

（三）历史会重演

技术分析和市场行为与人类心理学有关，证券投资不过是一种追求利润的行为，不论是昨天、今天或明天，这个目的都不会改变。

在这种心理状态下，市场交易行为将趋于一定的模式，由此导致历史重演，即过去出现过的价格趋势和变动方式，今后会不断出现。

二、技术分析方法的主要类型

技术分析方法主要分为指标类、切线类、形态类、K线类和波浪类。

（一）指标类

指标类技术分析是根据价、量的历史资料，通过建立一个数学模型，给出数学上的计算公式，得到一个体现金融市场的某个方面内在实质的指标值。指标反映的内容大多是无法从行情报表中直接看到的，它可为我们的操作行为提供指导方向。常见的指标有相对强弱指标（RSI）、随机指标（KDJ）、趋向指标（DMI）、平滑异同移动平均线（MACD）、能量潮（OBV）、心理线（PSY）、乖离率（BIAS）等。

（二）切线类

切线类技术分析是按一定方法和原则，在根据价格数据所描绘的图表中画出一些直线，然后根据这些直线的情况推测价格的未来趋势，为我们的操作行为提供参考，这些直线就叫切线。常见的切线有趋势线、轨道线、黄金分割线、甘氏线、角度线等。

（三）形态类

形态类技术分析是根据价格图表中过去一段时间走过的轨迹形态来预测价格未来趋势的方法。价格走过的形态是市场行为的重要部分，从价格轨迹的形态中可以推测证券市场处在一个什么样的大环境之中，由此对今后的投资给予一定的指导。主要的形态有 M 头、W 底、头肩顶、头肩底等十几种。

（四）K 线类

K 线类技术分析是根据若干天的 K 线组合情况，推测金融市场中多空双方力量的对比，进而判断证券市场行情的方法。

（五）波浪类

波浪类技术分析是把价格的上下变动和不同时期的持续上涨、下跌看成波浪的上下起伏，认为价格运动遵循波浪起伏的规律，数清楚了各个浪就能准确地预见跌势已接近尾声牛市即将来临或升势已接近尾声熊市即将来临。与其他技术分析流派相比，波浪类技术分析能提前很长时间预计行情的底和顶，而别的流派往往要等到新的趋势确立之后才能看到。

本章重要概念

基本面分析　技术分析　心理分析　学术分析

本章思考题

1. 基本面分析与技术分析的主要区别是什么？
2. 基本面分析的主要内容有哪些？
3. 技术分析的理论基础是什么？
4. 技术分析方法有哪些？

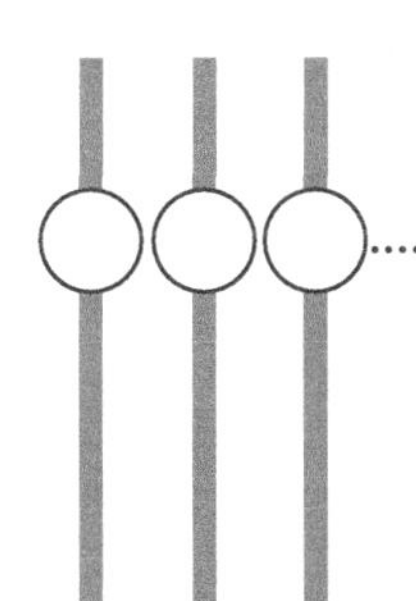

第二篇

基本面分析

第四章 宏观经济分析

知识目标

1. 了解宏观经济分析在证券市场投资中的作用；
2. 掌握宏观经济分析的主要方法；
3. 熟悉宏观经济分析的指标；
4. 能够根据宏观经济指标和宏观经济政策进行宏观经济分析。

开篇导言

证券市场是国民经济的“晴雨表”，国民经济的变化都会在证券市场中得到反映。国民经济是由各种不同的部门组成的有机统一体，各部门又有千差万别的不同行业，各行业是由成千上万的不同企业组成的，这些不同的部门、行业、企业之间存在千丝万缕的联系，它们相互影响、相互制约。因此，宏观经济分析作为一种“由上至下”的层次分析法，对于指导投资者进行证券投资具有重要意义。

第一节 宏观经济分析概述

一、宏观经济分析的意义

宏观经济分析方法以整个国民经济活动作为考察对象，研究各个有关的总量及其变动，特别是研究国内生产总值和国民收入的变动，以及国内生产总值与社会就业、经济周期波动、通货膨胀、经济增长等之间的关系。因此，宏观经济分析又称总量分析或整体分析。

证券市场与宏观经济密切相关，所以，宏观经济分析对于证券投资来说非常重要，不仅投资对象要受宏观经济形势的深刻影响，而且证券业本身的生存、发展和繁荣也与宏观经济因素息息相关。证券投资活动效果的好坏和效率的高低，不仅受国民经济基本单位的影响，更受宏观经济形势的直接制约。因此，宏观经济分析无论是对投资者和投资对象，还是对证券业本身乃至整个国民经济的快速健康发展都具有非常重要的意义。

（一）把握证券市场的总体变动趋势

在证券投资领域中，宏观经济分析非常重要，只有把握了经济发展的大方向，才能把握证券市场的总体变动趋势，做出正确的长期决策；只有密切关注了宏观经济因素的变化，尤其是货币政策和财政政策因素的变化，才能抓住证券投资的市场时机。

（二）判断整个证券市场的投资价值

证券市场的投资价值与国民经济整体素质、结构变动息息相关。这里的证券市场的投资价值是指整个市场的平均投资价值。从一定意义上说，整个证券市场的投资价值就是整个国民经济增长质量与速度的反映，因为不同部门、不同行业与成千上万的不同企业相互影响，互相制约，共同影响国民经济发展的速度和质量。宏观经济是各个体经济的总和，因而企业的投资价值必然在宏观经济的总体中综合反映出来，所以，宏观经济分析是判断整个证券市场投资价值的关键。

（三）掌握宏观经济政策对证券市场的影响力度与方向

证券市场与国家宏观经济政策息息相关。在市场经济条件下，国家通过财政政策和货币政策来调节经济，或挤出泡沫，或促进经济增长，这些政策直接作用于企业，从而影响经济增长速度和企业效益，并进一步对证券市场产生影响。因此，证券投资必须认真分析宏观经济政策，掌握其对证券市场的影响力度与方向，以准确把握整个证券市场的运动趋势和各个证券品种的投资价值变动方向。

二、宏观经济分析的主要方法

宏观经济分析的主要方法有以下几种。

（一）经济指标

宏观经济分析可以通过一系列经济指标的计算、分析和对比来进行。经济指标是反映经济活动结果的一系列数据和比例关系。经济指标有三类：一是先行指标。这类指标可以对将来的经济状况提供预示性的信息。二是同步指标。通过这类指标计算出的国民经济转折点大致与总的经济活动的转变时间相同。三是滞后指标。滞后指标主要有银行短期商业贷款利率、工商业未还贷款等。

(二) 计量经济模型

所谓计量经济模型，是指表示经济现象及其主要因素之间数量关系的方程式。经济现象之间的关系大都属于相关或函数关系，建立计量经济模型并进行运算，就可以探寻经济变量间的平衡关系，分析影响平衡的各种因素。

(三) 概率预测

概率预测的重要性是由客观经济环境和概率预测自身的功能决定的。要了解经济活动的规律性，必须掌握它的过去，进而预测其未来。过去的经济活动都反映在大量的统计数字和资料上，根据这些数据，运用概率预测方法，就可以推算以后若干时期各种相关的经济变量状况。

三、宏观经济分析的主要指标

宏观经济指标是体现经济情况的一种方式，宏观经济指标对宏观经济调控具有重要的分析和参考作用。宏观经济指标主要包括以下五大类。

(一) 国民经济的总体指标

▶ 1. 国内生产总值

国内生产总值(GDP)是指一个国家(或地区)所有常住单位在一定时期内生产活动的最终成果，是最常用的综合性指标，也是进行国际经济比较的一项重要指标。

国内生产总值有三种表现形态，即价值形态、收入形态、产品形态。对应这三种表现形态，在实际核算时，国内生产总值有三种计算方法：生产法、收入法、支出法。

在宏观经济分析中，一般采用支出法计算国内生产总值，其计算公式为

$$\mathrm{GDP}=C+I+G+X \tag{4-1}$$

式中，C 为消费；I 为投资；G 为政府购买；X 为净出口。

▶ 2. 失业率

失业率是指失业人口占劳动人口的比例。劳动人口是指年龄在 16 岁以上且具有劳动能力的人。过去我国统计部门公布的失业率是城镇登记失业率，即城镇登记失业人数占城镇从业人数与城镇登记失业人数之和的百分比。从 2011 年开始，不再使用城镇登记失业率这个指标，而采用调查失业率。调查失业率是通过城镇劳动力情况抽样调查所取得的城镇就业与失业汇总数据进行计算的，具体是指城镇调查失业人数占城镇调查从业人数与城镇调查失业人数之和的百分比。

▶ 3. 通货膨胀

通货膨胀一般指物价水平在一定时期内持续、普遍的上升过程，或者指货币价值在一定时期内持续、普遍的下降过程。衡量通货膨胀的指标包括消费者价格指数 CPI、生产者价格指数 PPI、平减指数 GDP。

平减指数 GDP 是名义 GDP 与实际 GDP 的比值，表示现期生产成本与基期生产成本

之比，反映了一国生产的所有商品和服务价格水平。

▶ 4. 国际收支

国际收支是一种流量概念，反映的是两个时点之间存量的变化额。国际收支平衡表的基本结构包括经常项目、资本项目与平衡项目。

进口和出口是国际收支最主要的部分。中国海关一般在每月的10日发布上月进出口情况的初步数据，详细数据在下旬发布。美国的月度贸易数据由美国商务部在每月的第二周发布。

(二) 投资指标

投资指标是衡量一定时期内在国民经济各部门、各行业再生产中投入资金的数量、速度、比例和使用方向等的综合性指标。

按照投资主体的不同，投资分为政府投资、企业投资和外商投资三个方面。

▶ 1. 政府投资

政府投资是指政府为了实现其职能，满足社会公共需要，实现经济和社会发展战略，投入资金转化为实物资产的行为和过程。政府投资是国家宏观经济调控的必要手段，在社会投资和资源配置中具有重要的宏观导向作用。政府投资可以弥补市场失灵，协调全社会的重大投资比例关系，进而推动经济发展和结构优化。

▶ 2. 企业投资

企业投资可分为对内投资和对外投资，对内投资是指把资金投放在企业内部，购置各种生产经营用资产的投资。对外投资是指企业以现金、实物、无形资产等方式或者以购买股票、债券等有价证券的方式对其他单位的投资。从理论上讲，对内投资的风险要低于对外投资，对外投资的收益应高于对内投资，随着市场经济的发展，企业对外投资机会越来越多。

▶ 3. 外商投资

外商投资是指外国的公司、企业、其他经济组织或者个人依照中华人民共和国法律的规定，在中华人民共和国境内进行私人直接投资。我国吸收外商投资的方式一般分为直接投资方式和其他投资方式。采用最多的直接投资方式是中外合资经营企业、中外合作经营企业、外商独资经营企业和合作开发。其他投资方式包括补偿贸易、加工装配等。

(三) 消费指标

▶ 1. 社会消费品零售总额

社会消费品零售总额是国民经济各行业直接销售给城乡居民和社会集团的消费品总额。社会消费品零售总额反映各行业通过多种商品流通渠道向居民和社会集团供应的生活消费品的总量，是研究国内零售市场变动情况、反映经济景气程度的重要指标。

社会消费品零售总额的统计调查方法采用全面统计方法和抽样调查两种方法相结合。按照国家统一规定的划分标准，限额以上的批发和零售业、住宿和餐饮业单位建立名录库，实施全面统计调查，由这些企业按月向当地政府统计部门报送统计报表，逐级汇总得出限额以上的社会消费品零售额。限额以下的批发和零售业、住宿和餐饮业采用抽样调查推算得出限额以下的社会消费品零售额。限额以上与限额以下的社会消费品零售额汇总，就形成了社会消费品零售总额。

2. 全国城乡居民储蓄存款余额

全国城乡居民储蓄存款余额是指某一时点全国城乡居民存入银行及农村信用社的储蓄金额，包括城镇居民储蓄存款和农民个人储蓄存款，不包括居民的手存现金和工矿企业、部队、机关、团体等单位存款。城乡居民储蓄存款是居民可支配收入与消费支出之间的差额，因而城乡居民储蓄的多少取决于居民可支配收入和居民消费支出，以及消费支出在居民可支配收入中所占的比例。

（四）金融指标

1. 总量指标

1）货币供应量

货币供应量是指一国在某一时点上为社会经济运转服务的货币存量，由包括中央银行在内的金融机构供应的存款货币和现金货币两部分构成。

我国从1994年第三季度起由中国人民银行按季向社会公布货币供应量统计监测指标。参照国际通用原则，根据我国实际情况，中国人民银行将我国货币供应量指标分为以下四个层次。

M0＝流通中的现金

M1＝M0＋企业活期存款＋机关团体部队存款＋农村存款＋个人持有的信用卡类存款

M2＝M1＋城乡居民储蓄存款＋企业存款中具有定期性质的存款＋外币存款＋信托类存款

M3＝M2＋金融债券＋商业票据＋大额可转让存单等

式中，M1是通常所说的狭义货币量，流动性较强；M2是广义货币量，M2与M1的差额是准货币，流动性较弱；M3是考虑到金融创新的现状而设立的，暂未测算。

2001年，中国人民银行修订货币供应量统计口径，我国现行对货币层次的划分如下。

M0＝流通中现金

M1＝M0＋可开支票进行支付的单位活期存款

M2＝M1＋居民储蓄存款＋单位定期存款＋单位其他存款＋证券公司客户保证金

M3＝M2＋金融债券＋商业票据＋大额可转让定期存单等

式中，M1是狭义货币量，反映经济中的现实购买力；M2是广义货币量，不仅反映现实的购买力，还反映潜在的购买力，M2与M1的差额是准货币；M3是根据金融工具的不断创新而设置的。

若M1增速较快，则消费和终端市场活跃；若M2增速较快，则投资和中间市场活跃。中央银行和各商业银行可以据此采取相应的货币政策。M2过高而M1过低，表明投资过热、需求不旺，有危机风险；M1过高M2过低，表明需求强劲、投资不足，有涨价风险。

2）金融资产总量

金融资产是经营资产的对称，是指单位或个人所拥有的以价值形态存在的资产，是一种索取实物资产的无形的权利，也是一切可以在有组织的金融市场上进行交易、具有现实价格和未来估价的金融工具的总称。金融资产的最大特征是能够在市场交易中为其所有者提供即期或远期的货币收入流量。

3）社会融资规模

社会融资规模是全面反映金融与经济之间的关系，以及金融对实体经济资金支持的总量指标。社会融资规模是指一定时期内（每月、每季或每年）实体经济从金融体系获得的全部资金总额，是增量概念。这里的金融体系为整体金融的概念。

▶ 2. 利率

利率又称利息率，表示一定时期内利息量与本金的比率，通常用百分比表示。利率按年计算则称为年利率。利率是宏观调控的重要工具之一，从宏观经济分析的角度来说，利率的波动反映了市场资金供求的变动情况。一国政府可以通过利率调整来干预经济。在萧条时期，降低利息率，扩大货币供应，刺激经济发展；在膨胀时期，提高利息率，减少货币供应，抑制经济过快发展。

▶ 3. 汇率

汇率是指一国货币兑换另一国货币的比率，是以一种货币表示另一种货币的价格。一国汇率会因该国的国际收支状况、通货膨胀率、利率、经济增长率等的变化而波动；同时，汇率的波动又会影响一国的进出口额和资本流动，从而影响一国的经济发展。一般来说，本币汇率降低，即本币对外的比值贬低，能起到促进出口、抑制进口的作用；若本币汇率上升，即本币对外的比值上升，则有利于进口，不利于出口。

▶ 4. 外汇储备

外汇储备是指一国政府所持有的国际储备资产中的外汇部分，即一国政府保有的以外币表示的债权，是一个国家货币当局持有并可以随时兑换外国货币的资产。狭义而言，外汇储备是一个国家经济实力的重要组成部分，是一国用于平衡国际收支、稳定汇率、偿还对外债务的外汇积累。广义而言，外汇储备是指以外汇计价的资产，包括现钞、国外银行存款、国外有价证券等。外汇储备是一个国家国际清偿力的重要组成部分，同时对于平衡国际收支、稳定汇率有重要的影响。

（五）财政指标

▶ 1. 财政收入

财政收入是指政府为履行其职能、实施公共政策和提供公共物品与服务需要而筹集的一切资金的总和。财政收入表现为政府部门在一定时期内(一般为一个财政年度)所取得的货币收入。财政收入是衡量一国政府财力的重要指标，政府在社会经济活动中提供公共物品和服务的范围与数量，在很大程度上取决于财政收入的充裕状况。

财政收入的内容包括以下方面。

(1) 各项税收，包括增值税、消费税、土地增值税、城市维护建设税、资源税、城市土地使用税、印花税、个人所得税、企业所得税、关税、农牧业税和耕地占用税、契税、教育费附加、车船使用税、房产税、屠宰税等。

(2) 专项收入，包括征收排污费收入、征收城市水资源费收入、教育费附加收入等。

(3) 其他收入，包括基本建设贷款归还收入、基本建设收入、捐赠收入等。

(4) 国有企业计划亏损补贴，该项为负收入，冲减财政收入。

▶ 2. 财政支出

财政支出通常是指国家为实现其各种职能，由财政部门按照预算计划，将国家集中的财政资金向有关部门和方面进行支付的活动，因此也称预算支出。在我国，由于存在预算外资金，所以财政支出的概念也就有狭义与广义之分：狭义的财政支出仅指预算内支出；广义的财政支出则包括预算内支出和预算外支出。

第二节 宏观经济运行对证券市场的影响

一、宏观经济因素对证券市场的影响

宏观经济走势是影响证券市场的最基本的因素。证券市场是整个国民经济的重要组成部分，它在宏观经济的大环境中发展，同时又服务于国民经济的发展。从根本上说，证券市场的走势与宏观的经济运行趋势应当是一致的。

(一) 国内生产总值的变动对证券市场的影响

国内生产总值是一国在一定时期内以货币表示的全部最终产品和劳务的价值总和。它是反映一国经济实力和经济发展程度的综合性指标。从长期来看，证券市场的变动与GDP的变化趋势是吻合的(见图4-1和图4-2)，但不能简单地认为GDP增长，证券价格必将伴之上升，必须将GDP与经济形势结合起来进行考察。一般来说，持续、稳定、高速的GDP增长，证券市场会呈现上升走势；高通货膨胀下的GDP增长会导致证券市场行情下跌；宏观调控下的GDP减速增长，证券市场将呈现平稳渐升态势；转折性的GDP波动，反映新一轮经济高速增长来临，证券市场伴之以快速上涨。反之，亦然。但是，由于证券市场一般会提前对GDP的变动做出反应，实际上证券市场是反映预期的GDP变动，所以分析GDP的变动，必须着眼于未来，即把握它的超前性。

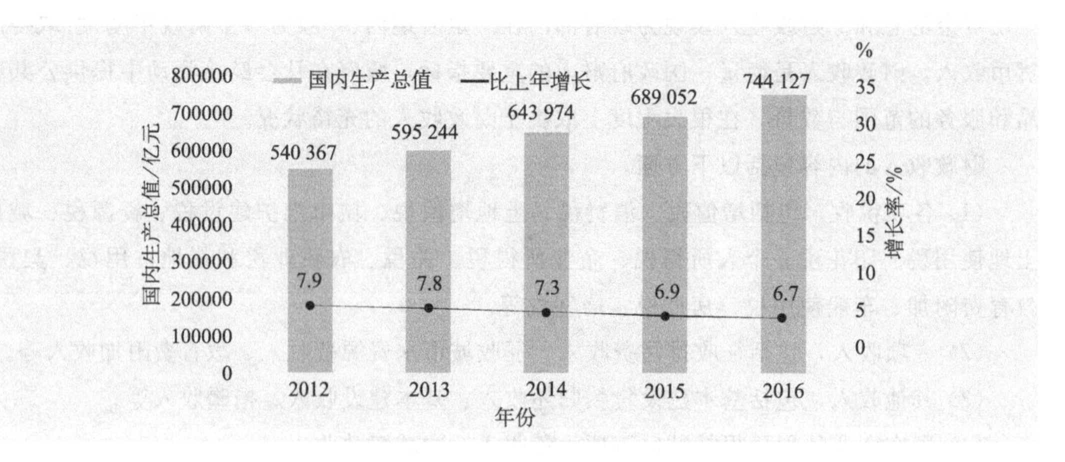

图 4-1　2012—2016 年国内生产总值及增长率

资料来源：2016 年国民经济和社会发展统计公报，国家统计局。

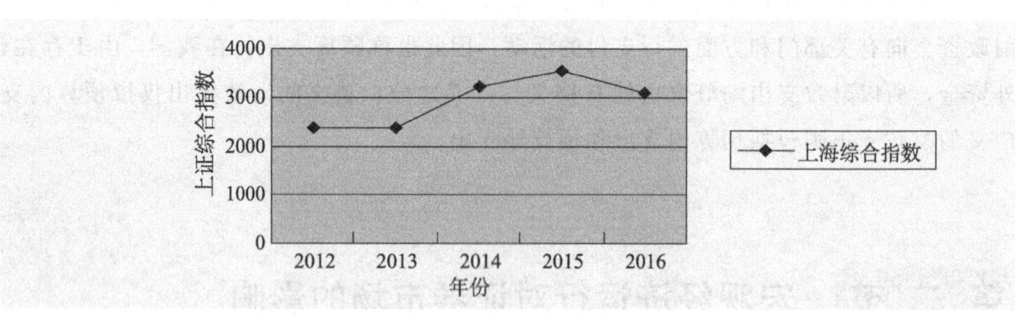

图 4-2　2012—2016 年上证综合指数表现

资料来源：根据各年金融市场统计整理。

(二) 经济周期对证券市场的影响

经济周期也称商业周期、商业循环、景气循环，是指经济运行中周期性出现的经济扩张与经济紧缩交替更迭、循环往复的一种现象，是国民总产出、总收入和总就业的波动。

经济周期包括衰退、危机、复苏和繁荣四个阶段(见图 4-3)。一般来说，在经济衰退时期，证券价格会逐渐下跌；经济危机时期，证券价格跌至最低点；当经济复苏开始时，证券价格又会逐步上升；经济繁荣时，证券价格则上涨至最高点。

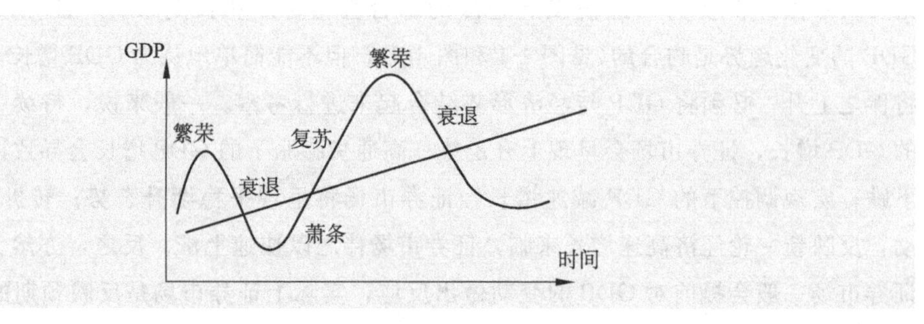

图 4-3　经济周期的四个阶段

(三) 通货膨胀对证券市场的影响

通货膨胀是指经济运行中出现的持续、普遍的物价上涨现象。居民消费价格指数(CPI)是观测通货膨胀程度的主要指标，反映了城乡居民购买并用于消费的消费品和服务价格水平变动情况(见图 4-4)。通货膨胀对证券市场特别是个股的影响无永恒的定式，完全可能同时产生相反方向的影响。因此，对这些影响进行具体分析和比较时，必须从该时期通货膨胀的原因、通货膨胀的程度入手，结合对当时的经济结构和形势、政府可能采取的干预措施等方面的分析。

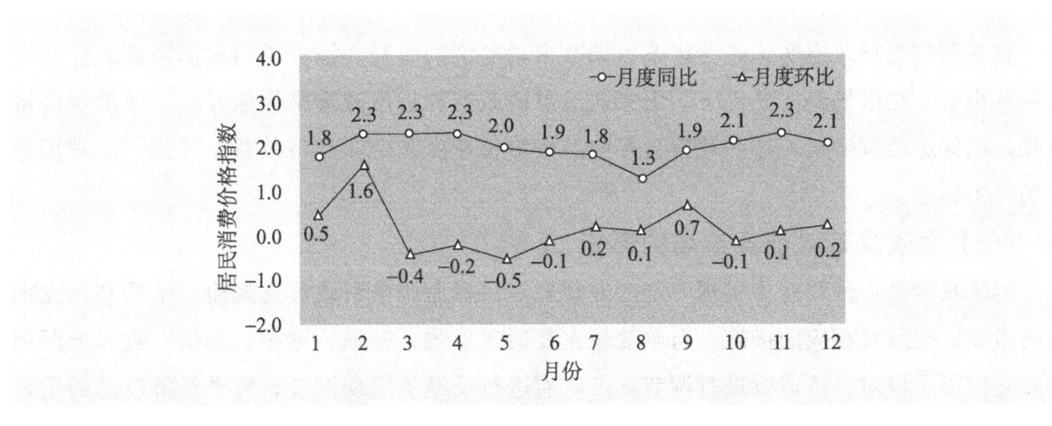

图 4-4 2016 年居民消费价格指数变动情况

(1) 温和的、稳定的通货膨胀对股价的影响较小。通货膨胀提高了对债券的必要收益率水平，从而引起债券价格下跌。

(2) 如果通货膨胀在一定的可容忍范围内持续，而经济处于景气(扩张)阶段，产量和就业都持续增长，那么股价也将持续上升。

(3) 严重的通货膨胀是很危险的，一旦其站稳脚跟，经济将被严重扭曲，货币加速贬值，这时人们将会囤积商品、购买房地产以期对资金保值。这可能从两个方面影响证券价格：其一，资金流出金融市场，引起股价和债券价格下跌；其二，经济扭曲和失去效率，企业一方面筹集不到必需的生产资金，同时，原材料价格和劳务价格等飞涨，使企业经营严重受挫，盈利水平下降，甚至倒闭。

(4) 政府往往不会长期容忍通货膨胀存在，因而必然会动用某些宏观经济政策工具来抑制通货膨胀，这些政策必然对经济运行造成影响，并改变资金流向和企业的经营利润，从而影响股价。

(5) 通货膨胀时期，并不是所有价格和工资都按同一比率变动，而是造成相对价格发生变化。这种相对价格变化导致财富和收入的再分配，以及产量和就业的扭曲，因而某些公司可能从中获利，而另一些公司可能蒙受损失。与之相应的是获利公司的股票价格上涨，受损失的公司的股票价格下跌。

(6) 通货膨胀不仅会产生经济影响，还可能会产生社会影响，并影响公众的心理和预期，从而对股价产生影响。

(7) 通货膨胀使各种商品的价格具有更大的不确定性，也使企业未来经营具有更大的不确定性，从而影响市场对股息的预期，并增大获得预期股息的风险，从而导致股价下跌。

(8) 通货膨胀之初，“税收效应”“负债效应”“存货效应”“波纹效应”有可能刺激股价上涨，但长期严重的通货膨胀必然恶化经济环境、社会环境，股价必受大环境驱使而下跌，短期效应的表现便不复存在。

二、宏观经济政策对证券市场的影响

宏观调控是指政府实施政策措施以调节市场经济的运行。证券市场和国家宏观经济政策息息相关。在市场经济条件下，国家通过财政政策和货币政策来调控经济，或抑制经济过热，或促进经济增长。这些政策会影响经济增长速度和企业经济效益，并进一步对证券市场产生影响。

(一) 财政政策对证券市场的影响

财政政策是一国政府为实现一定的宏观经济目标而调整财政收支规模、结构和收支平衡的指导原则及其相应的措施。财政政策主要通过税收、补贴、赤字、国债、收入分配和转移支付等手段对经济运行进行调节，是政府进行反经济周期调节、熨平经济波动的重要工具，也是财政有效履行配置资源、公平分配和稳定经济等职能的主要手段。随着社会主义市场经济体制的建立，政府运用财政政策调节宏观经济的技术也日趋成熟。

▶ 1. 国家预算

国家预算是财政政策的主要手段，可以对社会供求的总量平衡产生影响，财政的投资力度和投资方向直接影响并制约国民经济的部门结构。

国家预算的重点支出项目的所在行业的发展前景比一般行业更具有优势，在企业内部的体现就是企业的经济效益更好，在证券市场的体现就是该公司的股票一般会上涨并伴随大成交量。另外，财政赤字还具有扩张社会总需求的功能，可以让证券市场的资金供给相对充裕，促进证券市场的繁荣发展。但是，过度使用此项政策，财政支出出现巨额赤字时，虽然进一步扩大了需求，但进而增加了经济的不稳定因素。通货膨胀加剧，物价上涨，有可能造成投资者对经济的预期不乐观，反而造成股价下跌。

从 2009 年年末开始，美国的评级机构就对欧洲国家的信贷评级频频降级，而且这种现象已经从希腊发展到了欧盟的其他国家。西班牙也面临被卷入债务危机的风险。尽管西班牙政府正实施 30 年来规模最大的预算削减措施，同时还采取措施提高退休年龄和缩减裁员成本，但是西班牙为防止债务危机而采取的措施不够完整，其面临的债务风险巨大。意大利 2011 年第一季度经济增速为 1.03%，这种缓慢的经济增长一旦遭遇财政紧缩，就可能陷入衰退。如果意大利向外界求助，就必须进行经济紧缩，因此可能陷入经济衰退和公共债务上升的双重困境。作为欧元区第三大经济体和第四大经济体，意大利和西班牙在欧洲经济中的地位至关重要，一旦出现债务违约，对市场的冲击力度远非希腊等国家可比。随着意大利及西班牙国债危机逼近，欧元区第二大经济体——法国也开始面临债务风险。这样的经济环境，加上国内的财政政策，对证券市场就会产生巨大的影响。

2. 税收

税收是国家凭借政治权利参与社会产品分配的重要形式。

税收具有无偿性、强制性和固定性的特点。它既是筹集财政收入的主要工具，也是调节宏观经济的重要手段。税收制度可以调节和制约企业间的负税水平。税收还可以根据消费需求和投资需求的不同对象设置税种或在同一税种中实行差别税率，以控制需求数量和调节供求结构。税收主要通过两方面影响证券市场：企业和消费者。如果一国的税负增加，就会影响企业经营的积极性，影响居民的投资热情，进而影响证券市场的发展。如果一国的税负减少，就会直接引起证券市场价格上涨，增加投资需求和消费支出，又会拉动社会总需求，而总需求增加又反过来会刺激投资需求，从而使企业扩大生产规模，增加企业利润；利润增加，又将刺激企业扩大生产规模的积极性，进一步增加利润总额，从而促进股票价格上涨。

3. 国债

国债是国家按照有偿信用原则筹集财政资金的一种形式，也是实行政府财政政策、进行宏观调控的重要工具。

国债可以调节国民收入的使用结构和产业结构，用于农业、能源、交通和基础设施建设等国民经济的薄弱部门和瓶颈产业的发展，调整固定资产投资结构，促进经济结构的合理化。政府还可以通过发行国债调节资金供求和货币流通量。另外，国债的发行对证券市场资金的流向格局也有较大的影响。国债是证券市场上重要的交易券种，国债发行规模的缩减使市场供给量减少，从而对证券市场原有的供求平衡发生影响，导致更多的资金转向股票，推动证券市场行情上扬。

4. 财政补贴

财政补贴是国家为了某种特定的需要，将一部分财政资金无偿补助给企业和居民的一种再分配形式。

我国的财政补贴主要包括价格补贴、企业亏损补贴、财政贴息、房租补贴、职工生活补贴和外贸补贴等。财政补贴对证券市场的影响可以通过对发行债券、股票的公司的影响来实现。财政补贴是ST公司实现扭亏的捷径，从而影响该公司的股票。再者，财政补贴可以在一定程度上扩大社会总需求和刺激供给的增加，从而使整个证券市场的总体水平趋于上涨。

(二) 货币政策对证券市场的影响

货币政策是指政府为实现一定的宏观经济目标所制定的关于货币供应和货币流通组织管理的基本方针和基本准则。货币政策工具包括一般性货币政策工具(法定存款准备金政策、再贴现政策和公开市场业务)、选择性货币政策工具(直接信用控制和间接信用控制)。

▶ 1. 调整基准利率对证券市场的影响

一般来说，利率下降时，股票价格就上升；而利率上升时，股票价格就下降；反之，若利率上升，一部分资金将会从证券市场转向银行存款，致使股价下降。

▶ 2. 公开市场业务对证券市场的影响

当政府倾向于实施较为宽松的货币政策时，中央银行就会大量购进有价证券，从而使市场上货币供给量增加。这会推动利率下调，使资金成本降低，从而使企业和个人的投资和消费热情高涨，生产扩张，利润增加，进而推动股票价格上涨；反之，股票价格将下跌。我们之所以特别强调公开市场业务对证券市场的影响，还在于中央银行公开市场业务的运作是直接以国债为操作对象，从而直接关系到国债市场的供求变动，影响国债市场的波动。

▶ 3. 调节货币供应量对证券市场的影响

中央银行可以通过存款准备金率和再贴现政策调节货币供应量，从而影响货币市场和资本市场的资金供求，进而影响证券市场。如果中央银行提高存款准备金率，这在很大程度上限制了商业银行体系创造派生存款的能力。由于法定存款准备金率对应数额庞大的存款总量，并通过货币乘数的作用，使货币供应量更大幅度地减少，证券市场价格趋于下跌。同样，如果中央银行提高再贴现率，对再贴现资格加以严格审查，商业银行的资金成本就会增加，市场贴现利率上升，社会信用收缩，证券市场的资金供应减少，使证券市场行情走势趋软；反之，如果中央银行降低存款准备金率或降低再贴现率，通常都会导致证券市场行情上扬。

专题

宏观经济分析

——2016年宏观经济状况分析

一、世界经济总体形势

(一) 世界经济继续温和复苏

1. 发达国家经济缓慢复苏

美国经济在宽松货币政策、住房销售和零售稳步增长等因素推动下继续温和复苏，在经历上半年的低迷之后，第三季度GDP增速达到3.2%，超出市场预期，第四季度制造业采购经理人指数(PMI)持续处于相对高位，表明经济还在较快扩张。同时，消费者价格指数(CPI)呈平缓回升态势，其中核心CPI在10月同比增速升至1.8%，接近美联储设定的2%的目标通胀率；失业率总体不断下降，并在11月降至4.6%，为2007年8月以来的最低值。在这种形势下，美联储于12月加息25个基点。在欧洲央行加大宽松货币政策力度等因素推动下，欧元区经济继续缓慢复苏，前三季度增速低于2015年同期水平，但12月制造业PMI上升至2011年4月以来的最高值，且经济信心指数升至五年来新高，表明欧元区经济正在持续复苏。由于经济复苏动能较弱，欧元区失业率仍然处于较高水平，11月高达9.8%。在宽松货币政策和财政政策扩张等因素推动下，日本经济延续扩张态势，在前三季度持续缓慢增长的基础上，12月制造业PMI创11个月以来新高，核心CPI也在第四季度出现小幅回升，但仍与2%的目标通胀率有较大差距。

2. 主要新兴市场国家经济增速有升有降

印度经济较快增长，但增速有所下滑，前三季度同比增速分别为7.9%、7.1%和7.3%，特别是受"废钞"导致的现金不足等因素拖累，制造业PMI在第四季度出现回落，12月降至荣枯临界点(50)下方，表明经济活动放缓。南非经济在第一季度经历收缩之后，随着消费支出和工业生产的增长，第二季度开始止跌回升，第二季度和第三季度均实现了0.7%的同比经济增长，第四季度PMI保持在荣枯临界点上方，表明经济在持续扩张。由于消费和固定资产投资降幅趋缓，俄罗斯经济萎缩幅度收窄，制造业PMI自8月以来在荣枯临界点上方持续回升，12月升至53.7，表明经济形势有所好转。受投资、消费持续收缩影响，巴西经济深陷衰退，第四季度制造业PMI在荣枯临界点下方持续降至45.2，表明经济仍然在萎缩。

（二）国际贸易持续低迷

在世界经济复苏乏力、贸易保护主义有所抬头的背景下，2016年国际贸易依然低迷。据OECD统计，2016年前三季度，二十国集团经过季节调整后的货物出口环比增速分别为－1.9%、1.6%和－0.1%，进口增速分别为－2.7%、1.9%和0.6%。进入第四季度，主要经济体货物进出口形势未见明显改善。根据美国商务部和中国海关总署发布的数据，2016年10—11月，美国货物和服务进口分别环比增长1.1%和1.3%，出口分别环比增长－0.2%和－1.8%；10—12月，中国货物进口同比增长－1.4%、6.7%、3.1%，出口增速分别为－7.3%、0.1%、－6.1%。世界贸易组织在9月将本年度全球货物贸易增速预测值由4月的2.8%下调至1.7%，这也是2010年以来的最低增速。

（三）国际大宗商品价格低位回升

受世界经济继续稳步复苏和石油输出国组织达成8年来的首次限产协议等因素影响，国际大宗商品价格有所回升，特别是在第四季度升幅尤为明显。根据国际货币基金组织发布的有关数据，2016年10—12月，国际大宗商品价格指数环比涨幅分别为5.72%、－1.22%和7.51%；能源类大宗商品价格指数环比涨幅分别为10.06%、－5.44%和13.00%；非能源类大宗商品价格指数环比分别上涨0.84%、3.94%和1.39%。各类大宗商品价格在第四季度的10月和12月普遍出现较大幅度的上涨，推动国际大宗商品价格在2016年呈现从低位不断回升的态势。

（四）国际金融市场时有震荡

2016年，受英国脱欧、美国大选和美联储加息预期增强等因素影响，国际金融市场一度出现较大幅度的震荡。6月24日英国脱欧公投结果公布后，世界主要股票市场股指明显下挫，欧元、英镑等货币对美元汇率快速下跌。10月底至11月上旬，美国大选角逐日益激烈，不确定性上升，引发投资者心理恐慌，国际金融市场再次出现大幅震荡，世界主要股指一度持续下挫，同时黄金作为避险资产受到追捧，价格一度上扬。随后，随着美联储加息预期的不断增强，欧元、日元等货币对美元出现了不同程度的贬值。

资料来源：杨元杰.2016年世界经济形势回顾及2017年前景展望[J].中国财政，2017(04)。

二、国民经济总体情况

2016年，国内生产总值744 127亿元，比上年增长6.7%。其中，第一产业增加值为63 671亿元，增长3.3%；第二产业增加值为296 236亿元，增长6.1%；第三产业增加值为384 221亿元，增长7.8%。第一产业增加值占国内生产总值的比重为8.6%，第二产业增加值比重为39.8%，第三产业增加值比重为51.6%，比上年提高1.4个百分点。全年人均国内生产总值为53 980元，比上年增长6.1%。全年国民总收入为742 352亿元，比上年增长6.9%。

2016年，居民消费价格比上年上涨2.0%。工业生产品出厂价格下降1.4%。工业生产品购进价格下降2.0%。固定资产投资价格下降0.6%。农产品生产价格上涨3.4%。

2016年年末，全国就业人员77 603万人，其中城镇就业人员41 428万人。全年城镇新增就业1 314万人。年末城镇登记失业率为4.02%。全国农民工总量为28 171万人，比上年增长1.5%。其中，外出农民工16 934万人，增长0.3%；本地农民工11 237万人，增长3.4%。全年全员劳动生产率为94 825元/人，比上年提高6.4%。

2016年，全国一般公共预算收入为159 552亿元，比上年同口径增加6 828亿元，增长4.5%，其中税收收入130 354亿元，增加5 432亿元，增长4.3%。

2016年，全部工业增加值为247 860亿元，比上年增长6.0%。规模以上工业增加值增长6.0%。在规模以上工业中，分经济类型来看，国有控股企业增长2.0%，集体企业下降1.3%，股份制企业增长6.9%；外商及港澳台商投资企业增长4.5%，私营企业增长7.5%；分门类来看，采矿业下降1.0%，制造业增长6.8%，电力、热力、燃气及水生产和供应业增长5.5%。

2016年，全社会固定资产投资为606 466亿元，比上年增长7.9%，扣除价格因素，实际增长8.6%。其中，固定资产投资(不含农户)596 501亿元，增长8.1%。分区域来看，东部地区投资249 665亿元，比上年增长9.1%；中部地区投资156 762亿元，增长12.0%；西部地区投资154 054亿元，增长12.2%；东北地区投资30 642亿元，下降23.5%。

2016年，货物进出口总额为243 386亿元，比上年下降0.9%。其中，出口138 455亿元，下降1.9%；进口104 932亿元，增长0.6%。货物进出口差额(出口减进口)33 523亿元，比上年减少3 308亿元。对“一带一路”沿线国家进出口总额62 517亿元，比上年增长0.5%。其中，出口38 319亿元，增长0.5%；进口24 198亿元，增长0.4%。

截至2016年年末，国家外汇储备为30 105亿美元，比上年年末减少3 198亿美元。全年人民币平均汇率为1美元兑6.642 3元人民币，比上年贬值6.2%。

三、金融

2016年年末，广义货币供应量M2余额为155.0万亿元，比上年年末增长11.3%；狭义货币供应量M1余额为48.7万亿元，增长21.4%；流通中货币M0余额为6.8万亿元，增长8.1%。

2016年，社会融资规模增量为17.8万亿元，比上年多2.4万亿元。年末全部金融机构本外币各项存款余额为155.5万亿元，比年初增加15.7万亿元，其中人民币各项存款余额为150.6万亿元，增加14.9万亿元。全部金融机构本外币各项贷款余额112.1万亿元，增加12.7万亿元，其中人民币各项贷款余额106.6万亿元，增加12.6万亿元。

2016年年末，主要农村金融机构(农村信用社、农村合作银行、农村商业银行)人民币贷款余额为134 219亿元，比年初增加13 895亿元。金融机构境内住户人民币消费贷款余额为250 472亿元，增加60 998亿元。其中，短期消费贷款余额为49 313亿元，增加8 347亿元；中长期消费贷款余额为201 159亿元，增加52 651亿元。

资料来源：2016年国民经济统计公报，国家统计局。

本章重要概念

宏观经济分析　经济周期　通货膨胀　国内生产总值　财政政策　货币政策　社会融资规模　货币供应量

本章思考题

1. 简述宏观经济波动与证券市场的关系。
2. 宏观经济分析的指标有哪些？
3. 经济周期不同阶段证券市场价格有何不同表现？
4. 简述货币政策和财政政策对证券市场的影响。

第五章 行业分析

知识目标

1. 了解行业分类方法和类型；
2. 掌握行业的市场结构分析、生命周期分析；
3. 理解影响行业发展的主要因素；
4. 掌握行业选择策略。

开篇导言

行业是由许多同类企业构成的群体。任何行业都要经历由成长到衰退的演变过程，即行业都存在生命周期，包括初创、成长、成熟、衰退四个阶段。行业所处生命周期的位置制约或决定着企业的生存和发展。

例如，汽车诞生以前，欧美的马车制造业曾经是何等的辉煌，然而时至今日，连汽车业都已进入生命周期中的成熟阶段了。这说明，如果某个行业已处于衰退阶段，则属于这个行业中的企业，不管其资产多么雄厚，经营管理能力多么强，都不能摆脱其阴暗的前景。现在还有谁愿意去大规模投资于马车生产呢？

投资者在考虑投资方向时，不能投资到那些快要没落和淘汰的“夕阳”行业。投资者在选择股票时，不能被眼前的景象所迷惑，而要分析和判断企业所属的行业是处于初创阶段、成长阶段，还是成熟阶段或是衰退阶段，绝对不能购买那些属于衰退阶段的行业股票。因此，行业分析是证券投资分析的一个非常重要的内容。

第一节 行业分析概述

一、行业分析的内涵

行业分析是指根据经济学原理，综合应用统计学、计量经济学等分析工具对行业经济的运行状况、产品生产、销售、消费、技术、行业竞争力、市场竞争格局、行业政策等行业要素进行深入的分析，从而发现行业运行的内在经济规律，进而进一步预测未来行业发展的趋势。

二、行业分析的意义

行业是由许多同类企业构成的群体。如果我们只进行企业分析，虽然我们可以知道某个企业的经营和财务状况，但不能知道其他同类企业的状况，无法通过对比分析企业在同行业中的位置。行业分析在充满高度竞争的现代经济中是非常重要的。

行业特征是决定公司投资价值的重要因素之一。行业分析是上市公司分析的前提，是连接宏观经济分析和上市公司分析的桥梁。

行业分析旨在界定行业本身所处的发展阶段及其在国民经济中的地位，同时对不同的行业进行横向比较，为最终确定投资对象提供准确的行业背景。

行业分析的目的是挖掘最具投资潜力的行业，进而选出最具投资价值的上市公司。

由此可见，只有进行行业分析，我们才能更加明确地知道某个行业的发展状况，以及它所处的行业生命周期的位置，并据此做出正确的投资决策。

三、行业分类

(一) 按照行业要素集约度分类

根据行业要素集约度，可分为资本密集型行业、技术密集型行业、资源密集型行业和劳动密集型行业。资本密集型行业是指需要大量的资本投入的行业；技术密集型行业的技术含量较高；资源密集型行业对资源的依赖性较高；劳动密集型行业主要依赖劳动力。

(二) 我国国民经济行业标准分类

我国《国民经济行业分类》国家标准于 1984 年首次发布，分别于 1994 年和 2002 年进行修订；2011 年第三次修订(GB/T 4754—2011)；2017 年第四次修订(GB/T 4754—2017)。该标准由国家统计局起草，国家质量监督检验检疫总局、国家标准化管理委员会批准发布，并于 2017 年 10 月 1 日实施。本标准按照 GB/T 1.1—2009 给出的规则进行起草，代替 GB/T 4754—2011，保留 GB/T 4754—2011 的主要内容，对个别大类及若干中类、小类的条目、名称和范围做了调整。本标准参考联合国统计委员会制定的《所有经济活动的国际标准行业分类》(2006年，修订第四版，简称ISIC Rev.4)编制，与ISIC Rev.4的一致性程度为非等效。2017年新行业分类共有20个门类、97个大类、473个中类、1 380个小类。

(三) 我国上市公司行业分类

为规范上市公司行业分类工作，根据《中华人民共和国统计法》《证券期货市场统计管理办法》《国民经济行业分类》等法律法规和相关规定，中国证监会于2001年制定了《上市公司行业分类指引》(以下简称《指引》)，并于2012年进行了修订，2012年10月26日施行。

▶ 1. 分类对象与适用范围

《指引》以在中国境内证券交易所挂牌交易的上市公司为基本分类对象，适用于证券期货监管系统对上市公司行业分类信息进行统计、评价、分析及其他相关工作，中国证监会另有规定的，适用其规定。各证券期货交易所、中国证券登记结算公司、中国证监会派出机构以及其他相关机构，向中国证监会报送统计数据所涉及的上市公司行业分类应符合《指引》的规定。市场机构基于投资分析的目的所使用的上市公司行业分类可参照《指引》规定的行业类别，但非强制使用。

▶ 2. 分类原则与方法

《指引》以上市公司营业收入等财务数据为主要分类标准和依据，所采用财务数据为经过会计师事务所审计并已公开披露的合并报表数据。当上市公司某类业务的营业收入比重大于或等于50%，则将其划入该业务相对应的行业。当上市公司没有一类业务的营业收入比重大于或等于50%，但某类业务的收入和利润均在所有业务中最高，而且均占到公司总收入和总利润的30%(含)以上，则该公司归属该业务对应的行业类别。不能按照上述分类方法确定行业归属的，由上市公司行业分类专家委员会根据公司实际经营状况判断公司行业归属；归属不明确的，划为综合类。

▶ 3. 编码方法

《指引》参照《国民经济行业分类》，将上市公司的经济活动分为门类、大类两级。与此对应，门类代码用字母A、B、C…依次表示；大类代码用两位阿拉伯数字表示，从01开始按顺序依次编码。

▶ 4. 管理机构及其职责

中国证监会统筹指导上市公司行业分类工作，负责制定、修改和完善《指引》，对《指引》及相关制度进行解释，对外发布上市公司行业分类结果。中国上市公司协会建立上市公司行业分类专家委员会(以下简称专家委员会)，由有关部委、证券期货监管系统和证券经营机构的专家组成。专家委员会负责就上市公司行业分类制度的修订提出意见和建议，依据《指引》的相关规定和专业判断确定上市公司行业分类结果，向中国证监会报送上市公司行业分类结果，并向证券交易所、中证指数公司等相关机构通报上市公司行业分类结果。

▶ 5. 分类结构与代码(见表 5-1)

表 5-1 上市公司分类结构与代码

代码		类别名称
门类	大类	
A 农、林、牧、渔业	01	农业
	02	林业
	03	畜牧业
	04	渔业
	05	农、林、牧、渔服务业
B 采矿业	06	煤炭开采和洗选业
	07	石油和天然气开采业
	08	黑色金属矿采选业
	09	有色金属矿采选业
	10	非金属矿采选业
	11	开采辅助活动
	12	其他采矿业
C 制造业	13	农副食品加工业
	14	食品制造业
	15	酒、饮料和精制茶制造业
	16	烟草制品业
	17	纺织业
	18	纺织服装、服饰业
	19	皮革、毛皮、羽毛及其制品和制鞋业
	20	木材加工和木、竹、藤、棕、草制品业
	21	家具制造业
	22	造纸和纸制品业
	23	印刷和记录媒介复制业
	24	文教、工美、体育和娱乐用品制造业
	25	石油加工、炼焦和核燃料加工业
	26	化学原料和化学制品制造业
	27	医药制造业
	28	化学纤维制造业
	29	橡胶和塑料制品业
	30	非金属矿物制品业
	31	黑色金属冶炼和压延加工业

续表

代码		类别名称
门类	大类	
C 制造业	32	有色金属冶炼和压延加工业
	33	金属制品业
	34	通用设备制造业
	35	专用设备制造业
	36	汽车制造业
	37	铁路、船舶、航空航天和其他运输设备制造业
	38	电气机械和器材制造业
	39	计算机、通信和其他电子设备制造业
	40	仪器仪表制造业
	41	其他制造业
	42	废弃资源综合利用业
	43	金属制品、机械和设备修理业
D 电力、热力、燃气及水生产和供应业	44	电力、热力生产和供应业
	45	燃气生产和供应业
	46	水的生产和供应业
E 建筑业	47	房屋建筑业
	48	土木工程建筑业
	49	建筑安装业
	50	建筑装饰和其他建筑业
F 批发和零售业	51	批发业
	52	零售业
G 交通运输、仓储和邮政业	53	铁路运输业
	54	道路运输业
	55	水上运输业
	56	航空运输业
	57	管道运输业
	58	装卸搬运和运输代理业
	59	仓储业
	60	邮政业
H 住宿和餐饮业	61	住宿业
	62	餐饮业

续表

代码		类别名称
门类	大类	
I 信息传输、软件和信息技术服务业	63	电信、广播电视和卫星传输服务
	64	互联网和相关服务
	65	软件和信息技术服务业
J 金融业	66	货币金融服务
	67	资本市场服务
	68	保险业
	69	其他金融业
K 房地产业	70	房地产业
L 租赁和商务服务业	71	租赁业
	72	商务服务业
M 科学研究和技术服务业	73	研究和试验发展
	74	专业技术服务业
	75	科技推广和应用服务业
N 水利、环境和公共设施管理业	76	水利管理业
	77	生态保护和环境治理业
	78	公共设施管理业
O 居民服务、修理和其他服务业	79	居民服务业
	80	机动车、电子产品和日用产品修理业
	81	其他服务业
P 教育	82	教育
Q 卫生和社会工作	83	卫生
	84	社会工作
R 文化、体育和娱乐业	85	新闻和出版业
	86	广播、电视、电影和影视录音制作业
	87	文化艺术业
	88	体育
	89	娱乐业
S 综合	90	综合

(四) 上海证券交易所上市公司行业分类

2007 年，上海证券交易所与中证指数有限公司对上海证券交易所上市公司的行业划分做了调整，将上海证券交易所的上市公司分为十大行业：能源、原材料、工业、主要消费、可选消费、医药卫生、金融地产、信息技术、电信业务和公共事业。根据 2006 年 4 月 8 日生效的最新全球行业分类标准(GICS)，对行业主要类别进行说明，上海证券交易所上市公司行业分类说明如表 5-2 所示。

表 5-2 上海证券交易所上市公司行业分类说明

行业名称	行业主要类别
能源	能源设备与服务、石油、天然气与消费用原料
原材料	化学制品、建筑材料、容器与包装、金属与采矿、纸类与林业产品
工业	航空航天与国防、建筑产品、建筑与工程、电器设备、工业集团企业、机械制造、贸易公司与经销商、商业服务与商业用品、航空货运与物流、航空公司、海运、公路与铁路、交通基本设施
主要消费	食品与主要用品零售、饮料、食品、烟草、家常用品、个人用品
可选消费	汽车零配件，汽车，家庭耐用消费品，休闲设备与用品，纺织品、服装与奢侈品，酒店、餐饮与休闲，综合消费者服务，媒体，经销商，互联网与售货目录零售，多元化零售，专营零售
医药卫生	医疗保健设备与用品、医疗保健提供商与服务、医疗保健技术、生物科技、制药、生命科学工具和服务
金融地产	商业银行、互助储蓄银行与抵押信托、综合金融服务、消费信贷、资本市场、保险、房地产投资信托、房地产管理和开发
信息技术	互联网软件与服务、信息科技服务、软件、通信设备、计算机与外围设备、电子设备与仪器、办公电子设备、半导体产品与半导体设备
电信业务	综合电信服务、无线电信服务
公共事业	电力公用事业、燃气公用事业、复合型公用事业、水公用事业、独立电力生产商与能源贸易商

第二节 行业特征分析

行业的经济结构不同，变动规律不同，所处生命周期阶段不同，其盈利水平的高低、经营的稳定状况也不同，这是进行行业分析时要着重考虑的因素。

一、行业的经济结构分析

行业的经济结构随该行业中企业的数量、产品的性质、价格的制定和其他一些因素的变化而变化，根据经济结构的不同，行业基本上可分为四种市场类型：完全竞争、垄断竞争、寡头垄断和完全垄断。

(一) 完全竞争

完全竞争是指一个行业中有很多的独立生产者，他们都以相同的方式向市场提供同质产品，其主要特点如下。

(1) 企业是价格的接受者，而不是价格的制定者，也就是说，企业不能够影响产品的价格。

(2) 所有企业向市场提供的产品都是同质的、无差别的。

(3) 生产者众多，所有资源都可以自由流动。

(4) 企业的盈利基本上是由市场对产品的需求决定的。

(5) 生产者和消费者对市场完全了解，并且可随意进入或退出此行业。

显然，完全竞争是一个理论上的假设，在现实经济中很少存在，一些初级产品和某些农产品的市场类型比较接近完全竞争市场的情况。

(二) 垄断竞争

垄断竞争是指一个行业中有许多企业生产同一种类但具有明显差别的产品，其主要特点如下。

(1) 企业生产的产品同种不同质，即产品存在差别。也就是说，产品基本相似，但在质量、商标、包装、大小，以及卖者的服务态度、信用等方面存在一定的差别。这是垄断竞争与完全竞争的主要区别。

(2) 从某种程度上说，企业对自己产品的价格有一定的控制能力，是价格的制定者。

(3) 生产者众多，所有资源可以流动，进入该行业比较容易。

在国民经济各产业中，大多数产成品的市场类型都属于这种类型。我国垄断竞争行业主要有餐饮业、酒业、造纸业、纺织业、贸易、化工原料、药业、基本金属、家居、建筑等。

(三) 寡头垄断

寡头垄断是指一个行业中少数几家大企业(称为“寡头”)控制了绝大部分的市场需求量，其主要特点如下。

(1) 企业为数不多，而且相互影响、相互依存。正因如此，每个企业的经营方式和竞争策略都会对其他几家企业产生重要影响。

(2) 产品差别可有可无。当产品无差别时称为纯粹寡头垄断；当产品有差别时称为差别寡头垄断。

(3) 生产者较少，进入该行业十分困难。

从以上特点可以看出，寡头垄断在现实中是普遍存在的，资本密集型、技术密集型行业，如汽车行业，以及少数储量集中的矿产品，如石油等产品的市场多属于这种类型。生产所需的巨额投资、复杂的技术或产品储量的分布成为限制新企业进入寡头垄断型行业的主要障碍。目前西方国家的许多重要行业常常被几家企业所控制，例如，美国汽车市场被本国的通用汽车公司、福特汽车公司所控制；我国的寡头垄断行业包括贵金属、钢铁、石油、发电设备、石油天然气、航空等。

(四) 完全垄断

完全垄断是指一个行业中只有一家企业生产某种特质产品。特质产品是指那些没有或基本上没有其他替代品的产品。完全垄断可分为两种类型：一是政府完全垄断，如国有铁路、邮电等部门；二是私人完全垄断，如政府赋予的特许专营或拥有专利的独家经营以及由于极其强有力的竞争实力而形成的私人垄断经营。

完全垄断型市场的特点如下。

(1) 一个行业仅有一个企业。也就是说，这个垄断企业就构成了一个行业，其他企业进入这个行业几乎是不可能的。

(2) 产品没有或缺少合适的替代品。因此，垄断企业能够根据市场的供需情况制定理想的价格和产量，在高价少销和低价多销之间进行选择，以获取最大利润。但是，垄断者的自由性是有限度的，要受到政府管制和反垄断法的约束。

在现实经济生活中，公用事业(如铁路、煤气公司、自来水公司和邮电通信等)和某些资本、技术高度密集型行业或稀有金属矿藏的开采等行业属于这种完全垄断的市场类型。

由此可以看出，如果按照经济效率的高低和产量的大小排列，上述四种市场类型依次为完全竞争、垄断竞争、寡头垄断和完全垄断；而按照价格的高低和可能获得的利润的大小排列，则次序正好相反，即依次为完全垄断、寡头垄断、垄断竞争和完全竞争。

各市场类型特征对比如表 5-3 所示。

表 5-3　各市场类型特征对比

项目＼市场类型	完全竞争	垄断竞争	寡头垄断	完全垄断
生产者	众多	众多	少量	独家企业
生产资料	完全流动	可以流动	流动困难	不流动
产品	同质、无差别	存在差别	存在差别	存在差别
价格	企业不能定价，只能接受价格	企业有一定的定价权	企业对价格有垄断力	价格垄断，但受法律约束
典型行业	初级产品	制成品	资本密集型、技术密集型、部分矿产行业	公用事业、资本、技术高度密集型、稀有金属矿产行业

二、经济周期与行业分析

各行业变动时，往往会呈现明显的、可测的增长或衰退的格局。根据这些变动与国民经济总体周期变动的关系的密切程度不同，可以将行业分为以下几类。

(一) 增长型行业

增长型行业的运动状态与经济活动总水平的周期及其振幅无关。这些行业主要依靠技术的进步、新产品的推出及更优质的服务来使其经常呈现增长形态，因此其收入增长的速率与经济周期的变动不会出现同步影响。然而，由于此类行业的股票价格不会随着经济周期的变化而变化，投资者难以把握精确的购买时机。

(二) 周期型行业

周期型行业的运动状态直接与经济周期相关。当经济处于上升时期，这些行业会紧随其扩张；当经济衰退时，这些行业也相应衰落。这是因为，当经济上升时，对这些行业相关产品的购买会相应增加。消费品业、耐用品制造业及其他需求弹性较高的行业，就属于典型的周期型行业。

(三) 防御型行业

防御型行业的运动形态因其产业的产品需求相对稳定，所以不受经济周期处于衰退阶段的影响，相反，当经济衰退时，防御型行业或许会有实际增长，例如食品业和公用事业。正因如此，投资者对防御型行业的投资属于收入投资，而非资本利得投资。

三、行业生命周期分析

一般而言，每个产业都要经历一个由成长到衰退的发展过程，这个过程便称为行业的生命周期。行业的生命周期通常可分为四个阶段，即初创阶段、成长阶段、成熟阶段和衰退阶段，如图 5-1 所示。

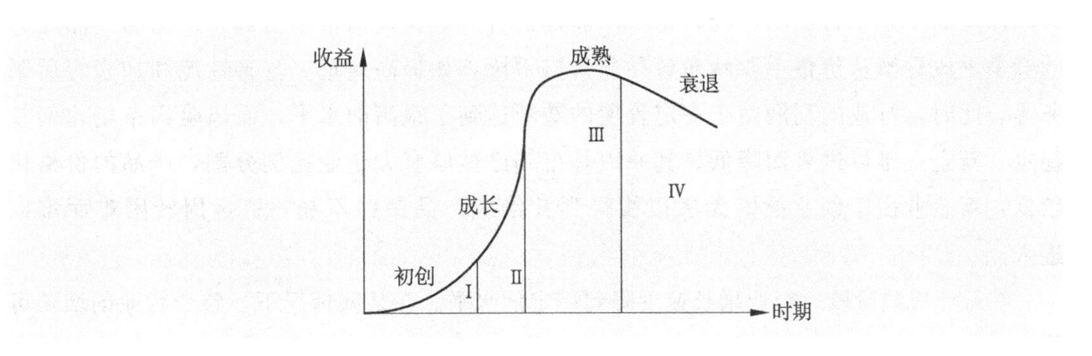

图 5-1 行业生命周期

(一) 初创阶段

在这一阶段，新行业刚刚诞生或初建不久，只有为数不多的创业公司投资于这个新兴的产业。在初创阶段，产业的创立投资和产品的研究、开发费用较高，而产品市场需求狭小，销售收入较低，因此这些创业公司可能不但不会赢利，反而会普遍亏损，甚至可能破产。同时，企业还面临由较高的产品成本和价格与较小的市场需求导致的投资风险。因而，这类企业更适合投机而不是投资。

在初创阶段后期，随着行业生产技术的提高、成本的降低和市场需求的扩大，行业将逐步由高风险、低收益的初创阶段转入高风险、高收益的成长阶段。

(二) 成长阶段

在这一时期，拥有一定市场营销和财务力量的企业逐渐主导市场，其资本结构比较稳定，因而它们开始定期支付股利并扩大经营。

在成长阶段，新行业的产品通过各种渠道以其自身的特点赢得了大众的认可，市场需求逐渐上升，与此同时，产品的供给方面也发生了一系列变化。由于市场前景看好，投资于新行业的厂商大量增加，产品也逐步从单一、低质、高价向多样、优质、低价方向发展，因此新行业出现了生产厂商和产品相互竞争的局面，这种状况的持续使市场需求趋于饱和。在这一阶段，生产厂商不能单纯依靠扩大产量，提高市场份额来增加收入，而必须依靠提高生产技术、降低成本，以及研制和开发新产品来获得竞争优势，从而战胜竞争对手和维持企业的生存与发展。因此，那些财力与技术较弱、经营不善或新加入的企业(因产品的成本较高或不符合市场的需要)往往被淘汰或被兼并。在成长阶段的后期，由于行业中生产厂商与产品竞争优胜劣汰规律的作用，市场上生产厂商的数量在大幅度下降以后便开始稳定下来。由于市场需求基本饱和，产品的销售增长率减慢，整个行业开始进入稳定阶段。在成长阶段，由于受不确定因素的影响较小，行业的增长具有可预测性，行业的波动也较小。此时，投资者蒙受经营失败而导致投资损失的可能性大大降低，分享行业增长带来的收益的可能性则会大大提高。

(三) 成熟阶段

行业的成熟阶段是一个相对较长的时期。在这一时期里，在竞争中生存下来的少数大厂商垄断了整个行业的市场，每个厂商都占有一定比例的市场份额。厂商与产品之间的竞争手段逐渐从价格手段转向各种非价格手段，如提高质量、改善性能和加强售后服务等。此时，行业的利润由于一定程度的垄断达到了很高的水平，而风险因市场比例较稳定、新企业难以进入而降低。其原因是市场已被原有大企业比例分割，产品的价格比较低，新企业由于创业投资无法很快得到补偿或产品销路不畅，资金周转困难而难以进入。

在行业成熟阶段，行业增长速度降到一定的水平。在某些情况下，整个行业的增长可能完全停止，其产出甚至下降，因此行业的发展很难较好地与国民生产总值保持同步增长，当国民生产总值减少时，行业甚至蒙受更大的损失。但是，由于技术创新等原因，某些行业或许实际上会有新的增长。

(四) 衰退阶段

行业在经历了较长的成熟阶段后，就进入了衰退阶段。这主要是因为新产品和大量替代品的出现，使原行业的市场需求减少，产品的销售量开始下降，某些厂商开始向其他更有利可图的行业转移资金，从而使原行业的厂商数目减少，利润下降。至此，整个行业便进入了生命周期的最后阶段。在衰退阶段，市场逐渐萎缩，当正常利润无法维持或现有投资折旧完毕后，整个行业便解体了。

第三节 产业政策分析

一、产业政策的含义

产业政策是指由国家制定的，引导国家产业发展方向、推动产业结构升级、协调国家产业结构、使国民经济健康可持续发展的政策。产业政策是一国政府除财政政策和货币政策以外的重要的经济政策。

二、产业政策的内容

（一）产业结构政策

产业结构政策是指根据经济发展的内在联系，揭示一定时期内产业结构的变化趋势及其过程，并按照产业结构的发展规律保证产业结构顺利发展，推动国民经济发展的政策。它通过对产业结构的调整而调整供给结构，从而协调需求结构与供给结构的矛盾。调整产业结构包括：根据本国的资源、资金、技术力量等情况和经济发展的要求，选择和确定一定时期的主导产业部门，以此带动国民经济各产业部门的发展；根据市场需求的发展趋势来协调产业结构，使产业结构政策在市场机制的基础上发挥作用。

（二）产业组织政策

产业组织政策是指通过选择高效益的、能使资源有效使用、合理配置的产业组织形式，保证供给的有效增加，使供求总量的矛盾得以协调的政策。实施这一政策可以实现产业组织合理化，为形成有效、公平的市场竞争创造条件。这一政策是产业结构政策必不可少的配套政策。

（三）产业布局政策

产业布局政策是指产业空间配置格局的政策。这一政策主要解决如何利用生产的相对集中所引起的“积聚效益”，尽可能缩小由于各区域间经济活动的密度和产业结构不同所引起的各区域间经济发展水平的差距。

三、产业政策对证券市场的影响

（一）产业政策刺激相关产业投资需求增加

国家通过制定产业政策，明确重点支持的产业目录，从而引导国家和社会资本的投向，推动相关产业的发展。产业的发展促使投资者对于产业内相关上市公司的盈利预期增加，从而激发证券市场的投资需求，推动证券价格的上涨。

2016年12月，国务院发布《“十三五”国家战略性新兴产业发展规划》（国发〔2016〕67号）的通知，指出进一步发展壮大新一代信息技术、高端装备、新材料、生物、新能源汽车、新能源、节能环保、数字创意等战略性新兴产业，推动更广领域新技术、新产品、新业态、新模式蓬勃发展，建设制造强国，发展现代服务业，为全面建成小康社会提供有力支撑。未来，这些战略性新兴产业相关的上市公司具有非常好的发展前景，一定是证券市场投资者持续关注的热点。

(二) 产业政策调整引发资本重组的热潮

随着一国经济的发展，产业政策处在不断调整的过程中，传统产业面临淘汰或升级，新兴产业迎来发展机遇，传统企业希望通过并购与重组赢得生机，从而为证券市场带来新的投资机会。

2017 年，国家为了淘汰落后产能，鼓励钢铁、煤炭、电力企业兼并重组，尽快形成一批具有较强竞争力的骨干企业集团，优化结构布局。由此，引发了证券市场对于重组概念的炒作热潮。

(三) 产业政策引导证券市场资本流向

产业政策一旦制定，意味着产业结构、产业布局和产业技术等方面基本确定下来，证券市场作为企业投融资的重要场所，证券市场上的资金必然跟随产业政策的指引方向流动，从而发挥证券市场的资源配置功能。

专题

行业分析

——2017 年 1—10 月电子信息制造业分析

一、总体情况

1—10 月，规模以上电子信息制造业增加值同比增长 13.8%，同比增加 4.5 个百分点；快于全部规模以上工业增速 7.1 个百分点，占规模以上工业增加值比重为 7.5%。其中，10 月份增速为 12.8%，比 9 月份回落 3.5 个百分点。出口实现平稳增长。1—10 月，出口交货值同比增长 13.7%。其中，10 月份同比增长 7.5%，比 9 月份回落 3.6 个百分点。

二、效益情况

1—10 月，全行业主营业务收入同比增长 13.1%，利润同比增长 19.3%。主营业务收入利润率为 4.69%，同比提高 0.24 个百分点；企业亏损面 19.7%，同比收窄 1.1 个百分点。

三、企业回款情况

10 月末，全行业应收账款同比增长 13.6%，高于 1—10 月主营业务收入增速 0.5 个百分点，但跟 9 月底相比与主营业务收入增速差距缩小 0.4 个百分点；产成品存货同比增长 14.8%。

四、固定资产投资情况

2017 年 1—10 月，电子信息制造业 500 万元以上项目完成固定资产投资额同比增长

24.8%，增速同比加快 12.1 个百分点。电子信息制造业本年新增固定资产同比增长 38.1%。

通信设备、电子器件行业投资增势突出。1—10 月，电子器件行业完成投资同比增长 27.5%，电子元件行业完成投资同比增长 12.9%。在整机行业中，通信设备和家用视听行业投资较快增长，完成投资增速分别为 48.6%和 9.7%。电子计算机行业完成投资同比增长 3.1%。

资料来源：2017 年 1—10 月电子信息制造业运行情况．中华人民共和国工业和信息化部运行监测协调局网站。

本章重要概念

行业生命周期　周期型行业　增长型行业　完全垄断　完全竞争　寡头垄断
垄断竞争

本章思考题

1. 简述行业的市场结构及其特征。
2. 简述行业的生命周期及其特征。
3. 简述我国上市公司行业的分类。

第六章 公司财务分析

学习目标

1. 熟悉资产负债表、利润表、现金流量表的内容；

2. 掌握公司财务报表分析的重点和步骤；

3. 掌握财务指标分析，包括偿债能力、资产管理能力、盈利能力等指标分析的主要内容；

4. 了解财务状况的综合分析方法。

开篇导言

财务报表能够全面反映企业的财务状况、经营成果和现金流量情况，但是单纯的财务报表数据还不能直接或全面说明企业的财务状况，特别是不能说明企业经营状况的好坏和经营成果的高低，只有将企业的财务指标与有关的数据进行比较，才能说明企业财务状况所处的地位，因此要进行财务报表分析。

做好财务报表分析工作，可以正确评价企业的财务状况、经营成果和现金流量情况，揭示企业未来的报酬和风险；可以检查企业预算完成情况，考核经营管理人员的业绩，为建立健全合理的激励机制提供帮助。

对于股市投资者来说，财务报表分析属于基本分析范畴，它是对企业历史资料的动态分析，是在研究过去的基础上预测未来，以便做出正确的投资决定。

上市公司的财务报表向各种报表使用者提供了反映公司经营情况及财务状况的各种不同数据及相关信息，但不同的报表使用者阅读报表时有着不同的侧重点。一般来说，股东关注公司的盈利能力，如主营收入、每股收益等，但发起人股东或国家股股东则更关心公司的偿债能力，而普通股东或潜在的股东则更关注公司的发展前景。此外，对于不同的投资策略，投资者对财务报表分析的侧重不同，短线投资者通常关心公司的利润分配情况，以及其他可作为“炒作”题材的信息，如资产重组、免税、产品价格变动等，以谋求股价的攀升，博得短差；长线投资者则关心公司的发展前景，他们甚至愿意公司不分红，以使公司有更多的资金用于扩大生产规模或用于公司未来的发展。

第一节 公司的主要财务报表

公司财务报表是公司对外提供的反映公司某一特定日期财务状况和某一会计期间经营成果、现金流量的文件。公司财务报表主要有资产负债表、利润表和现金流量表。

一、资产负债表

(一) 资产负债表的定义

资产负债表是反映企业在一定时期内全部资产、负债和所有者权益的财务报表，是企业经营活动的静态体现，根据“资产＝负债＋所有者权益”这一平衡公式，依照一定的分类标准和一定的次序，将某一特定日期的资产、负债、所有者权益的具体项目予以适当的排列编制而成。

(二) 资产负债表的结构

资产负债表一般有表首、正表两部分。其中，表首概括地说明报表名称、编制单位、编制日期、报表编号、货币名称、计量单位等。正表是资产负债表的主体，列示了用于说明企业财务状况的各个项目。资产负债表正表的格式一般有两种：报告式资产负债表和账户式资产负债表。报告式资产负债表是上下结构，上半部列示资产，下半部列示负债和所有者权益。具体排列形式又有两种：一是按“资产＝负债＋所有者权益”的原理排列；二是按“资产－负债＝所有者权益”的原理排列。账户式资产负债表是左右结构，左边列示资产，右边列示负债和所有者权益。不管采取什么格式，资产各项目的合计等于负债和所有者权益各项目的合计这一等式不变。

资产负债表采用账户式。每个项目又根据“期末余额”和“年初余额”两栏分别填列。

(三) 资产负债表的主要内容

1. 资产

资产负债表中的资产反映由过去的交易、事项形成并由企业在某一特定日期所拥有或控制的、预期会给企业带来经济利益的资源。资产应当按照流动资产和非流动资产两大类别在资产负债表中列示，在流动资产和非流动资产类别下进一步按性质分项列示。

流动资产是预计在一个正常营业周期中变现、出售或耗用，或者主要为交易目的而持有，或者预计在资产负债表日起一年内(含一年)变现的资产，或者自资产负债表日起一年内交换其他资产或清偿负债的能力不受限制的现金或现金等价物。

资产负债表中列示的流动资产项目通常包括货币资金、交易性金融资产、应收票据、应收账款、预付款项、应收利息、应收股利、其他应收款、存货和一年内到期的非流动资产等。

非流动资产是指流动资产以外的资产。资产负债表中列示的非流动资产项目通常包括长期股权投资、固定资产、在建工程、工程物资、固定资产清理、无形资产、开发支出、长期待摊费用以及其他非流动资产等。

▶ 2. 负债

资产负债表中的负债反映在某一特定日期企业所承担的、预期会导致经济利益流出企业的现时义务。负债应当按照流动负债和非流动负债在资产负债表中分别列示，在流动负债和非流动负债类别下再进一步按性质分项列示。

流动负债是指预计在一个正常营业周期中清偿，或者主要为交易目的而持有，或者自资产负债表日起一年内(含一年)到期应予以清偿，或者企业无权自主地将清偿推迟至资产负债表日后一年以上的负债。资产负债表中列示的流动负债项目通常包括短期借款、应付票据、应付账款、预收款项、应付职工薪酬、应交税费、应付利息、应付股利、其他应付款、一年内到期的非流动负债等。

非流动负债是指流动负债以外的负债。非流动负债项目通常包括长期借款、应付债券和其他非流动负债等。

▶ 3. 所有者权益

资产负债表中的所有者权益是企业资产扣除负债后的剩余权益，反映企业在某一特定日期股东(投资者)拥有的净资产的总额，一般按照实收资本、资本公积、盈余公积和未分配利润分项列示。

二、利润表

(一) 利润表的定义

利润表是反映企业在一定会计期间(如月度、季度、半年度或年度)生产经营成果的会计报表。企业在一定会计期间的经营成果既可能表现为盈利，也可能表现为亏损，因此，利润表也称为损益表。它全面揭示了企业在某一特定时期实现的各种收入、发生的各种费用、成本或支出，以及企业实现的利润或发生的亏损情况。

利润表是根据“收入－费用＝利润”的基本关系来编制的，其具体内容取决于收入、费用、利润等会计要素及其内容。利润表项目是收入、费用和利润要素内容的具体体现。从反映企业经营资金运动的角度来看，它是一种反映企业经营资金动态表现的报表，主要提供与企业经营成果方面有关的信息，属于动态会计报表。

(二) 利润表的主要内容

通常，利润表主要反映以下几方面的内容。

(1) 构成营业利润的各项要素。在营业收入的基础上，减去税金及附加，减去营业成本、销售费用、管理费用、财务费用、资产减值损失，加上公允价值变动收益和投资收益，得出营业利润。

(2) 构成利润总额(或亏损总额)的各项要素。在营业利润的基础上加上营业外收入，减去营业外支出，得出利润总额(或亏损总额)。

(3) 构成净利润(或净亏损)的各项要素。在利润总额(或亏损总额)的基础上，减去本期计入损益的所得税费用，得出净利润(或净亏损)。

在利润表中，企业通常按各项收入、费用以及构成利润的各个项目分类分项列示。也就是说，收入按其重要性进行列示，主要包括营业收入、投资收益、公允价值变动收益、营业外收入；费用按其性质进行列示，主要包括营业成本、税金及附加、销售费用、管理费用、财务费用、营业外支出、所得税等；利润按营业利润、利润总额和净利润等利润的构成分类分项列示。

三、现金流量表

(一) 现金流量表的定义

现金流量表是指以收付实现制为编制基础，反映企业在一定时期内现金收入和现金支出情况的报表。

(二) 现金流量的分类

现金流量按其产生的原因和支付的用途不同，分为以下三大类：经营活动产生的现金流量、投资活动产生的现金流量、筹资活动产生的现金流量。

(1) 经营活动产生的现金流量，是指企业投资活动和筹资活动以外的所有交易活动与事项的现金流入和流出量，包括销售商品、提供劳务、经营租赁等活动收到的现金；购买商品、接受劳务、广告宣传、缴纳税金等活动支付的现金。

(2) 投资活动产生的现金流量，是指企业长期资产的购建和对外投资活动(不包括现金等价物范围的投资)的现金流入和流出量，包括收回投资、取得投资收益、处置长期资产等活动收到的现金，购建固定资产、在建工程、无形资产等长期资产和对外投资等活动所支付的现金等。

(3) 筹资活动产生的现金流量，是指企业接受投资和借入资金导致的现金流入和流出量，包括接受投资、借入款项、发行债券等活动收到的现金，偿还借款、偿还债券、支付利息、分配股利等活动支付的现金等。

(三) 现金流量表分析

1. 经营活动产生的现金流量分析

(1) 将销售商品、提供劳务收到的现金与购进商品、接受劳务付出的现金进行比较。在企业经营正常、购销平衡的情况下，两者的比较是有意义的。比率大，说明企业的销售利润大，销售回款良好，创现能力强。

(2) 将销售商品、提供劳务收到的现金与经营活动流入的现金总额比较，可大致说明企业产品销售现款占经营活动流入现金的比重有多大。比重大，说明企业主营业务突出，营销状况良好。

(3) 将本期经营活动现金净流量与上期经营活动现金净流量比较，增长率越高，说明企业成长性越好。

▶ 2. 投资活动产生的现金流量分析

当企业扩大规模或开发新的利润增长点时，需要大量的现金投入，投资活动产生的现金流入量补偿不了流出量，投资活动现金净流量为负数，但如果企业投资有效，将会在未来产生现金净流入用于偿还债务，创造收益，企业不会有偿债困难。因此，分析投资活动现金流量，应结合企业目前的投资项目进行，不能简单地以现金净流入还是现金净流出来论优劣。

▶ 3. 筹资活动产生的现金流量分析

一般来说，筹资活动产生的现金净流量越大，企业面临的偿债压力也越大，但如果现金净流入量主要来自企业吸收的权益性资本，则不仅不会面临偿债压力，资金实力反而增强。因此，在分析时，可将吸收权益性资本收到的现金与筹资活动现金总流入比较，所占比重大，说明企业资金实力增强，财务风险降低。

▶ 4. 现金流量构成分析

首先，分别计算经营活动现金流入、投资活动现金流入和筹资活动现金流入占现金总流入的比重，了解现金的主要来源。一般来说，经营活动现金流入占现金总流入比重大的企业，经营状况较好，财务风险较低，现金流入结构较为合理。其次，分别计算经营活动现金支出、投资活动现金支出和筹资活动现金支出占现金总流出的比重，它能具体反映企业的现金用于哪些方面。一般来说，经营活动现金支出比重大的企业，其生产经营状况正常，现金支出结构较为合理。

第二节 公司财务报表分析

一、财务分析的意义

(一) 财务分析的概念

财务分析是根据企业财务报表和其他相关资料，运用一定的定性分析和定量分析方法，对企业过去的财务状况、经营成果及未来发展前景进行剖析和评价，以揭示企业经营活动的未来发展趋势，从而为企业提高管理水平、优化决策和实现增值提供财务信息。

(二) 财务分析的意义

(1) 财务分析是评价财务状况和衡量经营业绩的重要依据。

(2) 财务分析是企业提高经营管理水平、实现理财目标的重要手段。

(3) 财务分析是利益相关者进行相关决策的重要依据。

二、财务分析的方法

(一) 趋势分析法

趋势分析法是通过连续若干期财务报告中相同指标的对比，来揭示各期之间的增减变化，据以预测企业财务状况或经营成果变动趋势的一种分析方法。

趋势分析法主要有以下三种方式。

1. 重要财务指标的比较(比较个别项目的趋势)

根据不同的比较基础具体又分为定基动态比率和环比动态比率。

(1) 定基动态比率。其公式为

$$定基动态比率=\frac{分析期数额}{固定基期数额}$$

(2) 环比动态比率。其公式为

$$环比动态比率=\frac{分析期数额}{前期数额}$$

2. 财务报表的比较(比较各项目的趋势)

(略)

3. 财务报表项目构成的比较(以财务报表的比较为基础发展的)

财务报表项目构成的比较是将财务报表中的某个总体指标作为100%，再计算各组成项目占该总体指标的百分比，以此来判断有关财务活动的变化趋势。通常用100%表示的项目，在利润表中为销售收入，在资产负债表中为资产总额和负债及所有者权益总额。

趋势分析法只是就同项目的金额在不同时期进行比较，却忽略了某些相互关联的财务关系，而那些被忽略的财务关系有时却是极为关键的。

(二) 比率分析法(关联项目对比)

1. 构成比率

构成比率又称结构比率，是指通过计算某项指标的各个组成部分占总体的比重，即部分与全部的比率，来了解总体中某个部分的形成和安排是否合理。

2. 相关比率

相关比率是指两个性质不同而又相关的指标的比率，如流动比率。

3. 效率比率

效率比率是指某项经济活动中所费与所得之间的比例，反映了投入与产出的关系。

采用比率分析法应注意两点：对比口径的一致性和衡量标准的科学性。

（三）因素分析法

1. 连环替代法

1）概念

连环替代法是从数量上来确定一个综合经济指标所包含的各项因素的变动对该指标影响程度的一种分析方法。

2）出发点

当有若干因素对综合指标发生影响作用时，假定其他各个因素都无变化，按顺序确定每一个因素单独变化所产生的影响。

3）计算程序

（1）确定某项经济指标是由哪几个因素组成。

（2）确定各个因素与某项指标的关系，如加减关系、乘除关系等。

（3）按照经济指标的因素，以一定的顺序将各个因素加以替代，来具体测算各个因素对指标变动的影响方向和程度。

例如，假定科华公司生产的 A 产品，有关材料消耗的计划和实际的资料如表 6-1 所示。

表 6-1　材料消耗的计划和实际的资料

项　　目	计　　划	实　　际
产品产量/件	1 000	1 100
单位产品材料消耗量/千克	20	18
材料单价/元	4	5
材料费用总额/元	80 000	99 000

根据表 6-1 可知，材料费用总额实际值比计划值增加 19 000(99 000－80 000)元，这是分析对象。

以下分析各因素变动对材料费用总额的影响程度：

计划指标：1 000×20×4＝80 000(元)①

第一次替代：1 100×20×4＝88 000(元)②

第二次替代：1 100×18×4＝79 200(元)③

第三次替代：1 100×18×5＝99 000(元)④

产量增加对材料费用的影响：

②－①＝88 000－80 000＝8 000(元)

材料消耗节约对材料费用的影响：

③－②＝79 200－88 000＝－8 800(元)

单价提高对材料费用的影响：

④－③＝99 000－79 200＝19 800(元)

全部因素的影响程度：

8 000－8 800＋19 800＝19 000(元)

由本例可知，连环替代法既可全面分析各因素对某一经济指标的综合影响，又可以单独分析某个因素对某一经济指标的影响，这是其他分析方法所不具备的。

在应用这一方法时，应明确以下问题。

(1) 替代因素时，必须按照各因素的排列顺序依次替代，不可随意加以颠倒，否则就会得出不同的计算结果。

(2) 确定各因素排列顺序的一般原则是：如果既有数量因素又有质量因素，先计算数量因素变动的影响，后计算质量因素变动的影响；如果既有实物数量因素又有价值数量因素，先计算实物数量因素变动的影响，后计算价值数量因素变动的影响；如果同时有几个数量因素和质量因素，还应区分主要因素和次要因素变动的影响。

2. 差额计算法

差额计算法是连环替代法的一种简化形式，是根据各项因素的实际数与基数的差额来计算各项因素的影响程度的方法。

仍以表 6-1 所列数据为例，采用差额计算法确定各因素变动对材料消耗的影响。

解：(1) 产品产量变动的影响＝(1 100－1 000)×20×4＝18 000(元)

(2) 单位产品材料消耗量变动的影响＝1 100×(18－20)×4＝－8 800(元)

(3) 材料单价变动的影响＝1 100×18×(5－4)＝19 800(元)

第三节 企业偿债能力分析

一、短期偿债能力分析

短期偿债能力是指企业偿付流动负债的能力，是衡量企业当前财务能力，特别是流动资产变现能力的重要标志。其衡量指标主要有流动比率和速动比率。

(一) 流动比率

流动比率是企业流动资产与流动负债的比率。其计算公式为

$$流动比率=\frac{流动资产}{流动负债}$$

流动比率表明每 1 元流动负债有多少流动资产来保证偿还。该比率越高，说明企业偿还流动负债的能力越强，流动负债得到偿还的保障越大，企业财务风险越小；反之，则企

业偿还流动负债能力弱，企业财务风险大。经验表明，流动比率在 2∶1 左右比较合适，过高的流动比率可能是企业滞留在流动资产上的资金过多，未能有效加以利用，可能会影响企业的获利能力；而过低的流动比率可能会影响企业的偿债能力。

(二) 速动比率

速动比率是企业速动资产与流动负债的比率。其计算公式为

$$速动比率=\frac{速动资产}{速动负债}$$

$$速动资产=流动资产-存货$$

速动比率表明每 1 元流动负债有多少速动资产来保证偿还。该比率越高，说明企业偿还流动负债的能力越强，流动负债得到偿还的保障越大，企业财务风险越小；反之，则表明企业偿还流动负债能力弱，企业财务风险大。

通常认为正常的速动比率为 1。过高或过低的速动比率都不好，原因同流动比率。

二、长期偿债能力分析

(一) 资产负债率

资产负债率是企业负债总额与资产总额的比率。其计算公式为

$$资产负债率=\frac{负债总额}{资产总额}$$

资产负债率表明资产总额中债权人提供资金所占的比重，以及企业资产对债权人权益的保障程度。该比率越小，资产中来自负债的比重越小，长期偿债能力越强，财务风险越小，同时说明管理当局比较保守，对前途信心不足；反之，则表明企业偿债能力弱，财务风险大。

(二) 股东权益比率

股东权益比率是企业股东权益与资产总额的比率。其计算公式为

$$股东权益比率=\frac{股东权益}{资产总额}$$

股东权益比率反映企业资产中有多少来自股东投入，可以反映企业的长期偿债能力。该比率越小，资产中来自权益的比重越小，来自负债的比重越大，长期偿债能力越差，财务风险越大；反之，则表明企业偿债能力强，财务风险小。

$$股东权益比率=1-资产负债率$$

(三) 权益乘数

权益乘数是股东权益比率的倒数，反映企业资产相当于股东权益的倍数。其计算公式为

$$权益乘数=\frac{1}{股东权益比率}=\frac{资产总额}{股东权益总额}$$

权益乘数越大，股东权益比率越小，资产中来自权益资金的比重越小，来自负债的比重越大，长期偿债能力越差，财务风险越大。

(四) 产权比率

产权比率又称负债与股东权益比率或资本负债率，是指负债总额与所有者权益的比率。其计算公式为

$$产权比率=\frac{负债总额}{所有者权益}$$

产权比率反映企业在偿还债务时所有者权益对债权人权益的保障程度，是企业财务结构稳健与否的重要标志。该比率越低，说明企业长期偿债能力越强，对债权权益的保障程度越高，财务风险越小，是低风险、低收益的财务结构；反之，则表明企业长期偿债能力弱，财务风险大。

(五) 有形净值负债率

有形净值负债率是负债总额与有形净值的比率。其计算公式为

$$有形净值负债率=\frac{负债总额}{有形净值}$$

式中，有形净值＝股东权益－无形资产净值，即股东具有所有权的有形资产的净值。

有形净值负债率是产权比率的延伸，可以更谨慎、保守地反映企业清算时债权人投入资本受股东权益保障的程度。该比率越低，说明企业长期偿债能力越强，有形净值对债权权益的保障程度越高，财务风险越小；反之，则表明企业长期偿债能力越弱，财务风险大。

(六) 利息保障倍数

利息保障倍数又称已获利息倍数，是企业息税前利润与利息费用的比率。其计算公式为

$$利息保障倍数=\frac{息税前利润总额}{利息费用}$$

利息费用＝财务费用中的利息＋资本化的利息

$$息税前利润=利润总额+利息费用=净利润+利息费用+所得税$$

利息保障倍数反映了经营所得支付债务利息的能力。该比率越高，说明企业支付债务利息的能力越强；该比率越低，说明企业支付债务利息的能力越差；企业的利息保障倍数至少要大于1，否则，就难以偿付债务及利息。

第四节 企业资产管理能力分析

一、应收账款管理能力分析

(一) 应收账款周转率

应收账款周转率是指一定时期内(通常为一年)应收账款转化为现金的次数。其计算公

式为

$$应收账款周转率(次数)=\frac{赊销收入净额}{平均应收账款余额}$$

$$赊销收入净额=销售收入-现销收入-销售折扣、折让$$

$$平均应收账款余额=\frac{期初应收账款余额+期末应收账款余额}{2}$$

应收账款是扣除坏账准备后的应收账款和应收票据的净额合计。

应收账款周转率是反映应收账款周转速度的指标，该比率越高，周转速度越快，企业对应收账款管理水平越高；反之，则表明周转速度越慢，企业对应收账款管理水平越低。但过高或过低则暗示企业在应收账款管理方面存在问题。

（二）应收账款周转天数

应收账款周转天数是指应收账款周转一次所需要的天数，也叫平均收账期。其计算公式为

$$应收账款周转天数=\frac{360}{应收账款周转率}$$

应收账款周转天数与应收账款周转率成反比，应比照应收账款周转率的相关内容来评价。

二、存货管理能力分析

（一）存货周转率

存货周转率是企业一定时期内销售成本与平均存货的比率，反映了存货在一定时期(360天)周转的次数。其计算公式为

$$存货周转率(次数)=\frac{销售成本}{平均存货余额}$$

$$平均存货余额=\frac{期初存货余额+期末存货余额}{2}$$

存货周转率是反映存货周转速度的指标，该指标越高，存货周转速度越快，存货管理水平越高，企业生产销售能力越强；反之，亦然。但该比率过高或过低都说明企业在存货管理上或多或少都存在问题。

（二）存货周转天数

存货周转天数是指存货周转一次所需要的天数。其计算公式为

$$存货周转天数=\frac{360}{存货周转率}$$

存货周转天数与存货周转率成反比，应比照存货周转率的相关内容来评价。

三、流动资产管理能力分析

（一）流动资产周转率

流动资产周转率是企业销售净额与全部流动资产平均余额的比率，反映流动资产在一

定时期(360 天)的周转次数。其计算公式为

$$流动资产周转率(次数)=\frac{销售净额}{流动资产平均余额}$$

$$流动资产平均余额=\frac{期初流动资产余额+期末流动资产余额}{2}$$

流动资产周转率是反映企业流动资产周转速度的指标。该指标越高，流动资产周转速度越快，资金利用效果越好，经营管理水平越高；反之，亦然。

(二) 流动资产周转天数

流动资产周转天数是流动资产周转一次需要的天数。其计算公式为

$$流动资产周转天数=\frac{360}{流动资产周转率}$$

流动资产周转天数与流动资产周转率成反比，应比照流动资产周转率的相关内容来评价。

四、固定资产管理能力分析

(一) 固定资产周转率

固定资产周转率是销售净额与平均固定资产净值的比值，反映了企业固定资产在一定时期(360 天)的周转次数。其计算公式为

$$固定资产周转率(次数)=\frac{销售净额}{平均固定资产净值}$$

$$平均固定资产净值=\frac{年初固定资产净值+年末固定资产净值}{2}$$

固定资产周转率是反映固定资产周转速度的指标，该比率越高，表明企业固定资产利用充分，投资得当，结构合理，能充分发挥效率；反之，亦然。

(二) 固定资产周转期(天数)

固定资产周转期反映固定资产周转一次所需要的天数。其计算公式为

$$固定资产周转期=\frac{360}{固定资产周转率}$$

固定资产周转天数与固定资产周转率成反比，应比照固定资产周转率的相关内容来评价。

五、总资产管理能力分析

(一) 总资产周转率

总资产周转率是销售净额与平均资产总额的比率。其计算公式为

$$总资产周转率(次数)=\frac{销售净额}{平均资产总额}$$

$$平均资产总额=\frac{年初资产总额+年末资产总额}{2}$$

总资产周转率反映总资产周转速度，该比率越高，说明企业利用资产进行经营的效率越高，获利能力越强；反之，则应该采取措施提高销售收入或处置资产，以提高总资产利用率。

(二) 总资产周转天数

总资产周转天数是指总资产周转一次需要的天数。其计算公式为

$$总资产周转天数=\frac{360}{总资产周转率}$$

总资产周转天数与总资产周转率成反比，比照总资产周转率的相关内容来评价。

第五节 企业获利能力分析

一、一般企业盈利能力分析

(一) 销售净利率

销售净利率是指净利润与销售净额的比率。其计算公式为

$$销售净利率=\frac{净利润}{销售净额}\times 100\%$$

销售净额=销售收入－销售折扣、折让与退回

销售净利率反映每1元销售收入能够给企业带来多少净利润，该指标越高越好。

(二) 销售毛利率

销售毛利率是指销售毛利与销售净额的比率。其计算公式为

$$销售毛利率=\frac{销售毛利}{销售净额}\times 100\%$$

$$销售毛利=销售净额-销售成本$$

销售毛利率反映每100元销售所带来的毛利，该指标越高越好。如果毛利率等于或小于零则不能再生产该种产品。

(三) 资产净利率

资产净利率指标反映的是公司运用全部资产所获得利润的水平，即公司每占用1元的资产平均能获得多少元利润。该指标越高，表明公司投入产出水平越高，资产营运越有效，成本费用的控制水平越高。资产净利率体现出企业管理水平的高低。其计算公式为

$$资产净利率=\frac{净利润}{平均资产总额}\times 100\%$$

$$平均资产总额=\frac{期初资产总额+期末资产总额}{2}$$

(四) 资本金净利率

资本金净利率是评价股东投资收益率的指标，反映了投资者所投资本的增长速度。该指标越高，说明企业获利能力越强，投入资本保值增值的安全性也越高。其计算公式为

$$\text{资本金净利率}=\frac{\text{净利润}}{\text{资本金总额}}\times 100\%$$

(五) 净资产收益率

净资产收益率也叫净值报酬率、权益报酬率或自有资金利润率，是反映企业自有资金的收益水平。该比率越高，获利水平越高。如果适度举债，则净资产收益率会超过总资产收益率，使企业享受财务杠杆作用。其计算公式为

$$\text{净资产收益率}=\frac{\text{净利润}}{\text{平均净资产}}\times 100\%$$

$$\text{平均净资产}=\frac{\text{年初净资产}+\text{年末净资产}}{2}$$

$$\text{净资产}=\text{资产总额}-\text{负债总额}$$

(六) 资本保值增值率

资本保值增值率是指企业本年末所有者权益扣除客观增减因素后同年初所有者权益的比率。其计算公式为

$$\text{资本保值增值率}=\frac{\text{扣除客观因素后的年末所有者权益}}{\text{年初所有者权益}}\times 100\%$$

资本保值增值率若小于1，说明资本受到侵蚀；若等于1，说明资本能保值；若大于1，资本能增值。该指标越高，表明企业资本保全状况越好，所有者权益增长越快，债权人权益越有保障，企业发展后劲越强；反之，亦然。

二、社会贡献能力分析

(一) 社会贡献率

社会贡献率是指企业社会贡献总额与企业平均资产总额的比率。其计算公式为

$$\text{社会贡献率}=\frac{\text{企业社会贡献总额}}{\text{平均资产总额}}$$

企业社会贡献总额包括工资(含奖金、津贴等工资性收入)，劳保退休统筹及其他社会福利支出，利息支出净额，应交或已交的各项税款、附加及福利等。

社会贡献率反映了企业占用社会经济资源所产生的社会经济效益大小，是社会进行资源有效配置的基本依据。

(二) 社会积累率

社会积累率是指上交国家财政总额与企业社会贡献总额的比率。其计算公式为

$$\text{社会积累率}=\frac{\text{上交国家财政总额}}{\text{企业社会贡献总额}}$$

上交国家财政总额包括企业依法向财政交纳的各项税款，如增值税、所得税、产品销

售税金及附加、其他税款等。

社会积累率反映上交国家财政总额占企业社会贡献总额的比重。该指标越高，则社会积累率越高；否则，越低。

三、股份公司盈利能力指标

（一）每股收益

每股收益又称每股利润或每股盈余，是反映股份公司流通在外的普通股平均数所享有的支付优先股股利之后的净利润。其计算公式为

$$每股收益=\frac{净利润-优先股股利}{发行在外的普通股平均数}$$

$$发行在外的普通股平均数=\sum(发行在外普通股股数\times发行在外月份数\div 12)$$

式中，发行在外月份数是指发行已满一个月的月份数。

每股收益是衡量上市公司获利水平的指标，该指标越高，公司获利能力越强，但分红多少则取决于公司股利分配政策。每股收益不反映股票所含有的风险，比较公司间每股收益时，要注意其可比性。

（二）每股股利

每股股利是指股利总额与年末流通在外普通股股数的比率。其计算公式为

$$每股股利=\frac{股利总额}{年末流通在外普通股股数}$$

式中，股利总额是指用于分配普通股现金股利的总额。

每股股利越高，说明每一股普通股所获得的现金股利越高，但公司当年的获利水平及股利政策会直接影响每股股利的高低。每股股利偏低，说明企业积累资金以备扩大生产经营规模，将来获利水平有望提高；反之，说明企业收益大部分用来支付股息，虽然目前收益水平高，但将来没有新的利润增长点，后劲不大。将每股股利与每股收益进行比较可以看出企业的股利政策。

（三）市盈率

市盈率是上市公司普通股每股市价相当于每股利润的倍数，反映投资者对上市公司每股收益愿意支付的价格。其计算公式为

$$市盈率=\frac{普通股每股市价}{普通股每股利润}$$

市盈率越高，表明市场对企业未来越看好，投资风险越大；市盈率越低，表明市场对企业前景信心不足，投资风险越小。当市价确定时，每股利润与市盈率成反比；当每股利润确定时，市盈率与每股市价成正比。市盈率指标可比性差，一般成熟行业市盈率较低，而新兴行业市盈率较高。

第六节 财务状况综合分析

一、杜邦财务分析体系

杜邦财务分析体系是利用各个主要财务比率之间的内在联系，对企业财务状况进行综合分析评价的一种方法。

(一) 杜邦分析图

杜邦分析图如图 6-1 所示。

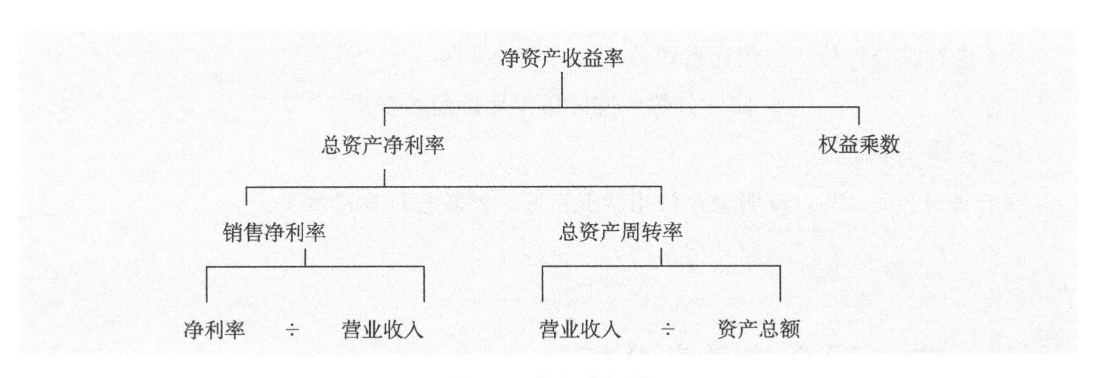

图 6-1 杜邦分析图

(二) 杜邦等式

由于：

净资产收益率＝总资产净利率×权益乘数

总资产净利率＝销售净利率×总资产周转率

可得：

净资产收益率＝销售净利率×总资产周转率×权益乘数

净资产收益率是企业综合性最强的指标，它受销售净利率、总资产周转率和权益乘数影响。通过杜邦分析，可以找出净资产收益率升高或降低的原因，为企业下一步决策及时提供信息。

二、沃尔评分法

沃尔评分法是指将选定的财务比率用线性关系结合起来，并分别给定各自的分数比重，然后通过与标准比率进行比较，确定各项指标的得分及总体指标的累计分数，从而对企业的信用水平做出评价的方法。

(一) 沃尔评分法基本步骤

(1) 选择评价指标并分配指标权重。

① 盈利能力的指标：资产净利率、销售净利率、净值报酬率。

② 偿债能力的指标：自有资本比率、流动比率、应收账款周转率、存货周转率。

③ 发展能力的指标：销售增长率、净利增长率、资产增长率。

按重要程度确定各项比率指标的评分值，评分值之和为100。

三类指标的评分值约为5∶3∶2。盈利能力指标三者的比例约为2∶2∶1，偿债能力指标和发展能力指标中各项具体指标的重要性大体相当。

(2) 确定各项比率指标的标准值，即各指标在企业现时条件下的最优值。

(3) 计算企业在一定时期各项比率指标的实际值。

(4) 求出关系比率。关系比率的计算公式为

$$关系比率=\frac{实际比率}{标准比率}$$

(5) 进行综合评分。沃尔比重评分法的计算公式为

$$实际分数=实际值\div 标准值\times 权重$$

(二) 评价标准

综合评分接近100，说明企业信用状况良好，比较接近标准水平。

第七节 现金流量表分析

在市场经济条件下，企业现金流量在很大程度上决定着企业的生存和发展能力。即使企业有盈利能力，但若现金周转不畅、调度不灵，也将严重影响企业正常的生产经营。偿债能力的弱化直接影响企业的信誉，最终影响企业的生存。因此，现金流量信息在企业经营和管理中的地位越来越重要。

一、现金净增加额的分析

分析现金流量表时，首先应该观察现金的净增加额。一个企业在生产经营正常、投资和筹资规模不变的情况下，现金净增加额越大，企业活力越强。如果企业的现金净增加额主要来自生产经营活动产生的现金流量净额，说明企业的收现能力强，坏账风险小，其营销能力一般较强；如果企业的现金净增加额主要是投资活动产生的，甚至是由处置固定资产、无形资产和其他长期资产而增加的，这可能反映出企业生产经营能力削弱，从而处置非流动资产以缓解资金矛盾，但也可能是企业为了走出困境而调整资产结构；如果企业现金净增加额主要是由于筹资活动引起的，意味着企业将支付更多的利息或股利，它未来的现金流量净增加额必须更大，才能满足偿付的需要，否则，企业就可能承受较大的财务风险。

当企业的现金流量净增加额是负值，即现金流量净额减少时，这一般是不良信息，因

为至少企业的短期偿债能力会受影响。但如果企业经营活动产生的现金流量净增加额是正数，且数额较大，而企业整体上现金流量净额减少主要是由固定资产、无形资产或其他长期资产引起的，或主要是对外投资所引起的，这一般是由于企业进行设备更新或扩大生产能力或投资开拓市场，这种现金流量净额减少并不意味着企业经营能力不佳，而是意味着企业未来可能有更多的现金流入。如果企业现金流量净额减少主要是由于偿还债务及利息引起的，这就意味着企业未来用于满足偿付需要的现金可能将减少，企业财务风险也随之变小，只要企业营销状况正常，企业不一定会走向衰退。当然，短时期内使用过多的现金用于偿债，可能引起企业资金周转困难。

二、企业现金流量比率分析

(一) 企业自身创造现金能力的比率

企业自身创造现金能力的比率是指企业经营活动的现金流量占企业现金流量总额的比率。这个比率越高，表明企业自身创造现金能力越强，财力基础越稳固，偿债能力和对外筹资能力越强。经营活动的净现金流量从本质上代表了企业自身创造现金的能力，尽管企业可以通过对外筹资等途径取得现金流，但企业债务的偿还主要依靠经营活动的净现金流量。

(二) 企业偿付全部债务能力的比率

企业偿付全部债务能力的比率是指企业经营活动的净现金流量与企业债务总额的比率。这个比率反映企业一定时期，每1元负债由多少经营活动现金流量所补充，这个比率越大，说明企业偿还全部债务能力越强。

(三) 企业短期偿债能力的比率

企业短期偿债能力的比率是指企业经营活动的净现金流量与流动负债的比率。这个比率越大，说明企业短期偿债能力越强。

(四) 每股流通股的现金流量比率

每股流通股的现金流量比率是指经营活动的净现金流量与流通在外的普通股数的比率。这个比率越大，说明企业进行资本支出的能力越强。

(五) 支付现金股利的比率

支付现金股利的比率是指经营活动的净现金流量与现金股利的比率。这个比率越大，说明企业支付现金股利的能力越强。当然，这并不意味着投资者的每股股票就可以获取许多股利，股利发放与股利政策有关。如果管理当局无意于发放股利，而是青睐于用现金流量进行投资，以期获得较高的投资效益，从而提高企业的股票市价，那么，上述这项比率指标的效用就不是很大，因此，支付现金股利的比率指标对财务分析只起参考作用。

(六) 现金流量资本支出比率

现金流量资本支出比率是指经营活动的净现金流量与资本支出总额的比率。资本支出总额是指企业为维持或扩大生产能力而购置固定资产或无形资产而发生的支出。这个比率主要反映企业利用经营活动产生的净现金流量维持或扩大生产经营规模的能力，其值越大，说明企业发展能力越强；反之，则越弱。另外，该比率也可用于评价企业的偿债能力，因为当经营活动产生的净现金流量大于维持或扩大生产规模所需的资本支出时，其余部分可用于偿还债务。

(七) 现金流入流出比率

现金流入流出比率是指经营活动的现金流入累计数与经营活动引起的现金流出累计数的比率。这个比率表明企业经营活动所得现金满足其所需现金流出的程度。一般而言，该比率的值应大于1，这样企业才能在不增加负债的情况下维持简单再生产，它体现了企业经营活动产生正现金流量的能力，在某种程度上也体现了企业盈利水平的高低。其值越大，说明企业上述各方面的状况越好；反之，则说明企业上述各方面的状况越差。

(八) 净现金流量偏离标准比率

净现金流量偏离标准比率是指经营活动的净现金流量与净收益加折旧或摊销额的比率。这个比率表明经营活动的净现金流量偏离正常情况下应达到的水平程度，其标准值应为1。该比率说明企业在存货、应收账款、负债等管理上的成效。其值大于1时，说明企业在应收账款、管理存货等方面措施得当，产生正现金流量；其值小于1时，说明企业在应收账款、管理等方面措施不力，产生了负现金流量。

三、结合资产负债表、损益表对现金流量表的分析

现金流量表反映的只是企业一定期间现金流入和流出的情况，它既不能反映企业的盈利状况，也不能反映企业的资产负债状况。但由于现金流量表是连接资产负债表和损益表的纽带，利用现金流量表内的信息与资产负债表和损益表相结合，能够挖掘出更多、更重要的关于企业财务和经营状况的信息，从而对企业的生产经营活动做出更全面、客观和正确的评价。

(一) 现金流量表与资产负债表比较分析

1. 偿债能力的分析

在分析企业偿债能力时，首先要看企业当期取得的现金收入在满足生产经营所需现金支出后，是否有足够的现金用于偿还到期债务。在拥有资产负债表和损益表的基础上，可以用以下两个比率来分析：

$$\text{短期偿债能力}=\frac{\text{经营现金流量}}{\text{流动负债}}$$

$$\text{长期偿债能力}=\frac{\text{经营现金流量}}{\text{总负债}}$$

以上两个比率值越大，表明企业偿还债务的能力越强。但是并非比率值越大越好，因为现金的收益性较差，若现金流量表中“现金增加额”项目数额过大，则可能是企业现在的生产能力不能充分吸收现有资产，使资产过多地停留在盈利能力较低的现金上，从而降低

了企业的获得能力。

▶ 2. 盈利能力及支付能力分析

由于利润指标存在的缺陷，因此可运用现金净流量与资产负债表相关指标进行对比分析，作为每股收益、净资产收益率等盈利指标的补充。

每股经营活动现金净流量与总股本的比率反映每股资本获取现金净流量的能力，比率越高，表明企业支付股利的能力越强。

经营活动现金净流量与净资产的比率反映投资者投入资本创造现金的能力，比率越高，创现能力越强。

(二) 现金流量表与损益表比较分析

将现金流量表的有关指标与损益表的相关指标进行对比，以评价企业利润的质量。

▶ 1. 经营活动现金净流量与净利润比较

经营活动产生的现金流量与会计利润之比若大于 1 或等于 1，说明会计收益的收现能力较强，利润质量较好；若小于 1，则说明会计利润可能受到人为操纵或存在大量应收账款，利润质量较差。

▶ 2. 销售商品、提供劳务收到的现金与主营业务收入比较

收到的现金数额所占比重大，说明销售收入实现后所增加的资产转换现金速度快、质量高。

▶ 3. 分得股利或利润及取得债券利息收入所得到的现金与投资收益比较

分得股利或利润及取得债券利息收入所得到的现金与投资收益比较，可大致反映企业账面投资收益的质量。

综上分析，现金流量表与资产负债表及损益表构成了企业完整的会计报表信息体系，在运用现金流量表对企业进行财务分析时，要注意与资产负债表和损益表相结合，才能对所分析企业的财务状况得出较全面和较合理的结论。

第八节 损益表分析

一、损益表的基本格式

损益表是指反映企业在一定期间的经营成果的会计报表。由于不同的国家和企业对会计报表的信息要求不尽相同，损益表的具体项目的排列也不完全一致。但目前比较普遍的损益表格式主要有多步式损益表和单步式损益表两种。

(一) 多步式损益表

多步式损益表中的损益是通过多步计算而来的，通常分为以下几步。

第一步：从营业收入中减去营业成本，减去税金及附加、销售费用、财务费用、管理费用和资产减值损失，加上公允价值变动和投资收益，得出营业利润。

第二步：在营业利润的基础上加减营业外收支，得出当期实现利润，即企业税前利润。

第三步：从税前利润中减去所得税，得出当期净利润。

多步式损益表的优点在于，便于对企业生产经营情况进行分析，有利于不同企业之间进行比较，更重要的是利用多步式损益表有利于预测企业今后的盈利能力。目前我国企业的损益表就是采用多步式格式。表 6-2 为多步式损益表的基本格式。

表 6-2　多步式损益表

编制单位：　　　　　　　　　　年　　月　　　　　　　　　　单位：

项　　目	附　　注	本期发生额	上期发生额
一、营业收入			
减：营业成本			
税金及附加			
销售费用			
管理费用			
财务费用			
资产减值损失			
加：公允价值变动收益（损失以“－”号填列）			
投资收益（损失以“－”号填列）			
其中：对联营企业和合营企业的投资收益			
二、营业利润（亏损以“－”号填列）			
加：营业外收入			
减：营业外支出			
其中：非流动性资产处置损失			
三、利润总额（亏损以“－”号填列）			
减：所得税费用			
四、净利润（亏损以“－”号填列）			
五、每股收益			
基本每股收益			
稀释每股收益			

（二）单步式损益表

单步式损益表是指将当期所有的收入加在一起，然后将所有的费用加总在一起，通过一次计算求出损益。单步式损益表是表述企业经营成果的一种最简单的形式，它只按收入与费用汇列，而不再区分收入或费用的不同类型，因此表上反映不出毛利(毛损)等项目。单步式损益表的最大优点在于它的简明性，以最简单的有效形式为报表使用者提供企业经营成果的重要信息。单步式损益表的基本结构如表 6-3 所示。

表 6-3 单步式损益表

编制单位： 年 月 单位：

项 目	金 额
收入类：	
产品销售收入	
其他业务收入	
营业外收入	
……	
费用、支出类：	
产品销售成本	
产品销售费用	
其他业务支出	
管理费用	
财务费用	
营业外支出	
销售税金及附加	
……	
利润(或亏损)总额	

二、损益表项目的阅读

以表 6-2 为例，介绍损益表中的各项目。

(一)“营业收入”项目

“营业收入”项目反映企业销售产品和提供劳务等主要经营业务取得的收入总额。它是企业的主要经营业务收入，包括销售产成品、代制品、代修品、自制半成品和提供劳务等所取得的收入。关于收入确认的时间，我国《企业会计准则》中明确规定：企业应合理确认销售收入的实现，并将已实现的收入按时入账。企业应当在发出商品、提供劳务，同时收讫价款或者取得索取价款的凭证时，确认营业收入。长期工程(包括劳务)合同，一般应当根据完成进度法或完成合同法合理确认营业收入。在会计实务中，不同企业的营业活动各有特色，因此，对不同的交易存在不同的处理方法。现行会计制度对于营业收入的确认，分别对商品交易和劳务交易做了具体规定。信贷人员应对企业销售收入的确认时间予以关注，不同的确认时间(尤其是跨年度时)会直接影响当期的账面损益，可能对会计信息的使用者产生误导。

（二）“营业成本”项目

“营业成本”项目反映企业所销售商品或者提供劳务的成本。营业成本应与所销售商品或者所提供劳务而取得的收入进行配比。营业成本也称运营成本，主要包括主营业务成本、其他业务成本。营业成本是与营业收入直接相关的，是指已经确定了归属期和归属对象的各种直接费用。主营业务成本是企业销售商品、提供劳务等经常性活动所发生的成本。企业一般在确认销售商品、提供劳务等主营业务收入时，或在月末，将已销售商品、已提供劳务的成本转入主营业务成本。其他业务成本是企业确认的除主营业务活动以外的其他经营活动所发生的支出，包括销售材料的成本、出租固定资产的折旧额、出租无形资产的摊销额、出租包装物的成本或摊销额等。

（三）“税金及附加”项目

“税金及附加”项目核算企业经营活动发生的消费税、城市维护建设税、资源税、教育费附加、房产税、土地使用税、车船使用税、印花税等相关税费。

（四）“销售费用”项目

“销售费用”项目反映企业在销售产品、自制半成品和提供工业性劳务过程中发生的各项费用，以及专设销售机构的各项经费。具体包括：应由企业负担的包装费、运输费、装卸费、保险费、展览费、广告费、租赁费(不包括融资租赁费)和销售服务费用；销售部门人员工资、福利费、差旅费、办公费、折旧费、修理费、物料消耗和其他经费。产品销售费用属于期间费用，在发生的当月就计入当期损益。

企业在确定成本、费用时要遵循权责发生制原则，即凡应属于本期的收入和费用(成本)，不论其款项是否已经收到或支付，均应作为本期的收入和费用(成本)处理；反之，凡不属于本期的收入和费用(成本)，既使其款项已在本期收到或付出，也不应作为本期的收入或费用。

在阅读产品销售费用项目时，信贷人员可结合企业相应的内部报表获得更为详细的信息。通过“产品生产、销售成本明细表”可以了解产品成本升降变动和企业产品品种结构变动情况，分析企业产销之间的比例关系和销售合同计划执行情况；通过对“主要产品单位成本表”分析，可以揭示企业单位成本和各成本项目本期实际与上年平均、本年计划以及与生产同种产品企业之间比较成本的升降情况，从而判断企业的成本管理水平以及企业主要产品的市场竞争能力，为信贷决策提供参考。

（五）“管理费用”项目

“管理费用”项目反映企业行政管理部门为组织和管理生产经营活动而发生的各种费用。具体包括工会经费、职工教育经费、业务招待费、税金、技术开发费、无形资产摊销、咨询费、诉讼费、开办费摊销、坏账损失、公司经费、上交上级管理费、劳动保险费、待业保险费、董事会会费，以及其他管理费用。其中：

(1) 业务招待费是指企业为业务经营的合理需要而支付的实际应酬费用。业务招待费在下列限额内据实列入管理费用：全年销售净额(扣除折扣、折让后的净额，下同)在1 500万元以下的，不超过销售净额的5‰；全年销售净额超过1 500万元但不足5 000万元的，不超过该部分的3‰；超过5 000万元但不足1亿元的，不超过该部分的2‰；超过1亿的，不超过该部分的1‰。

(2) 劳动保险费指离退休职工的工资和退休金(包括按照规定缴纳的离退休统筹金)、价格补贴、医药费(包括离退休人员参加医疗保险交纳的医疗保险基金)、职工死亡丧葬补助费及抚恤费、按规定支付给离休干部的各项经费。

(3) 待业保险费是指企业按照国家规定缴纳的待业保险基金。

(4) 董事会会费是指企业最高权力机构及其成员为执行职能而发生的各项费用，包括差旅费、会议费等。

(5) 技术开发费是指企业研究开发新产品、新技术、新工艺所发生的新产品设计费、工艺规程制定费、设备调试费、原材料和半成品的试验费、技术图书资料费、未纳入国家计划的中间试验费、研究人员的工资、研究设备的折旧、与新产品试制、技术研究有关的其他经费、委托其他单位进行科研试制的费用，以及试制失败的损失等。

管理费用也属于期间费用，在发生的当期就全部、一次性从当期损益中扣除。

在企业经营管理中，管理费用主要是通过预算进行控制。信贷人员可以结合企业内部报表“管理费用明细表”进行分析，通过管理费用预算数和实际发生数的比较，可以分析预算执行情况，发现问题、分析原因。信贷人员对管理费用的分析不能仅从某项费用绝对数的增减来评价企业控制费用的业绩，一定要联系经营业务量来进行评价。一般情况下，凡行业财务制度中有开支规定和提取标准的费用项目，应着重分析该项目是否按规定开支、提取；凡无开支和提取标准的费用项目，与同行业进行比较或根据费用的增长速度与业务量的增长速度相比较来加以判断。

(六)“财务费用”项目

“财务费用”项目反映企业为筹集生产经营所需资金而发生的各项费用。具体包括利息净支出(减利息收入后的差额)、汇兑净损失(减汇兑收益后的损失)、金融机构手续费，以及筹集生产经营资金发生的其他费用等。财务费用的高低可以反映企业筹资成本的高低。财务费用也属于期间费用，须在发生的当期就计入当期的损益。信贷人员应该对欠息企业“财务费用”的核算予以关注，当期的应付未付利息应计入“财务费用”(项目建设期计入工程成本)，否则会出现账面利润虚增的情况。阅读财务费用项目时，应将财务费用的增减变动和企业的筹资活动联系起来，分析财务费用增减变动的合理性和有效性，发现其中存在的问题。

(七)“资产减值损失”项目

资产减值损失是指因资产的账面价值高于其可收回金额而造成的损失。现行《企业会计准则》规定资产减值范围主要是固定资产、无形资产以及除特别规定外的其他资产减值的处理。《企业会计准则第8号——资产减值》改变了固定资产、无形资产等的减值准备计提后可以转回的做法，资产减值损失一经确认，在以后会计期间不得转回，消除了一些企业通过计提秘密准备来调节利润的可能，限制了利润的人为波动。

(八)“公允价值变动收益”项目

公允价值变动收益是指资产或负债因公允价值变动所形成的收益，企业交易性金融资产、交易性金融负债以及采用公允价值计量属性计量的投资性房地产等公允价值变动形成的差额应通过“公允价值变动损益”科目核算，并计入当期损益。

(九)“投资收益”项目

“投资收益”项目反映企业以各种方式对外投资所取得的净收益，即投资收益与投资损失相抵后的净额。投资收益是指企业为了合理、有效地使用资金以获取经济收益，除了进行正常的生产经营活动外，将资金用于债券、股票或其他资产投资等所取得的收益，包括分得的投资利润、债券投资的利息收入、认购的股票应得的股利，以及收回投资时发生的收益或损失等。如果为投资损失，则以负数反映，可以通过企业内部报表——“投资收益明细表”了解企业对外投资获取收益和损失的情况，进而了解企业对外投资所获取的收益和损失的具体结构和增减变动情况。也可结合有关报表的指标分析投资收益率的变动情况，以判断企业投资方向是否正确、投资收益状况是否良好。

(十)“营业利润”项目

营业利润是指企业从事生产经营活动中取得的利润，是企业利润的主要来源。营业利润等于营业收入减去税金及附加，再减去营业费用、管理费用、财务费用、资产减值损失，加上公允价值变动收益和投资收益后的金额。

(十一)“营业外收入”项目

“营业外收入”项目反映企业与生产经营活动没有直接关系的各种收入。营业外收入并不是由企业经营资金耗费所产生的，不需要企业付出代价，实际上是一种纯收入，不可能也不需要与有关费用进行配比。这种收入虽然与生产经营活动没有多大关系，但从企业主体来考虑，同样对企业利润总额产生影响，引起利润总额的增加。营业外收入的具体内容包括固定资产盘盈和出售净收益、罚款收入、因债权人的原因确实无法支付而按规定程序经批准后转作营业外收入的应付款项、教育费附加返还款等。其中，固定资产盘盈收入是指企业在进行财产清查盘点时，盘盈的固定资产重置完全价值扣减估计折旧的差额；出售固定资产收益是指企业对不需用的固定资产变卖处理获得的变卖收入，扣除实际发生的清理费用后与固定资产净值的差额。营业外收入应当按照实际发生的数额进行核算。发生营业外收入时，直接增加企业利润总额。

(十二)“营业外支出”项目

“营业外支出”项目反映企业经营业务以外的支出。营业外支出不属于企业生产经营费用，与企业生产经营活动没有直接的关系，但按照规定应从企业实现的利润总额中扣除。营业外支出的内容具体包括固定资产盘亏报废毁损和出售的净损失、非常损失、公益救济性捐赠、赔偿金、违约金等。其中，固定资产盘亏、毁损净损失是按原价扣除累计折旧、过失人及保险公司赔款后的差额；固定资产报废净损失是指清理报废的固定资产变价收入减清理费用后与账面净值的差额；非常损失是指企业由于特殊原因，如自然灾害造成的各项资产净损失，包括由此引起的直接损失(扣除保险赔偿和残值)、停工损失和善后清理费用。

由于营业外收入和营业外支出所包括的项目互不相关，在损益表中营业外支出和营业外收入分别反映，不能像其他业务利润一样，直接以收入净额的方式列示。

由于营业外收支项目是会计准则和财务通则统一规定的，在阅读“营业外收入”和“营业外支出”项目时，分析的重点是营业外支出有无扩大开支范围、营业外收入取得的途径是否正当、各项目的结构比重变化等。可以结合企业内部报表“营业外收支明细表”分析其内容的列支是否符合财务制度的规定，是否做到严格区分营业外收支与营业收支的界限，从而判断企业会计报表的可靠性及可用性，判断企业内部控制制度的严格性以及经营思想的健康性。

(十三)“利润总额”项目

“利润总额”项目反映企业在一定时期内通过生产经营活动所实现的最终财务成果。其计算公式为

利润总额＝营业利润＋营业外收入－营业外支出

(十四)“所得税费用”项目

“所得税费用”项目反映企业从当年损益中扣除的所得税税额。根据近年来国家制定的相关税收政策，目前企业所得税税率如表 6-4 所示。

表 6-4 企业所得税税率

序　号	税　目	税率/%
1	企业所得税税率	25
2	符合条件的小型微利企业(应纳税所得额减按 50%)	20
3	国家需要重点扶持的高新技术企业	15
4	技术先进型服务企业(中国服务外包示范城市)	15
5	线宽小于 0.25 微米的集成电路生产企业	15
6	投资额超过 80 亿元的集成电路生产企业	15
7	设在西部地区的鼓励类产业企业	15
8	广东横琴、福建平潭、深圳前海等地区的鼓励类产业企业	15
9	国家规划布局内的重点软件企业和集成电路设计企业	10
10	非居民企业在中国境内未设立机构、场所的，或者虽设立机构、场所但取得的所得与其所设机构、场所没有实际联系的，应当就其来源于中国境内的所得缴纳企业所得税	10

（十五）“净利润”项目

净利润是指企业当期利润总额减去所得税后的金额，即企业的税后利润。净利润是一个企业经营的最终成果，净利润多，企业的经营效益就好；净利润少，企业的经营效益就差。净利润是衡量一个企业经营效益的主要指标。

（十六）“每股收益”项目

每股收益即每股盈利，又称每股税后利润、每股盈余，是指税后利润与股本总数的比率。是普通股股东每持有一股所能享有的企业净利润或需承担的企业净亏损。每股收益通常被用来反映企业的经营成果，衡量普通股的获利水平及投资风险，是投资者等信息使用者据以评价企业盈利能力、预测企业成长潜力，进而做出相关经济决策的重要的财务指标之一。“每股收益”项目下包含“基本每股收益”和“稀释每股收益”两个项目。

（十七）“基本每股收益”项目

基本每股收益的计算，按照归属于普通股股东的当期净利润除以当期实际发行在外普通股的加权平均数。

实践中，上市公司常常存在一些潜在的可能转化成上市公司股权的工具，如可转债、认股期权或股票期权等，这些工具有可能在将来的某一时点转化成普通股，从而减少上市公司的每股收益。

（十八）“稀释每股收益”项目

稀释每股收益即假设公司存在的上述可能转化为上市公司股权的工具都在当期全部转换为普通股股份后计算的每股收益。与基本每股收益相比，稀释每股收益充分考虑了潜在普通股对每股收益的稀释作用，以反映公司在未来股本结构下的资本盈利水平。

三、损益表提供的信息分析

损益表提供的信息，既可以从表中所列项目中直接获取，也可以通过有关项目的内在联系分析取得，还可以结合资产负债表提供的资料进行综合分析评价。一般来说，损益表可直接提供以下信息。

（一）企业的获利能力

损益表中的“利润总额”项目反映了企业的最终经营成果，即企业的税前利润，通过企业不同时期利润总额的比较分析，可以评价企业当期盈利水平，并考察企业盈利的发展趋势。

（二）企业利润的构成情况

损益表中的营业利润、产品销售利润（商品流通企业为主营业务利润）等项目可以充分表明企业利润总额的构成及影响因素。一般而言，营业利润反映了企业各项业务经营的盈利水平，从中可以判断企业生产经营状况的好坏及变动趋势，特别是产品销售利润（或主营业务利润)是企业利润的主要构成部分，如工业企业产品销售利润可以反映企业销售产成品、自制半成品、代制品等主要经营业务的盈利金额。利用产品销售利润资料，不仅可以对比分析，观察变动趋势，而且还可以进行利润影响因素分析，如对产品销售收入、产品销售成本、产品销售费用、产品销售税金及附加等进行分析，可以查明产品销售利润变动的原因，为全面评价企业经营状况和盈利水平提供重要依据。

(三) 企业的销售能力和运营能力

损益表中的企业产品销售收入不仅可以反映企业的经营规模，还可以显示企业实现销售的能力和整体运营能力。例如，通过不同时期的销售收入的比较，可以判断企业的销售增长趋势和市场状况；而结合资产负债表中的有关项目进行对比分析则可以显示企业的运营能力，比较典型的分析指标有应收账款周转率、存货周转率，其中应收账款周转率可以衡量企业应收账款的流动程度，存货周转率反映企业的销售能力和存货库存状况。这些指标可以反映企业管理水平的高低。

(四) 企业投资收益水平

企业投资收益可以反映企业对外投资所获得的报酬。在现代企业制度下，企业对外投资越来越多，结合资产负债表中反映的对外投资数额分析，可以了解企业对外投资的获利能力，从而判断企业对外投资的合理性。如果对外投资获利较多，则表明企业对外投资是成功的，对增加企业利润甚至企业长远发展非常有利；相反，如果企业对外投资虽多，而投资收益很少甚至出现投资损失，则说明企业对外投资是需要重新评价的，应考虑其对外投资风险的大小。

(五) 企业净利润

企业净利润是利润总额扣除应上缴所得税后的净额，是企业当年利润中所获取的可供分配利润的数额，这也是企业当年全部可分配利润的主要来源。掌握这些信息可以了解企业的积累水平及发展潜力。

损益表提供的信息还包括营业外收支等方面的情况。

上述信息对不同报表阅读者而言，似乎都是重点了解的对象，因为企业的经营成果对企业有关方面的任何一方来说，都是需要首先了解的信息。不过，对不同的报表阅读者而言，对损益表提供的信息由于目的不同，也有所侧重。例如，投资者包括社会潜在投资者，他们更关心企业盈利能力和净利润的信息；债权人主要关注企业营业利润的变化情况，判断企业的偿债能力；有关政府部门既关心利润总额和净利润信息，也关心引起企业利润变化的原因；对企业经营者而言，除了总体盈利水平分析外，应更重视主营业务利润的分析，因为主营业务作为企业经营重点，其利润水平如何对企业总体盈利水平具有至关重要的影响。当然，这些侧重点也是相对而言，对其他项目也应注意阅读，即在重点阅读的同时还应进行全面阅读分析，以掌握企业全面经营情况和损益情况，从而做出正确的决策。

公司财务分析

——苏宁电器股份有限公司

一、公司管理能力分析

经过近20年的发展，苏宁已经在企业管理、后台建设、人才储备、店面开发等各个领域积累了扎实的基础，厚积而薄发，苏宁电器已经实现行业全面领跑，在品牌、网络、规模、效益、管理、后台、工商关系、社会责任等领域不断突破，不断创新模式，引领行业未来发展的趋势和方向，成为中国民族商业的标杆。苏宁的张近东理性、素质高、心胸广阔，是一个不错的大股东。接近张近东的人说，他有一流的学习能力和领悟力，能从别人的一言半语里迅速抓取他可以利用的信息。以打高尔夫球为例，张近东不是高尔夫球的沉迷者，只是出于接待与交际需求才挥杆。学高尔夫球的时候，张近东反对教练手把手地教他。他跟教练说，你点拨一下，我就懂了。在他看来，做企业如同打高尔夫球，挥杆出力只是一下，但是挥杆前，要进行细致的观察和缜密的距离测算。2010年，苏宁电器进行了惠及多达248位管理人员的股权激励计划。这一招太妙了，既宣扬了这位中国零售业首富“利益分享”的理念，又为苏宁团队重重加了一道鞭策。张近东知道苏宁加速快跑的时刻已到，他说：“我们是保守的，我们讲稳健实际上就是要保守的管理和经营，但保守不等于落后，就像一个巨人的脚步，不迈则已，但迈出去就是震动山河的效果。”

二、公司发展战略分析

2010年8月17日，苏宁电器宣布认购定向增发股份，持有日本家电连锁企业laox公司27.36%的股权，成为其第一大股东。这次入股laox公司，建立海外协同平台，对于实施苏宁电器长期发展战略有积极的推动作用，苏宁电器投资价值必然增长。苏宁电器股份有限公司总裁孙为民表示，苏宁电器一贯坚持稳健的经营风格，从目前的方案来看，由于laox是一家上市公司，信息披露十分透明，同时经营规模适度，风险可控性强，并且具有一定的投资价值。苏宁将充分发挥自己既有的管理能力，实现业务协同，借鉴日本先进经验，相信对苏宁在国内的发展有很好的推动作用，企业核心竞争力将更加凸显。未来的苏宁，将是科技型智慧型的苏宁。开店计划是根据中国家电行业发展趋势、当地市场容量等综合因素考虑的，除了在国内做好一、二级市场精耕细作外，还到县城和发达的乡镇去开店，满足三、四级市场家电消费需求。在国外，注重“引进来”的同时“走出去”，吸收国外先进经验，加快海外连锁布局的步伐。在电子商务方面，计划到2020年打造一个与实体店面等量齐观的虚拟苏宁。

三、公司财务分析

为了更好地考察苏宁电器的各项财务指标，以下根据三年的年报数据进一步地分析。

(一) 公司偿债能力分析

苏宁公司2007—2009年的偿债能力指标如表6-5所示。

根据表6-5中可以看出，公司的偿债能力处于较好的水平。公司的流动比率和速动比率都大于1，并且较前两年都在逐步上升，说明公司的偿债能力在不断提升，公司的生存能力在不断增强。其他各项指标也基本上处于同行业中较好的水平。

表6-5 苏宁公司2007—2009年的偿债能力指标

偿债能力指标	2009年	2008年	2007年
流动比率	1.46	1.38	1.19
速动比率	1.15	0.98	0.79
保守速动比率	1.08	0.86	0.67
产权比率	1.44	1.43	2.47
归属母公司股东的权益与负债合计比率	0.7	0.7	0.41
归属母公司股东的权益与带息债务比率	1.03	1.19	0.68
有形资产与负债合计比率	0.63	0.62	0.35
有形资产与带息债务比率	0.94	1.05	0.58
有形资产与净债务比率			
息税折旧摊销前利润与负债合计比率	0.2	0.23	0.2
经营活动产生的现金流量净额与负债合计比率	0.27	0.31	0.31
经营活动产生的现金流量净额与带息债务比率	0.39	0.52	0.51
经营活动产生的现金流量净额与流动负债比率	0.27	0.31	0.31
经营活动产生的现金流量净额与净债务比率			
已获利息倍数(EBIT与利息费用比率)			
长期债务与营运资金比率	0.02	0.01	0.01

数据来源：Wind资讯。

（二）公司运营能力分析(见表6-6)

表6-6 苏宁公司2007—2009年的营运能力指标

营运能力指标	2009年	2008年	2007年
营业周期/天	43.38	41.98	42.6
存货周转天数/天	41.97	41.2	41.71
应收账款周转天数/天	1.41	0.79	0.89
存货周转率/次	8.58	8.74	8.63
应收账款周转率/次	255.06	457.83	404.83
流动资产周转率/次	2.46	3.24	3.71
固定资产周转率/次	18.77	19.24	35.64
总资产周转率/次	2.03	2.64	3.2

数据来源：Wind资讯。

从表6-6中可以看出，苏宁电器的四个周转率：应收账款周转率、存货周转率、流动资产周转率、总资产周转率，均处于一个相对较好的水平。但是我们也应该看到，这四个周转率指标均有逐年下降的趋势，说明公司的现实经营中还蕴含一定的风险，有需要改进和完善的地方。

（三）盈利能力和收益质量分析(见表6-7)

表6-7 苏宁公司2007—2009年的盈利能力和收益质量指标

盈利能力和收益质量指标	2009年	2008年	2007年
盈利能力			
净资产收益率——摊薄	19.88	24.73	31.69
净资产收益率——加权	28.44	31.6	37.66
净资产收益率——平均	24.79	32.39	37.66
净资产收益率——扣除/摊薄	19.62	24.84	31.71
净资产收益率——扣除/加权	28.07	31.75	37.68
净资产收益率——年化	24.79	32.39	37.66
净资产收益率——扣除非经常损益	24.47	32.54	37.68
总资产报酬率	13.06	13.45	16.27
总资产报酬率——年化	13.06	13.45	16.27
总资产净利润	10.4	11.94	12.16
总资产净利率——年化	10.4	11.94	12.16
投入资本回报率	12.9	15.71	16.12
销售净利率	5.13	4.53	3.79
销售毛利率	17.35	17.16	14.46
销售成本率	82.65	82.84	85.54
销售期间费用率	10.17	10.71	8.45
净利润与营业总收入比率	5.13	4.53	3.79
营业利润与营业总收入比率	6.65	5.94	5.6
息税前利润与营业总收入比率	6.44	5.1	5.08
营业总成本与营业总收入比率	93.35	94.06	94.4
销售费用与营业总收入比率	8.91	9.58	7.44
管理费用与营业总收入比率	1.56	1.57	1.23
财务费用与营业总收入比率	−0.3	−0.45	−0.22
资产减值损失与营业总收入比率	0.06	0.11	0.03
收益质量			
经营活动净收益与利润总额比率	98.79	100.46	100.39

续表

盈利能力和收益质量指标	2009 年	2008 年	2007 年
价值变动净收益与利润总额比率	−0.1		
营业外收支净额与利润总额比率	1.31	−0.46	−0.39
所得税与利润总额比率	23.89	23.41	32.04
扣除非经常损益后的净利润与净利润比率	98.71	100.45	100.04

资料来源：Wind 资讯。

从表 6-7 的数据可以看出，仍然是基于经济危机的影响，公司的盈利能力以及盈利质量都有一定幅度的下滑，但在行业中还是处于一个相对不错的水平，未来的盈利能力还是不错的。

（四）公司成长性分析

我们在此主要关注四个指标：主营业务收入增长率、主营业务利润的增长率、净利润的增长率和资本增长率。表 6-8 是来自 Wind 资讯的统计数据，根据表中提供的数据，我们能得出与前面很相似的结论，即这几项指标均有下降的趋势，但是如果不考虑经济危机的影响，公司的表现在同类企业中处于一个相对较好的水平。每年年末相对于年初的数据表现还是不错的，说明在当年内公司对抗经济危机取得了一定的成效，其成长能力还是不错的。

表 6-8 公司成长性指标 %

成长性指标	2009 年	2008 年	2007 年
同比增长率			
营业总收入同比增长率	16.84	24.27	53.48
营业收入同比增长率	16.84	24.27	53.48
营业利润同比增长率	30.72	31.75	96.14
利润总额同比增长率	33.06	31.66	95.33
归属母公司股东的净利润同比增长率	33.17	48.09	93.42
归属母公司股东的净利润同比增长率——扣除非经常损益	30.86	46.2	93.54
经营活动产生的现金流量净额同比增长率	45.45	9.23	2 219.37
净资产收益率同比增长率(摊薄)	−19.63	−21.98	7.7
相对年初增长率			
每股净资产相对年初增长率	6.48	−8.72	−26.71
资产总计相对年初增长率	65.78	33.2	83.82
归属母公司的股东权益相对年初增长率	65.68	89.81	46.4

数据来源：Wind 资讯。

看好公司未来成长性的理由：第一，内生式增长仍将延续，伴随苏宁行业龙头地位的巩固和经营模式的转变，公司的毛利率有较大提升空间；第二，外延式扩张空间广阔，未来三、四线市场的扩张将为公司新的增长点；第三，家电零售行业的市场集中度有待提升，我国家电零售行业的市场集中度仅22%(欧美、日本等国达到80%)，作为行业龙头公司，未来不排除公司继续收购其他中小家电零售企业的可能。

(五) 公司综合财务指标分析——杜邦分析法

采用杜邦分析法分析公司财务的结果如表6-9所示。

表6-9　公司综合财务指标

综合财务指标	2009年	2008年	2007年
权益净利率(ROE)	24.79	32.39	37.66
权益净利率——同比增减/%	−7.6	−5.27	2.65
因素分解：			
销售净利率/%	5.13	4.53	3.79
净利润/利润总额/%	76.11	76.59	67.96
利润总额/息税前利润/%	104.61	115.89	109.96
息税前利润/营业总收入/%	6.44	5.1	5.08
资产周转率/次	2.03	2.64	3.2
权益乘数	2.46	2.82	3.22
归属母公司股东的净利润占比/%	96.7	96.03	96.21

权益净利率即净资产收益率，是整个分析系统的起点和核心。该指标的高低反映了投资者的净资产获利能力的大小。由表6-9中的数据可以看到，权益净利率较前两年有所下降，说明投资者的净资产获利能力在下降。

权益乘数表明了企业的负债程度。公司2009年的权益乘数较小，说明公司的负债有所下降。

总资产收益率是销售利润率和总资产周转率的乘积，是企业销售成果和资产运营的综合反映，由表6-9中的数据可以看出，虽然公司的销售净利率在不断上升，但资产周转率却在不断下降，公司的总资产收益率也较前两年有所下降。资产周转率的下降是公司总资产收益率下降的主要原因。

总资产周转率反映企业资产实现销售收入的综合能力。公司的总资产周转率有不断下降的趋势，说明公司的资产利用率即资产实现销售收入的能力在下降。

从上面的分析中可以看出，公司的净资产收益率在不断下降，而总资产周转率的下降是公司目前面临的最大的风险，需要及时进行调整，以提高总资产收益率，进而提高公司的净资产收益率。

资料来源：根据苏宁电器股份有限公司2007—2009年报告整理。

本章重要概念

资产负债表　现金流量表　利润表　流动比率　速动比率　存货周转率　应收转款周转率　总资产周转率　固定资产周转率　资产收益率　净资产收益率　销售净利润率　趋势分析　杜邦分析　财务比率分析　资产负债率

本章思考题

1. 公司财务报表主要有哪几种？分别包含哪些内容？
2. 反映公司短期、长期偿债能力的指标有哪些？
3. 公司财务分析的方法有哪些？各有什么特点？
4. 如何对公司的盈利能力进行分析？
5. 试用杜邦分析法分析某一上市公司的财务状况。
6. 如何进行公司的基本面分析？

第七章 公司价值分析

知识目标

1. 掌握上市公司的相对价值估值法和绝对价值估值法；
2. 能够根据相关数据进行公司价值分析。

开篇导言

进行公司价值分析的逻辑在于“价值决定价格”。上市公司估值方法通常分为两类：一类是相对价值估值法，如市盈率估值法、市净率估值法、EV/EBITDA估值法等；另一类是绝对价值估值法，如股利折现模型估值、自由现金流折现模型估值等。相对价值估值法反映的是公司股票目前的价格是处于相对较高还是相对较低的水平。通过行业内不同公司的比较，可以找出在市场上相对低估的公司。与绝对估值法相比，相对价值估值法的优点在于比较简单，易于被普通投资者掌握，同时也揭示了市场对于公司价值的评价。但是，在市场出现较大波动时，市盈率、市净率的变动幅度也比较大，有可能对公司的价值评估产生误导。与相对价值估值法相比，绝对价值估值法的优点在于能够较为精确地揭示公司股票的内在价值，但是如何正确选择参数则比较困难。未来股利、现金流的预测偏差、贴现率的选择偏差，都有可能影响估值的精确性。

第一节 相对价值估值法

一、相对价值估值法的含义

相对价值估值法又称乘数估值法，是指目前证券市场上经常使用的市盈率法、市净率法、市销率法等比较简单通用的比较方法。它是利用类似企业的市场价来确定目标企业价值的一种评估方法。这种方法是假设存在一个支配企业市场价值的主要变量，而市场价值与该变量的比值对各企业而言是类似的、可比较的。由此可以在市场上选择一个或几个与目标企业类似的企业，在比较分析的基础上，修正、调整目标企业的市场价值，最后确定被评估企业的市场价值。在实践中被用作计算企业相对价值模型的有市盈率、市净率、收入乘数等比率模型，最常用的相对价值估值法包括市盈率法和市净率法两种。

二、相对价值估值法的主要方法

(一) 市盈率法

1. 市盈率的含义

市盈率(P/E)是指股票价格和每股收益的比例。当每股收益为过去一年的数据时，称为静态市盈率；当每股收益为未来一年的预测收益数据时，称为动态市盈率。

2. 市盈率的应用

当股票价格为理论价值时，相对应的 P/E 为理论值；当股票价格为实际价格时，P/E 为实际值。当某一股票的实际 P/E 高于理论 P/E 时，表示股票价格高估，应卖出；反之，当某一股票的实际 P/E 低于理论 P/E 时，表示股票价格低估，应买入。确定理论 P/E 的基准有多种方法，通常使用的有：

(1) 参考同行业内，风险因素和经营状况相似的企业；

(2) 上市公司所在行业的平均值；

(3) 上市公司的历史平均值；

(4) 市场指数的 P/E 值。

市盈率由于证券所处市场的不同、行业的不同、经营状况的不同而产生较大差异。

新兴市场国家经营的企业市盈率较高，发达国家企业的增长速度低于新兴市场国家的同类企业，市盈率较低。

高成长行业的企业市盈率较高，如信息技术、生物科学等；成熟行业的企业市盈率较低，如钢铁、能源、银行等；处于行业龙头公司的市盈率一般较高。

3. 市盈率指标的优缺点

市盈率指标的优点如下：

(1) 市盈率模型所涉及的变量预测简单，参数较少，经济含义直观明了，计算简便；

(2) 可直接用于不同收益水平的股票价格之间的比较；

(3) 只要股票每股收益大于零，就可以使用市盈率模型。

市盈率指标的缺点如下：

(1) 市盈率并没有将企业的估值与未来收益的增长情况建立直接联系，因而无法直观判断不同增长前景企业的估值水平；

(2) 对于收益为负的上市公司，市盈率也为负值，不具有经济含义；

(3) 公司收益的波动常会引起市盈率在不同时期出现剧烈波动。

(二) 市净率法

▶ 1. 市净率的含义

市净率(PB)是指股票价格 P 与每股净资产(BVPS)的比率，反映了市场对于上市公司净资产经营能力的溢价判断。在给定企业 ROE、权益资本成本以及企业长期稳定增长率的假定下，上市公司的市净率为

$$PB=1+\frac{ROE-k}{k-g}$$

式中，ROE 为权益资本收入；k 为权益资本成本；g 为长期稳定增长率。

将上式变形，两边同乘以 BVPS，可以得到：

$$PB\times BVPS=\left(1+\frac{ROE-k}{k-g}\right)\times BVPS$$

$$P=BVPS+BVPS\times\frac{ROE-k}{k-g}$$

式中，P 为二级市场股票交易价格；BVPS 为上市公司每股净资产；$BVPS\times\frac{ROE-k}{k-g}$ 为二级市场愿意为上市公司每股支付的溢价，该溢价的比率 $\frac{ROE-k}{k-g}$ 与 ROE 呈正相关，与 g 呈正相关。因此，上市公司的溢价是直接与其权益资本收益相关的，在给定的条件下，上市公司的 ROE 越高，其股东创造的价值也就越高，股东为上市公司支付的溢价水平也就越高。同理，在给定条件下，上市公司持续增长率越高，其能够给股东创造超额收益的时间也就越长，股东就更愿意为其支付较高的溢价。

▶ 2. 市净率的应用

市净率是国际通用的企业估值水平的重要指标，尤其适用于金融类企业。市净率的用法与市盈率相似，利用该指标进行投资决策的思路与市盈率基本相同。当某一股票的实际 PB 高于理论 PB 时，表示股票价格高估，应卖出；反之，当某一股票的实际 PB 低于理论 PB 时，表示股票价格低估，应买入。确定理论 PB 的基准有多种方法，通常使用的有：

(1) 参考同行业内，风险因素和经营状况相似的企业；

(2) 上市公司所在行业的平均值；

(3) 上市公司的历史平均值。

第二节 绝对价值估值法

一、绝对价值估值法的含义

绝对价值估值法的核心理念是“股票是未来预期现金流以合理贴现率进行贴现的现

值”。绝对价值估值法的关键在于对股票未来现金流的预测和股票合理贴现率的确定。绝对价值估值法对于未来现金流的理解具有多种不同的视角，因此也就产生了多种不同的绝对价值估值法。常用的估值法包括自有现金流贴现模型、股利贴现模型、剩余收入贴现模型等。这些模型的共同特点是使用的贴现率都是与股权资本相对应的必要收益率。

二、绝对价值估值法的种类

(一) 基于股利的股利贴现模型

股利贴现模型的主要假设之一是“股票的价值等于未来永续现金流的现值”，即

$$P_0=\frac{D_1}{1+k}+\frac{D_2}{(1+k)^2}+\frac{D_3}{(1+k)^3}+\cdots\frac{D_n}{(1+k)^n}+\cdots\quad n=1,2,3,\cdots,+\infty$$

或者

$$P_0=\sum_{i=1}^{+\infty}\frac{D_i}{(1+k)^i}$$

式中，D_i 为第 i 期的股利；k 为权益资本的必要收益率；P_0 为当期股票价格。对于该公式的理解如下：

(1) 投资者对于股票价格的预期是所有期望发放的股利的现值之和；

(2) 贴现率为企业权益资产的必要收益率，给定的股利发放政策不变，企业的必要收益率越高，则企业股价越低；

(3) 给定企业风险不变，股利增长速度越高，股价越高。

根据股利增长率的不同，股利贴现模型分为零增长模型、Gordon 模型等。

1. 零增长模型

零增长模型是假设 $D_0=D_1=D_2=\cdots$，即股息保持固定金额。零增长模型为

$$P_0=\sum_{i=1}^{\infty}\frac{D_0}{(1+k)^i}=D_0\sum_{i=1}^{\infty}\frac{1}{(1+k)^i}=\frac{D_0}{k}$$

【例 7-1】 假定投资者预期某公司每期支付的股息将永久性地固定为 1.15 美元/股，并且贴现率定为 13.4%，那么，该公司股票的内在价值就等于 8.58 美元，计算过程如下：

$$P_0=\frac{1.15}{(1+0.134)}+\frac{1.15}{(1+0.134)^2}+\frac{1.15}{(1+0.134)^3}+\cdots=\frac{1.15}{0.134}=8.58(\text{美元})$$

如果该公司股票当前的市场价格为 10.58 美元，说明它的净现值为−2 美元。由于其净现值小于零，所以该公司的股票被高估了 2 美元。如果投资者认为其持有的该公司股票处于高估的价位，他们就可能抛售该公司的股票。

2. Gordon 模型

Gordon 模型假设未来股息在很长时间内以某一稳定的速度增长。假定 D_0 为现在已支付股息，预期股息增长率 g，即

$D_1=D_0(1+g)$

$D_i = D_{i-1} = D_0(1+g)^i$

…

$D^i = D_{i-1} = D_0(1+g)^i$

因此，$P_0 = \sum_{i=1}^{\infty} \frac{D_0(1+g)^i}{(1+k)^i}$，如果 k 大于 g，则该式可进一步简化为

$$P_0 = D_0 \frac{1+g}{k-g} = \frac{D_1}{k-g}$$

【例 7-2】 某公司股票初期的股息为 1.8 美元/股。经预测，该公司股票未来的股息增长率将永久性地保持在 5%的水平，假定贴现率为 11%，那么，该公司股票的内在价值应该等于 31.50 美元。计算过程如下：

$$V = \frac{1.8(1+0.05)}{(0.11-0.05)} = \frac{1.89}{(0.11-0.05)} = 31.50(\text{美元})$$

如果该公司股票当前的市场价格为 40 美元，则该股票的净现值为－8.50 美元，说明该股票处于被高估的价位。投资者可以考虑抛出所持有的该公司股票。

(二) 基于自由现金流的自由现金流贴现模型

▶ 1. 自由现金流

自由现金流作为一种企业价值评估的新方法和体系，最早是由美国西北大学拉巴波特、哈佛大学詹森等学者于 20 世纪 80 年代提出的。在以美国安然、世通等为代表的、利润指标完美无瑕的所谓绩优公司纷纷破产后，自由现金流已成为企业价值评估领域使用最广泛、理论最健全的指标，美国证监会要求公司年报必须披露这一指标。

自由现金流表示的是公司可以自由支配的现金。如果自由现金流丰富，则公司可以偿还债务、开发新产品、回购股票、增加股息支付。同时，丰富的自由现金流也会使公司成为并购对象。金融学意义上的自由现金流包括两种：第一种是企业自由现金流(free cash flow to firm，FCFF)；第二种是股东自由现金流(free cash flow to equity，FCFE)。企业自由现金流是指企业在经营过程中产生的能由企业自由支配的现金流；股东自由现金流是指在扣除了与债权人相关的自由现金流后剩余的归属于企业股东的自由现金流。

FCFE 和 FCFF 之间的关系可以表示为

$$\text{FCFE} = \text{FCFF} - \text{Interests}(1-t) + \text{net borrowing}$$

式中，net borrowing 为企业的净借贷部分。

FCFF 和 FCFE 的计算方法如下：

$$\text{FCFF} = \text{EBIT}(1-t) + \text{NCC} - \text{WCInv} - \text{FCInv}$$

式中，FCFF 为属于企业的自由现金流；EBIT 为息税前收益；NCC 为非现金成本项，主要包括折旧和摊销；WCInv 为营运资本投资，等于营运资本净增加额；FCInv 为固定成本投资。

▶ 2. 加权资本成本

加权资本成本(weight average cost of capital，WACC)是指以各种资本来源的比例为

权重的加权成本，即

$$\text{WACC}=w_{\text{equity}\times}k_{\text{equity}}+w_{\text{debt}\times}I_{\text{debt}}$$

式中，$w_{\text{equity}}=\dfrac{E\text{quity}}{E\text{quity}+\text{Debt}}$为权益资本权重；$w_{\text{debt}}=\dfrac{\text{Debt}}{\text{E quity}+\text{Debt}}$为债务资本权重；$k_{\text{equity}}$为权益资本必要收益率；$I_{\text{debt}}$为债务资本税后成本。

权益资本和债务资本比例也称为资本结构。对于同一家企业，存在现有资本结构和目标资本机构两种度量方法，一般优先使用目标资本结构作为 WACC 的权重。

3. 自由现金流贴现模型

$$V=\sum_{i=1}^{+\infty}\frac{\text{FCF}}{(1+r)^{i}}$$

式中，FCF 既可以是 FCFE，也可以是 FCFF；V 为公司的内在价值；i 为期数；r 为贴现率。需要注意的是，FCFE 所对应的贴现率为权益资本必要收益率，FCFF 所对应的贴现率为加权资本成本。

本章重要概念

相对价值估值　绝对价值估值　市盈率　市净率　公司自由现金流　股权自由现金流　加权资本成本

本章思考题

1. 公司价值分析方法有哪些？
2. 如何运用市盈率、市净率分析公司的价值？
3. 简述股利贴现模型的含义及其运用。
4. 简述自由现金流模型的含义及其运用。

第三篇

技术分析

第八章 技术分析概论

知识目标

1. 了解技术分析的基本概念、特点及种类；
2. 熟悉技术分析的三大假设；
3. 掌握技术分析的基本要素。

开篇导言

技术分析是100多年来投机大师的经验总结，任何一种我们知道的技术分析指标，都曾经在市场上取得辉煌的成就，只是由于市场的变化，当一种分析方法变成一种商业技术指标被大多数人了解时，这个指标就不那么好用了。其实这是符合投机市场的正常规律的，投机市场最终的结果是大部分人亏钱，所以必然是用的人越多越没用。在中国，大部分中小散户都是技术分析的追随者和使用者，这也说明了大部分人亏钱的原因。但我们发现，在赚钱的那部分人中，也有多数人是依赖技术分析的。

第一节 技术分析概述

一、技术分析的含义

技术分析是指以市场行为为研究对象，以判断市场趋势并跟随趋势的周期性变化来进行股票及一切金融衍生物交易决策的方法总和。

技术分析能为我们提供精确的建仓时机和点位。但是需要明白，所有的技术指标都是对历史数据进行分析统计，具有滞后性，是不可能预测未来行情的。技术分析的作用在于发现当前价格在历史中处于何种水平，从而为我们提供建仓时机和点位。技术分析的目的是寻找买入、卖出、止损的信号，并通过资金管理而实现在风险市场中长期稳定获利。

二、技术分析的分类

一般来说，技术分析主要分为以下五大类。

(一) 指标类分析

指标类分析是指根据价、量的历史资料，通过建立一个数学模型给出数学上的计算公式，从而得到一个体现金融市场的某个方面内在实质的指标值。指标反映的内容大多是无法从行情报表中直接看到的，但它可为我们的操作行为提供指导方向。常见的指标有相对强弱指标(RSI)、随机指标(KDJ)、趋向指标(DMI)、平滑异同移动平均线(MACD)、能量潮(OBV)、心理线(PSY)、乖离率(BIAS)等。

(二) 切线类分析

切线类分析是指按一定方法和原则，在根据价格数据所描绘的图表中画出一些直线，然后根据这些直线的情况推测价格的未来趋势，为我们的操作行为提供参考，这些直线就叫切线。常见的切线有趋势线、轨道线、黄金分割线、甘氏线、角度线等。

(三) 形态类分析

形态类分析是指根据价格图表中过去一段时间走过的轨迹形态来预测价格未来趋势的方法。价格走过的形态是市场行为的重要部分，从价格轨迹的形态中可以推测出证券市场处在一个什么样的大环境之中，由此，对今后的投资给予一定的指导。主要的形态有 M 头、W 底、头肩顶、头肩底等十几种。

(四) K 线类分析

K 线类证券是指根据若干天的 K 线组合情况，推测证券市场中多空双方力量的对比，进而判断证券市场行情的方法。

(五) 波浪类分析

波浪类分析是指把价格的上下变动和不同时期的持续上涨、下跌看成波浪的上下起伏，认为价格运动遵循波浪起伏的规律，数清楚了各个浪就能准确地预见跌势已接近尾声牛市即将来临，或者升势已接近尾声熊市即将来临。与技术分析流派相比，波浪理论能提前很长时间预计行情的底和顶，而别的流派往往要等到新的趋势已经确立之后才能看到。

三、技术分析的一般步骤

(一) 第一步，学会看图

技术分析的第一步是要学会看图。图的类型很多，但是都大同小异。

最基本和常用的是阴阳蜡烛图。一根柱子表明一个时间段，如果选择 30 分钟作为参数，则一根柱子表明30分钟的交易；如果选择一天作为参数，则一根柱子表明一天的交易。

阴柱表明下跌，即收市价低于开市价；阳柱表明上涨，即收市价高于开市价。

通过对蜡烛图的形态分析，主要可以分析行情什么时候将反转，在一波上升行情中判断出最早何时将调头向下，那么就可以第一时间做空赚取更大收益；同样，也可以在一波下跌行情中判断出最早何时将企稳反弹，那么就可以第一时间做多占尽先机。

蜡烛图还有一部分形态是研究行情在什么情况下会延续，如果掌握这些形态可以更好地顺势交易，持有有利单时也会更加充满信心的持有，甚至可以途中加仓来使收益更大。

(二) 第二步，看趋势

技术分析的第二个关键就是要学会画趋势线、压力位、支撑位。支撑位是指存在较大支撑的价位，汇价下跌到该价附近时容易企稳反弹；压力位是指存在较大压力的价位，汇价上升到该价位附近时容易遇阻回落。计算支撑位和压力位主要用画趋势线的方法，也可以结合技术指标，如黄金分割位、均线系统等。

在上升趋势中，将两个上升的低点连成一条直线，就得到上升趋势线。在下降趋势中，将两个下降的高点连成一条直线，就得到下降趋势线。为了使画出的趋势线在今后分析市场走势时具有较高的准确性，我们要对用各种方法画出的试验性的趋势线进行筛选，去掉无用的，保留确实有效的趋势线。

要得到一条真正起作用的趋势线，要经多方面的验证才能最终确认，不符合条件的一般应予以删除。

首先，必须确实有趋势存在。也就是说，在上升趋势中，必须确认两个依次上升的低点；在下降趋势中，必须确认两个依次下降的高点，才能确认趋势的存在，连接两个点的直线才有可能成为趋势线。

其次，画出直线后，还应得到第三个点的验证才能确认这条趋势线是有效的。一般来说，所画出的直线被触及的次数越多，其作为趋势线的有效性就越会被得到确认，用它进行预测就越准确有效。

此外，我们还要不断地修正原来的趋势线，例如，当汇价跌破上升趋势线后又迅速回升到这条趋势线上面，分析者就应该从第一个低点和最新形成的低点重画一条新线，或者从第二个低点和新低点修订出更有效的趋势线。

(三) 第三步，确认趋势

技术分析的第三个关键就是要结合技术指标，确认对市场趋势的判断。

第二节 技术分析的三大假设

技术分析的理论基础是基于三个市场假设：市场行为涵盖一切信息、价格沿着趋势移动、历史会重演。

一、市场行为涵盖一切信息

“市场行为包容消化一切”构成了技术分析的基础。技术分析者认为，能够影响某种商品期货价格的任何因素——基础的、政治的、心理的或任何其他方面的，实际上都反映在其价格之中。由此推论，我们必须做的事情就是研究价格变化。

这个假设的实质含义就是价格变化必定反映供求关系，如果需求大于供给，价格必然上涨；如果供给过于需求，价格必然下跌。

另外，市场行为包容消化一切，一方面，表明市场价格的变化反映了外在信息的变化；另一方面，外在信息的变化在价格变化上是否完全体现或过度体现，也需要值得重点思考。一条或多条利多信息在被市场得知时，价格可能已经有了一段上涨，那么我们需要去理解和分析这样的利多信息是完全被价格的上涨消化了，还是未被消化(能继续推动价格上涨)或是已经被透支消化(价格涨过了头，会进行反向回落，也是通常意义上的利多变成利空)。

二、价格沿着趋势移动

“趋势”概念是技术分析的核心。研究价格图表的意义就是要在一个趋势发生、发展的早期，及时、准确地把它揭示出来，从而达到顺应趋势交易的目的。事实上，技术分析在本质上就是顺应趋势，即以判定和追随既成趋势为目的。

价格沿着趋势移动的主要思想是证券价格的变动是按一定规律进行的，证券价格有保持原来方向运动的惯性。正是由于这一条，技术分析师们才花费大量心血，试图找出证券价格变动的规律。

一般来说，一段时间内证券价格一直是持续上涨或下跌，那么，今后一段时间，如果不出现意外，证券价格就会按这一方向继续运动，没有理由改变这一既定的运动方向。“顺势而为”是证券市场上的一条名言，如果证券价格没有调头的内部因素和外部因素，没有必要逆大势而为。

一个证券投资者之所以要卖掉手中的证券，是因为他认为目前的价格已经到顶，马上将往下跌，或者即使上涨，涨的幅度也有限，不会太多了。他的这种悲观的观点是不会立刻改变的。一小时前认为要跌，一小时后，没有任何外在影响就认为会涨，这种现象是不多见的，也是不合情理的。这种悲观的观点会一直影响这个人，直到悲观的观点得到改变。众多的悲观者就会影响证券价格的趋势，使其继续下跌。

如果否认第二条假设，即认为即使没有外部因素的影响，证券价格也可以改变原来的运动方向，技术分析就没有了立根之本。证券价格的变动是遵循一定规律的，我们运用技术分析这个工具找到这些规律，才能对今后的证券买卖活动进行有效的指导。

三、历史会重演

“历史会重演”的假设是从人的心理因素方面考虑的。市场上进行具体买卖的是人，是由人决定最终的操作行为。人的行为必然要受心理学中某些规律的制约，一个人在某一场合得到某种结果，那么，下一次碰到相同或相似的场合，这个人就认为会得到相同的结果。证券市场也一样，在某种情况下，按一种方法进行操作取得成功，那么以后遇到相同或相似的情况，就会按同一方法进行操作；如果前一次失败了，后一次就不会按前一次的方法操作。

证券市场的某个市场行为给投资者留下的阴影或快乐是会长期存在的。在进行技术分析时，一旦遇到与过去某一时间相同或相似的情况，应该与过去的结果比较。过去的结果应该是现在对未来进行预测的参考。

在三大假设之下，技术分析有了自己的理论基础。“市场行为涵盖一切信息”假设肯定了研究市场行为就意味着全面考虑了影响股价的所有因素；“价格沿着趋势移动”假设和“历史会重演”假设使我们找到的规律能够应用于股票市场的实际操作之中。

当然，学术界对这三大假设本身的合理性一直存在争论，不同的人有不同的看法。例如，“市场行为涵盖一切信息”假设认为市场行为包括了一切信息，但市场行为反映的信息只体现在股票价格的变动之中，同原始的信息毕竟有差异，损失信息是必然的。正因如此，在进行技术分析的同时，还应该适当进行一些基本分析和其他方面的分析，以弥补技术分析的不足。又如，第三个假设为历史会重演，但股票市场的市场行为是千变万化的，不可能有完全相同的情况重复出现，差异总是或多或少地存在。

第三节　技术分析的基本要素

市场行为最基本的表现就是成交价和成交量。过去和现在的成交价、成交量涵盖了过去和现在的市场行为。技术分析就是利用过去和现在的成交量、成交价资料，以图形分析和指标分析工具来解释、预测未来的市场走势。这里，成交价、成交量就成为技术分析的要素。如果将时间也考虑进去，技术分析其实就可简单地归结为对价、量、时三者关系的分析，在某一时点上的价和量反映的是买卖双方在这一时点上共同的市场行为，是双方的暂时均势点，随着时间的变化，均势会不断发生变化，这就是价量关系的变化。一般来说，买卖双方对价格的认同程度通过成交量的大小得到确认。认同程度大，成交量大；认同程度小，成交量小。双方的这种市场行为反映在价、量上就往往呈现出这样一种趋势规律：价增量增，价跌量减。根据这一趋势规律，当价格上升时，成交量不再增加，意味着价格得不到买方确认，价格的上升趋势就会改变；反之，当价格下跌时，成交量萎缩到一定程度时就不再萎缩，意味着卖方不再认同价格继续往下降了，价格的下跌趋势就会改变。成交价、成交量的这种规律关系是技术分析的合理性所在，因此，价、量是技术分析的基本要素，一切技术分析方法都是以价量关系为研究对象，结合时、空两个要素，分析、预测未来价格趋势，为投资决策提供服务。

一、价

“价”是四大要素之首，它包括以下含义。

1. 证券本身的价值

证券本身具备价值，这一点涉及基本面分析了，因为证券的价格归根结底是由其基本面决定的。但这里要强调一点，证券的价值投资并不能简单地以现在的业绩论英雄，业绩只能说明过去，而不能说明将来，价格和价值也是不同的两个概念。而证券投资的实质就是投资未来的艺术。当证券业绩很好的时候，往往市场早已经提前炒作，是价格达到历史高点的时候，而它的业绩能一直这样维持吗？这就需要好好斟酌，仔细进行行业分析、财务分析。一般来说，能够维持长期高增长的证券是非常少的，大多聚集在垄断行业、特殊资源行业之中。目前，在国内外上市公司财务造假屡见不鲜的情况下，进行财务分析要具有专业水准才行。

2. 判断证券目前的价格在市场价格体系中的位置

我们可以把市场所有的证券价格大致分成高价区、中价区和低价区。看看目标股目前处于什么位置，从概率上来说，目标股目前价位越低，它的上涨空间也就越大。

3. 瞄准比价

对照目标证券与同行业及相关行业证券的价格分布，看看目标股所处位置，这是瞄准比价。当然，即使是同行业证券的情况也往往差别很大，要具体情况具体分析。

4. 对照目标证券自身的历史价位分析证券目前的位置

这一条可以说是最重要的，技术分析本身就是依据历史经验，得出一个关于概率而非必然的推论，而最重要的历史经验当然来源于证券本身。一般来说，证券目前价位距离其本身历史高点、近期高点越遥远，它上涨的概率自然越大，而一旦突破历史高点，那么也说明这一个证券或者市场环境发生根本变化，到了调整对该证券的固有认识的时候了。

二、量

对成交量的分析是仅次于价格分析的，其实作为对市场价格短期运动的分析，成交量分析的价值更甚于价格分析，为什么这么说呢？因为很多时候市场的行为并非完全理性的，证券价格的波动围绕证券本身的价值进行波动，但又并不限于证券本身的价值，证券买卖的并不仅仅是现在，还有未来，正因为这一特性，证券才有了如此动人的魅力。特别是在我国这样的新兴国家证券市场，人为控制证券价格的色彩浓厚，更需要我们对成交量分析加以重视。因为对一个价格的认同与否，需要以成交量来体现。

▶ 1. 当市场对价格认同度越高时，往往成交量越小

而成交量越小的时候，越容易成为底部的先兆，但这需要观察证券最近的调整幅度才能判定，当然是调整幅度越大时成交量缩小越可靠，不过这里还有一个前提，即此时价格必须停止创新低。

▶ 2. 当市场对价格分歧越大时，成交量往往会持续放大或突然放大

成交量大幅放大一般会出现在三个时期：市场价格经历低位缩量横盘后反转时、对重要价格进行向上突破时、经过一定上涨后引发市场抛售时。以上三个位置的放量是标志性的、易于把握的，而其他位置的放量骗线居多，要慎重对待。一般来说，成交量越大，越能说明市场主力活跃其中，投资者则要观察成交量放大后的价格运动方向和力度，分析其中利弊，做出有利的抉择。

▶ 3. 对成交量的研判，必须以其他三大要素为基础

研究成交量的价值，主要在于对中短期的价格波动，可以比较清晰地判断出较佳的介入时机。运用前，要以较为严苛的其他技术条件相配合。运用成交量的要诀是突变性和可持续性。

三、时

时间也是技术分析必须考虑的重要因素，这是因为：

第一，如果市场价格在一个区域维持运动越久，那么市场成本会越集中于这个价格区域，当向上或向下有效突破该价格区间的时候，其所具有的意义也就越大。所谓“横有多长，竖有多高”，就是这个意思。同样，横有多长，向下的话，也会有多深。

第二，当证券价格下跌所花的时间越少，而跌幅越大时，说明该证券下跌动力充足，在短暂反弹后还会继续探底。但这里又要结合具体情况进行分析，观察该证券下跌所处阶段，如果该快速下跌处于下跌初期，那么要以回避为主；如果该证券已经经历绵绵阴跌之后，出现加速度大跌，则往往是重要底部将要出现的征兆，这个时候如果出现成交量巨幅放大反转的现象，多半情况下是短期黑马无疑。

第三，当证券上涨所花的时间越少，而涨幅越大时，它将来的调整幅度和速度自然也应该越大，但这里要考虑证券基本面因素的变化。一般来说，强者恒强，这样的证券总会给投资者充足的逃跑时间，不过此时要密切关注成交量的变化，如果出现单日 25%以上的换手率，还是立即撤退，保住胜利果实要紧。如果个股大幅上涨后始终没有出现大幅度的成交量，或者在大成交量之后仍能常以不高的换手率创新高，则该股成为长期牛股的希望很大。

第四，证券在上涨或下跌途中，所花的时间较长，而价格波动幅度较小，则往往是该证券不活跃的象征，其后来的下跌或上涨过程在多数情况下也会相对缓慢，而且涨幅、跌幅要小，要改变这一局面几乎只有成交量发生突增才能实现。

第五，在价格运动过程中会形成一些规律性的周期，我们要善于利用这种周期运动对股价的影响，具体内容可以参考“江恩时间法则”相关资料。

四、空

空是指价格可能上涨或下跌的空间，其分析方法可以参考以下几个方面。

第一，分析证券的上涨或下跌空间首先要参考历史最高价和历史最低价，并以黄金分割理论相互印证。

第二，当证券价格创出历史新高或新低时，需要对该证券进行重新认识。

第三，证券短期涨跌空间可以参考该证券近期形态，并以形态理论为依据进行分析。一般来说，重要高点和低点以及经过盘整的位置会构成压力和支撑。

第四，成交量的堆积位置也对证券价格影响很大，要特别关注成交量突增的位置及其对证券价格的推动方向以及推动速度。

第五，移动平均线系统对于证券价格有吸引、支撑和压力作用，吸引作用在证券价格距离均线系统越远时发生越有效，而支撑、压力作用则在证券价格调整幅度越大时越有效。这也是判断证券价格涨跌空间的一个重要工具。

五、成交量与价格趋势的关系

成交量与价格趋势的关系体现在以下几个方面。

第一，证券价格随着成交量的递增而上涨，为市场行情的正常特性。此种量增价涨关系表示证券价格将继续上升。

第二，在波段的涨势中，证券价格随着递增的成交量而上涨，突破前一波的高峰，创下新高价，继续上涨，然而此波段证券价格上涨的整个成交量水准却低于前一波段上涨的成交量水准，价格突破创新高，成交量却没突破创新高，则此波段证券价格涨势令人怀疑，同时也是证券价格趋势潜在的反转信号。

第三，证券价格随着成交量的递减而回升，证券价格上涨，成交量却逐渐萎缩。成交量是证券价格上涨的原动力，原动力不足显示证券价格趋势潜在反转的信号。

第四，有时证券价格随着缓慢递增的成交量而逐渐上涨，逐渐向上的走势突然变为垂直上升的走势，成交量急剧增加，证券价格跃升暴涨。紧随着此波走势，随之而来的是成交量大幅度萎缩，同时证券价格急速下跌。这种现象表示涨势已到末期，上升乏力，走势力竭，显示出趋势反转的现象，反转所具有的意义将视前一波证券价格上涨幅度的大小及成交量扩增的程度而定。

第五，证券价格走势因交易量递增而上涨，是十分正常的现象，并没有暗示趋势反转的信号。

第六，在一波段的长期下跌，形成谷底后胜利回升，成交量并没有因证券价格上涨而递增，证券价格上涨欲振乏力，然后再度跌落至先前谷底附近，或高于谷底。当第二谷底的成交量低于第一谷底时，是证券价格上涨的信号。

第七，证券价格下跌，向下跌破证券价格的某条重要支撑线，同时出现大成交量，是证券价格下跌的信号，强调趋势反转形成空头。

第八，证券价格跌落一段相当长的时间，出现恐慌卖出，随着日益扩大的成交量，证券价格大幅度下跌，继恐慌卖出之后，预期证券价格可能上涨。同时，恐慌卖出所创的低价将不可能在极短时间内跌破。随着恐慌大量卖出之后，往往是(但并非永远是)空头市场的结束。

第九，当市场行情持续上涨很久，出现急剧增加的成交量，而证券价格却上涨乏力，在高档盘旋，无法再向上大幅上涨。显示证券价格在高档大幅震荡，卖压沉重，从而形成证券价格下跌的因素。证券价格连续下跌之后，在低档出现大成交量时，价格却没有进一步下跌，仅小幅变动，此时表示正在进货。

第十，成交量作为价格形态的确认。在以后的形态学讲解中，如果没有成交量的确认，价格上的形态将是虚的，其可靠性也就差一些。

第十一，成交量是证券价格的先行指标。关于价和量的趋势，一般来说，量是价的先行者。当量增时，价迟早会跟上来；当价增而量不增时，价迟早会掉下来。从这个意义上，我们往往说“价是虚的，而只有量才是真实的”。特别是在一个投机市场中，机构大户打压、拉抬证券价格，投资者不能仅从价上来分析，还要从量上把握庄家操纵的成本，如此才能摸清庄家的策略，并最终获利。

时间在进行行情判断时有着很重要的作用。一方面，一个已经形成的趋势在短时间内不会发生根本改变，中途出现的反方向波动，对原来趋势不会产生大的影响；另一方面，一个形成了的趋势又不可能永远不变，经过了一定时间又会有新的趋势出现。循环周期理论着重关心的就是时间因素，它强调了时间的重要性。

从某种意义上讲，可以认为空间是价格的一方面，也就是价格波动能够达到的空间上的极限。

本章重要概念

技术分析　成交量　外盘　内盘　委比

本章思考题

1. 技术分析的理论基础是什么？
2. 简述技术分析的一般步骤。
3. 价格和成交量有什么关系？
4. 技术分析的基本要素包括哪些？

第九章 技术分析的主要理论

知识目标

1. 了解证券投资分析的道氏理论、波浪理论、K线理论、形态理论、切线理论的基本内容；

2. 能够运用道氏理论、波浪理论、K线理论、形态理论、切线理论进行证券投资分析。

开篇导言

自19世纪重视投机性的证券市场分析后，进入20世纪，证券分析家逐渐提出了相关的理论体系。首先是柯丁雷(W. G. Cordinly)在《证券交易入门》(*Guide To The Stock Exchang*，1907)一书中，提出"股票价格由供需规律来决定"的观点。为了深入探讨"供需规律和供求关系的变动"，必须重视社会大众的意见。但他的著作的理论基础仍然不够，缺乏精确性。哥罗丁斯基(J. Grodinsky)在《投资学》(*Investment*，1953)一书中，从另一个角度对证券市场进行了分析，从研究供需角度来预测股价，并具体指出了两种方法：第一种方法是重视股价与其他经济现象的关系，从这些关系的变化来预测股价的波动，此种方法就是现在通称的"基本分析"；另一种方法不重视股价与其他经济现象的关系，而仅通过股票市场内部的技术性因素的各种现象来预测股价，此种方法就是现在通称的"技术分析"。

前者考虑诸如：①股票利率与股价关系；②通过股息收益率与债券收益率的比较来判断市场状况；③股价与利率的关系；④经济成长，景气与股价波动之关系。后者则考虑诸如：①证券市场内部投机因素分析；②观察过去股价趋势推测未来股价动向，主要采用各种曲线图；③观察社会大众的投资动向；④分析股票交易量值与股价关系；等等。

孟德尔(Mindell J.)在《股票市场》(*The Stock Market*，1948)一书中则认为股价的变动不仅仅是由单一因素决定的。事实上，影响股价变动的因素不但多而且复杂，分析各种因素的影响程度及影响方向颇为困难。所以孟德尔主要论述了以下影响因素：①利率；②企业收益；③景气状况；④股票市场动态；⑤货币政策情况；⑥价格总水平的变动情况；⑦大众投资者的市场心理；⑧政治的影响；⑨天灾人祸的发生；⑩经济情况状态；⑪人口变动；等等。

资料来源：证券市场分析论．互动百科。

第一节 道氏理论

一、道氏理论概述

道氏理论是技术分析的鼻祖，也是迄今为止最著名的技术分析理论之一。该理论的创始人是美国的查尔斯·H. 道(Charles H. Dow)。迄今，大多数广为使用的技术分析理论都起源于道氏理论，都是其各种形式的发扬光大。

查尔斯·H. 道于1884年7月3日首创股票市场平均价格指数，为各种现有的指数奠定了基础。这些指数是股票市场活动的“晴雨表”，更是市场技术分析者不可或缺的有力工具。

1984年7月3日，美国市场技术分析师协会(MTA)也向道·琼斯公司颁赠了高汉默银碗奖，以表彰他对证券投资研究领域做出的贡献。

道氏从未为其理论著书立说，19世纪末，他在《华尔街日报》上发表了一系列社论，表达了他对证券市场行为的研究心得。直到1903年，也就是他逝世一年后，这些文章才被收编在由A. 纳尔逊所著的《股市投机常识》一书中，得以集中出版。在理查德·罗索为该书撰写的序言中，把道氏对证券市场理论的贡献同弗洛伊德对精神病学的影响相媲美。

1922年，道氏在《华尔街日报》的助手和传人威廉·彼得·汉密尔顿归纳整理了道氏的理论，出版了《股票市场晴雨表》，书中首次使用了“道氏理论”。

罗伯特·雷又把道氏理论进一步加以提炼，于1932年出版了《道氏理论》一书。

道氏的研究是针对他发明的股市平均价格，即工业股指和铁路股指所进行的，但是其绝大部分理论在商品期货市场中的应用也游刃有余。

二、道氏理论的基本内容

(一) 市场的三种趋势

证券价格运动有三种趋势，其中最重要的是主要趋势即基本趋势，在基本趋势的演变过程中穿插着与其方向相反的调整趋势即次级趋势，作为基本趋势推进过头时发生的回撤或调整，最后是小趋势或每日的波动即短期趋势。这三种趋势的最大区别是时间的长短和波动幅度大小不同。

1. 基本趋势

基本趋势是最主要的趋势，其特点是价格广泛或全面性上升或下降，持续的时间通常为一年或一年以上，总体升(降)幅超过20%。基本趋势由基本的上升趋势(牛市)和基本的下降趋势(熊市)组成。

1）基本上升趋势

基本上升趋势也称多头市场或牛市，通常(而非必要)可分为三个阶段。

(1) 积累阶段。熊市末尾牛市开始时，所有的坏消息被消化，一些有远见的投资者觉察到目前不景气的市场将有转机因而逐步买进股票，价格缓缓上升，交易量适度增加。

(2) 稳定上升阶段。商业景气上升，公司盈余增加，大多使用技术分析的交易人士开始买入，价格快步上扬，成交量放大，大众投资者积极入市。

(3) 消散阶段。股价不断创出新高，买卖活跃，成交量持续上升，新股不断大量上市，随便什么股都涨。但在积累阶段买进的那些投资者开始“消散”，逐步抛出。

2）基本下跌趋势

基本下跌趋势也称空头市场或熊市，通常(而非必要)分为三个阶段。

(1) 出仓或分散阶段。牛市末期，有远见的投资者加快出货的步伐，此时成交量仍然很高，但在反弹时有逐渐减少的倾向，该阶段的大众投资者仍热衷于交易。

(2) 恐慌阶段。想要买进的人开始退缩，而想要卖出的人则急于脱手，价格加速下跌，成交量增加。在恐慌阶段结束以后，通常会有一段相当长的次级反弹或者横向的变动。

(3) 筑底阶段。坏消息频传并不断被证实，但下跌趋势并没有加速，下跌主要集中于一些业绩较为优良的股票上。

▶ 2. 次级趋势

次级趋势与基本趋势的运动方向相反，并对其产生一定的牵制作用，因而也称为修正趋势。在多头市场中，次级趋势是中级的下跌或调整；在空头市场中，次级趋势是中级的上升或反弹。次级趋势持续的时间从3周至数月不等，其上升或下降的幅度一般为基本趋势的1/3或2/3。

▶ 3. 短期趋势

短期趋势也称小趋势，它们是短暂的波动，很少超过3个星期，通常少于6天。短期趋势本身没有什么意义，只是赋予主要趋势的发展过程神秘多变的色彩。

(二) 各种平均价格必须相互验证

市场趋势必须由两种指数来确定，两者变动一致，反映的趋势才是确实、有效的。例如，我国的上证指数和深成指数，只有两种指数相互确认，也就是呈现相同或相近的波动时，趋势才能被确认。单一指数的行为并不能成为趋势反转的有效信号。

(三) 交易量必须验证趋势

道氏理论认为，交易量分析是第二位的，但作为验证价格图表信号的旁证具有重要的价值。根据成交量可以对主要趋势做出一个判断，但价格反转的信号只能由收盘价发出。

(四) 收盘价最重要

道氏理论并不关注一个交易日当中的最高价、最低价，而只关注收盘价。因为收盘价是对当天价格的最后评价，大部分投资者将这个价位作为委托的依据。只有收市价突破才意味着突破有效，其余日内价格即使穿越以前高、低点也是无效的。

第二节 波浪理论

一、波浪理论概述

艾略特波浪理论认为，不管是多头市场还是空头市场，每个完整循环都会有几个波段。多头市场的一个循环中前五个波段是看涨的，后三个则是看跌的；而前五个波段中，第一、三、五波段，即奇数序号，是上升的，第二、四、六波段，即偶数波段中的六波段偶数序号是明显看跌的；第七波段为奇数序号则是反弹整理。因此，奇数序号波段基本上在不同程度上是看涨的或反弹的，而偶数序号波段则是看跌的或回跌的。整个循环呈现的是一上一下的总规律。而从更长的时间来看，一个循环的前五个波段构成一个大循环的第一波段，后三个波段构成大循环的第二个波段。整个大循环也由8个波段组成。

就空头市场而言，情形则相反，前五个波段是看跌行情，后三个则呈现看涨行情。前五个波段中，又是第一、三、五奇数序号波段看跌，第二、四偶数序号波段反弹整理，看涨行情的三段中，则第六、八波段看涨，第七波段回跌整理。整个循环依然是一上一下的8个波段。在空头市场，一个循环也构成一个大循环的第一、二个波段，大循环也由8个波段组成。

无论是多头市场还是空头市场，第三波段都是最长的，即上升时升幅最大，下降时跌幅也最大。

二、波浪理论的主要内容

(一) 波浪理论的基本要点

(1) 一个完整的循环包括8个波浪，五上三落。

(2) 波浪可合并为高一级的浪，也可以再分割为低一级的小浪。

(3) 跟随主流行走的波浪可以分割为低一级的5个小浪。

(4) 第一、三、五3个波浪中，第三浪不可以是最短的一个波浪。

(5) 假如3个推动浪中的任何一个浪成为延伸浪，其余两个波浪的运行时间及幅度会趋于一致。

(6) 调整浪通常以3个浪的形态运行。

(7) 黄金分割率理论奇异数字组合是波浪理论的数据基础。

(8) 经常遇见的回吐比率为0.382、0.5及0.618。

(9) 第四浪的底不可以低于第一浪的顶。

(10) 艾略特波段理论包括三部分：形态、比率及时间，其重要性以排行先后为序。

(11) 艾略特波段理论主要反映了群众心理。越多人参与的市场，其准确性越高。

(二) 波浪理论的基本特点

(1) 股价指数的上升和下跌将会交替进行。

(2) 推动浪和调整浪是价格波动两个最基本形态，而推动浪(与大市走向一致的波浪)可以再分割成 5 个小浪，一般用第一浪、第二浪、第三浪、第四浪、第五浪来表示，调整浪也可以划分成 3 个小浪，通常用 A 浪、B 浪、C 浪表示。如图 9-1 所示。

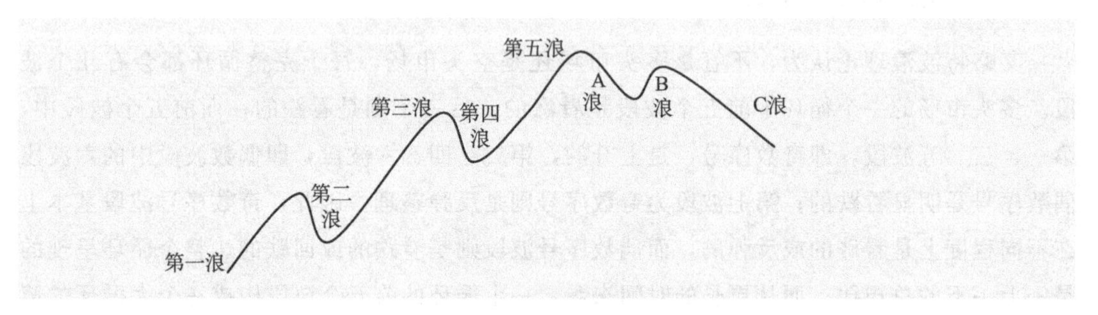

图 9-1　基本波浪形态

(3) 在上述 8 个波浪(五上三落)完毕之后，一个循环即告完成，走势将进入下一个 8 波浪循环。

(4) 时间的长短不会改变波浪的形态，因为市场仍会依照其基本形态发展。波浪可以拉长，也可以缩短，但其基本形态永恒不变。

总之，波浪理论可以用一句话来概括——“八浪循环”。

(三) 波浪理论的缺陷

(1) 波浪理论家对现象的看法并不统一。每一个波浪理论家，包括艾略特本人，大多数时候都会受一个问题的困扰，就是一个浪是否已经完成而开始了另外一个浪呢？有时甲看是第一浪，乙看是第二浪。差之毫厘，失之千里，判断失误的后果可能十分严重。一套不能确定的理论用在风险奇高的股票市场，运作错误足以使人损失惨重。

(2) 甚至怎样才算是一个完整的浪，也无明确定义。在股票市场的升跌次数绝大多数不按五升三跌这个机械模式出现，波浪理论家却曲解说有些升跌不应该计算入浪里面，数浪完全是随意、主观的。

(3) 波浪理论有所谓伸展浪，有时 5 个浪可以伸展成 9 个浪，但在什么时候或者在什么准则之下波浪可以伸展，艾略特却没有明言，使数浪变成各自启发，自己去想。

(4) 波浪理论的浪中有浪，可以无限伸延，亦即升市时可以无限上升，一个巨型浪可以延续一百几十年。下跌浪也可以跌到无影无踪却仍然是下跌浪。只要是升势未完就仍然是上升浪，跌势未完就仍然是下跌浪。这样的理论有什么作用？能否推测浪顶、浪底的运行时间甚属可疑。

(5) 艾略特的波浪理论是一套主观分析工具，毫无客观准则。市场运行却是受情绪影响而并非机械运行的，将波浪理论套用在变化万千的股市会十分危险。

(6) 波浪理论不能运用于个股的选择上。

第三节 K 线理论

一、K 线的画法和基本形状

(一) K 线的含义

K 线图是用来记录投资市场行情价格的，由于其形状如同蜡烛，因此在西方称为蜡烛图。蜡烛图来源于日本，在日本称为“罫线”，“罫”发音为“kei”，于是西方人以其英文第一个字母“K”直译为“K 线”，K 线由此发展而来(中国人习惯性称为阴阳线)。

K 线图产生于日本德川幕府时代。1710 年以后，日本大阪的堂岛大米会所开始经营世界最早的期货合约，K 线图就是为记录大米每天涨跌的价格而发明的(早期为条形图和锚形图)。最早为日本分析技术著书的是日本著名商人本间宗久，他可能是使用 K 线图技术分析法的先驱。

K 线图实际上是为考察当前市场心理提供了一种可视化的分析方法，它简洁而直观，虽不具备严格的逻辑推理性，但是却有相当可信的统计意义，真实、完整地记录了市场价格的变化，反映了价格的变化轨迹。与西方的线性图相比，K 线图技术要早 100 年左右，且其信号更丰富、更直观、更灵活、更提前。经过近 300 年的演化，特别是经过西方社会近 20 年的推广，K 线图技术被广泛应用于全世界的证券市场、期货市场、外汇市场等领域，成为技术分析中的最基本的方法之一。

(二) K 线的基本画法

K 线根据计算时间的不同，可分为分钟 K 线、日 K 线、周 K 线、月 K 线、年 K 线等。它的形成取决于每一计算单位中的四个基本数据：开盘价、最高价、最低价、收盘价。在日 K 线图中，开盘价就是某地交易所在白天开始进行交易时的第一笔成交价格，收盘价就是当天结束交易时的最后一笔成交价格；在分钟 K 线图中，则是指每分钟的开盘价和收盘价；在周 K 线图中，则是指每周的开盘价和收盘价。由于外汇市场是 24 小时运营，且往往不通过交易所，所以日 K 线的计算并不是从白天上午开始的。

当收盘价高于开盘价时，K 线为阳线(一般用红色或空心线表示)；当收盘价低于开盘价时，K 线为阴线(一般用绿色或实心线表示)；当收盘价等于开盘价，且有新的最高价和最低价时，K 线称为十字星。当 K 线为阳线时，最高价与收盘价之间的细线部分称为上影线，最低价与开盘价之间的细线部分称为下影线，开盘价与收盘价之间的柱状称为实体，如图 9-2 所示。

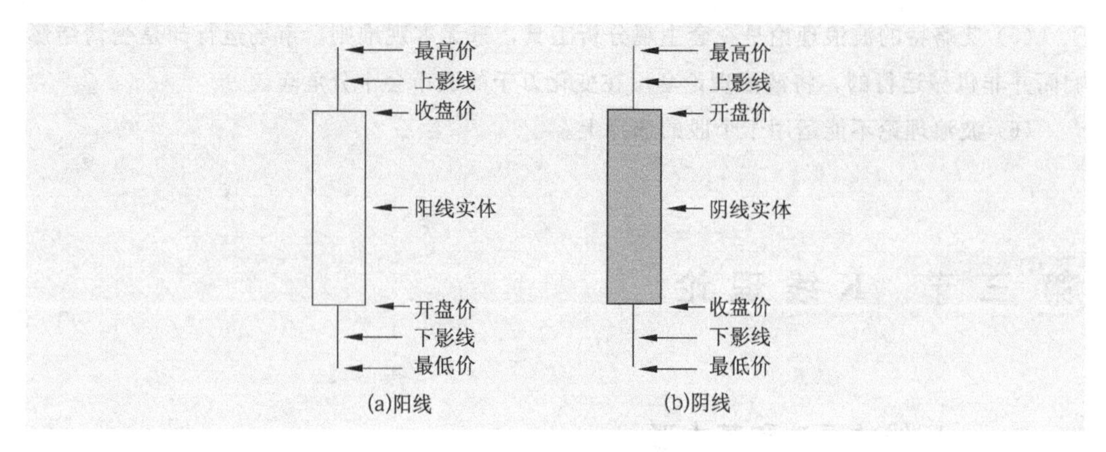

图 9-2 两种常见 K 线

二、单根 K 线的含义

一般来说，我们可以从 K 线的形态判断交易时间内的多、空情况。所谓看“多”，就是看“涨”的意思；所谓看“空”，就是看“跌”的意思。在交易市场中，“多”“空”双方就像势均力敌的两支军队，它们总是在寻找机会把对方逼退(而非消灭)。所以，在分析“多”“空”双方局势时，多借鉴军队的作战方法，即可以明白其原理。无数的 K 线组成了一幅连续的 K 线分析图，但每根 K 线都有其自身的含义，如图 9-3 所示。

(1) 光头光脚阳线，如图 9-3(a)所示。从一开盘，买方始终占优，使价格一直上涨直至收盘，表示涨势强烈，后市看多。

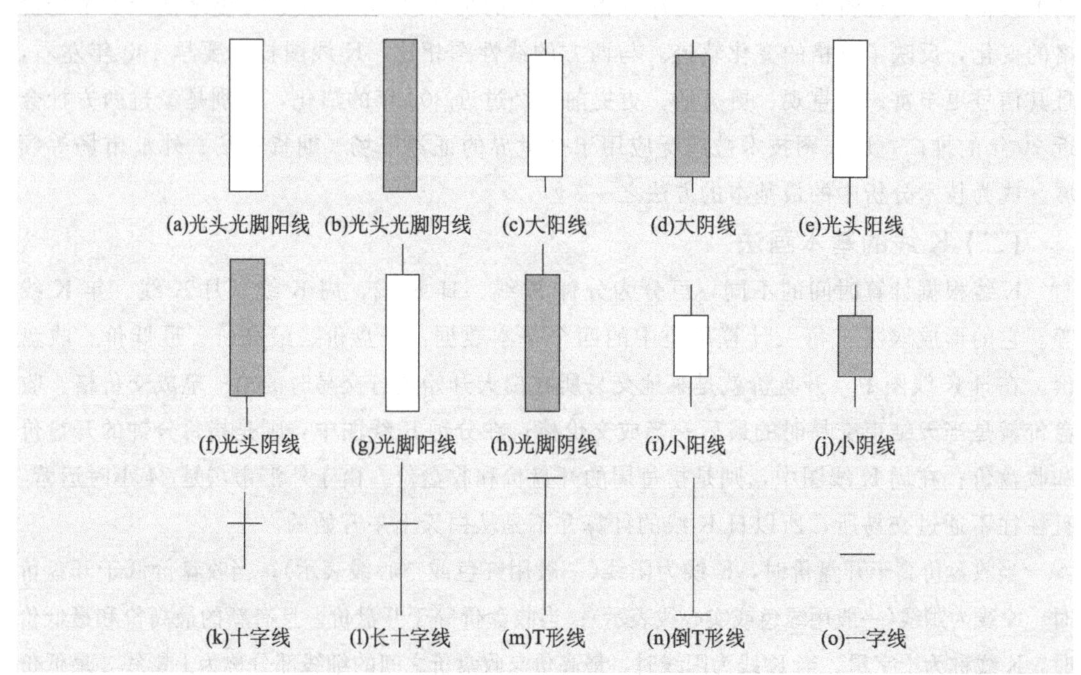

图 9-3 几种典型的 K 线

(2) 光头光脚阴线，如图 9-3(b)所示。从一开始卖方始终占优，价格一直下跌直至收盘，表示极端强势下跌，后市看空。

(3) 大阳线，如图 9-3(c)所示。这是一种上下都带影线的红实体。开盘后价位下跌，遇到买方支撑，双方争斗后，买方增强，价格一路上涨，临收盘前部分买者获利回吐，在最高价下收盘。大阳线是一种反转信号。

(4) 大阴线，如图 9-3(d)所示。这是一种上下都带影线的黑实体。证券价格在开盘后，有时会力争上涨，但卖方更占优，证券价格下跌，买方在低位有一定程度抵抗，不至于以最低价收盘。大阴线是一种反转试探信号。

(5) 光头阳线，如图 9-3(e)所示。最高价与收盘价相同，开盘后，卖盘较足，价格下跌。但在低价位得到买方的支撑，卖方受挫，价格上涨，一路上扬，直至收盘，收在最高价。

(6) 光头阴线，如图 9-3(f)所示。开盘价就是最高价。一开盘卖方占优，价格一路下跌，但在低价位上遇到买方的抵抗，后市可能反弹。

(7) 光脚阳线，如图 9-3(g)所示。开盘价就是最低价。一开盘，买方占优，价格一路上涨，但在高价位遇到卖方压力，价格有所回落。光脚阳线属于较强势上涨，影线代表遇到空方反击了，需要注意。

(8) 光脚阴线，如图 9-3(h)所示。收盘价即最低价。一开盘，买方与卖方进行交战，买方暂时占优，价格有所上升。但在高位遭到卖方的打压，买方节节败退，最后在最低价收盘。光脚阴线表示较强势的下跌。

(9)小阳线、小阴线、十字线分别如图 9-3(i)(j)(k)所示，这些 K 线一般不能确定后市，如果在连续上涨后出现，说明涨势停顿，后市有变；如果在连续下跌后出现，说明跌势停顿，后市有变。

(10) 长十字线，如图 9-3(l)所示。长十字线和十字线的意义一样，开盘价就是收盘价，在交易中，证券价格出现高于或低于开盘价成交的情况，但开盘价与收盘价相等。长十字线表示买方与卖方几乎势均力敌。

(11) T 形线，如图 9-3(m)所示。开盘价与收盘价相等，当日交易在开盘价以下成交，又以当日最高价收盘。卖方虽强，但买方实力更强，局势对买方有利。如在低价区，行情将会上升。

(12) 倒 T 形线，如图 9-3(n)所示。开盘价与收盘价相等，当日交易在开盘价以上成交，又以当日最低价收盘。买方虽强，但卖方实力更强，局势对卖方有利。如在高价区，行情将会下跌。

(13) 一字线，如图 9-3(o)所示，开盘价、收盘价、最高价、最低价在同一价位，常出现于股市中的涨(跌)停板处，或分钟 K 线图里交易冷清的产品中。

总之，阴线实体越长，越有利于下跌；阳线实体越长，越有利于上涨。但连续强势上涨后，谨防盛极而衰；连续强势下跌后，可能否极泰来。如果影线相对于实体来说非常小，则可以等同于没有。指向一个方向的影线越长，越不利于市场价格今后向这个方向变动。上下的影线同时长，则说明多空双方战斗激烈，最后持平，后市不确定。十字线的出现往往是过渡信号而不是反转信号，它代表市场暂时失去方向感，稳健的操作方式是继续观察一个交易日。

对于K线何为大、何为小、多长为长、多长为短的度量问题，没有标准的答案。在不同的交易市场，如股票、外汇、期货等市场，甚至不同的外汇产品，如英镑和日元等，这些度量标准都是不一样的。随着证券投资分析经验的积累，这些感性的主观识别就会形成个人经验，为我们提供出市、入市的凭据。

三、K线组合

对单个K线的分析只能理解其含义，对于投资实践并无太大指导意义，所以在实践中还需要分析不同K线组合的含义。常见的K线组合分为两种，即买入信号的K线组合和卖出信号的K线组合。

(一) 常见买入信号的K线组合

1. 早晨十字星

早晨十字星一般出现在下跌的途中，由3根K线组成，第一根是阴线，第二根是十字线，第三根是阳线。第三根K线实体深入第一根K线实体之内，如图9-4所示。其技术含义是见底信号、后市看涨。

2. 早晨之星

早晨之星和早晨十字星相似，区别在于早晨十字星的第二根K线是十字线，而早晨之星的第二根K线是小阴线或小阳线，如图9-5所示。其技术含义是见底信号、后市看涨，但信号不如早晨十字星强。

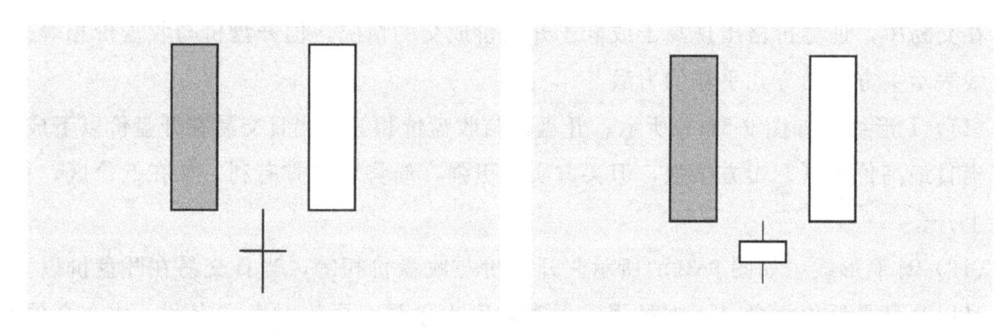

图9-4　早晨十字星　　　　图9-5　早晨之星

3. 锤形线

锤形线一般出现在下跌途中，阳线(也可以是阴线)实体很小，下影线大于等于实体的两倍，一般无上影线，少数会略有一点上影线，如图9-6所示。其技术含义是见底信号、后市看涨。

4. 倒锤形线

倒锤形线一般出现在下跌途中，阳线(也可以是阴线)实体很小，上影线大于等于实体的两倍，一般无下影线，少数会略有一点下影线，如图 9-7 所示。其技术含义是见底信号、后市看涨。

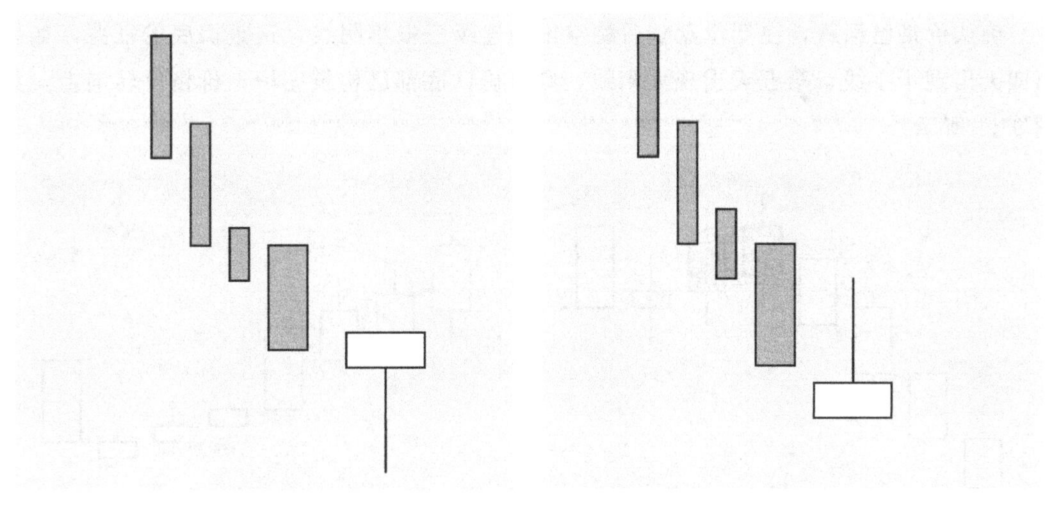

图 9-6 锤形线　　图 9-7 倒锤形线

5. 三根大阴线

三根大阴线一般出现在下跌趋势中，即连续出现 3 根向下跳空低开的阴线，如图 9-8 所示。其技术含义是见底信号、后市看涨。如在股价已有大幅下挫的情况下出现，见底的可能性更大。

6. 红三兵

红三兵一般出现在上涨行情初期，由 3 根连续创新高的小阳线组成，如图 9-9 所示。其技术含义是买进信号、后市看涨。当 3 根小阳线收于最高点时，称为 3 个白色武士。3 个白色武士拉开股价的作用要强于普通的红三兵，投资者应引起足够重视。

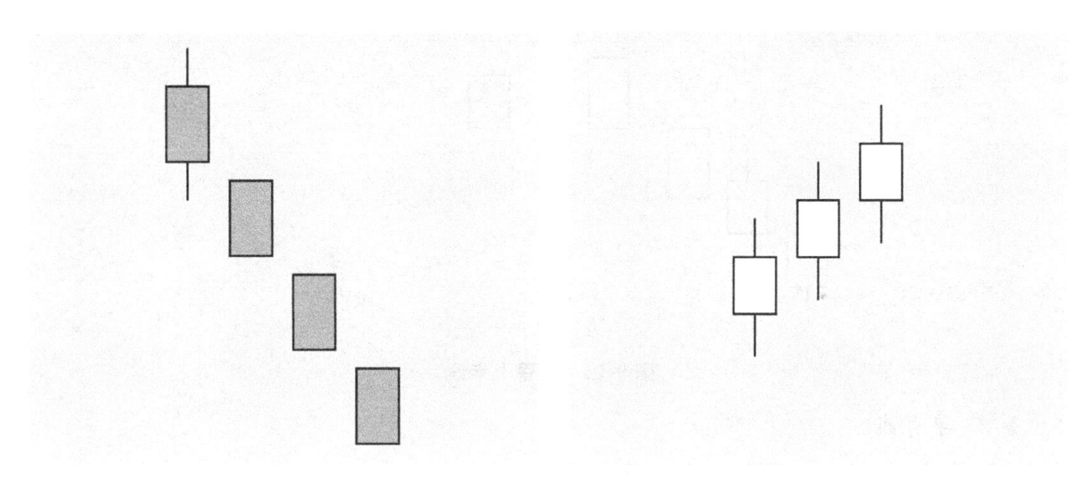

图 9-8 三根大阴线　　图 9-9 红三兵

▶ 7. 上升三法

行情上涨时，大阳线之后出现三根连续小阴线，这是蓄势待发的征兆，价格将进一步上升，如图 9-10 所示。

▶ 8. 连续下跌三颗星

确认价格已深跌，在低位盘整后跳空出现连续三根小阴线，这是探底的征兆，如果第四天出现十字线，第五天出现大阳线，则可确认底部已构筑完毕，价格反转向上，如图 9-11 所示。

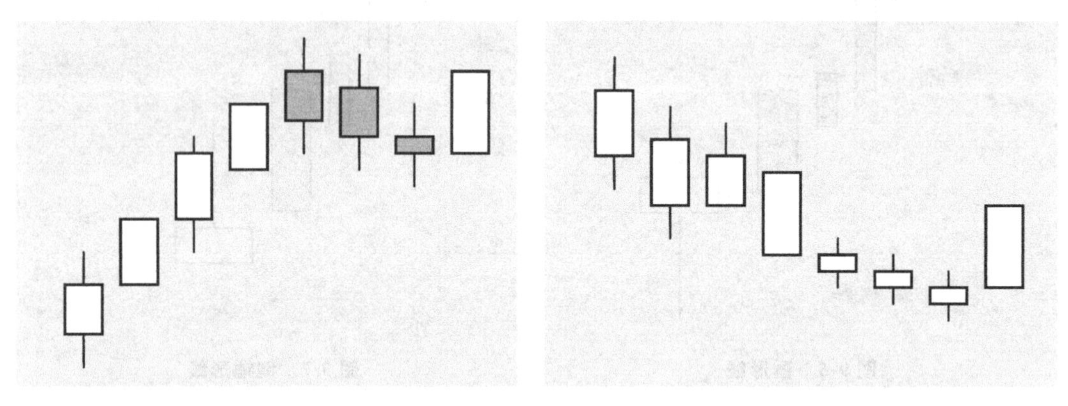

图 9-10　上升三法　　**图 9-11　连续下跌三颗星**

(二) 常见卖出信号的 K 线组合

▶ 1. 黄昏十字线

黄昏十字线一般出现在涨势中，由 3 根 K 线组成，第一根为阳线，第二根为十字线，第三根为阴线。第三根 K 线实体深入第一根 K 线实体之内，如图 9-12 所示。其技术含义是见顶信号，后市看跌。

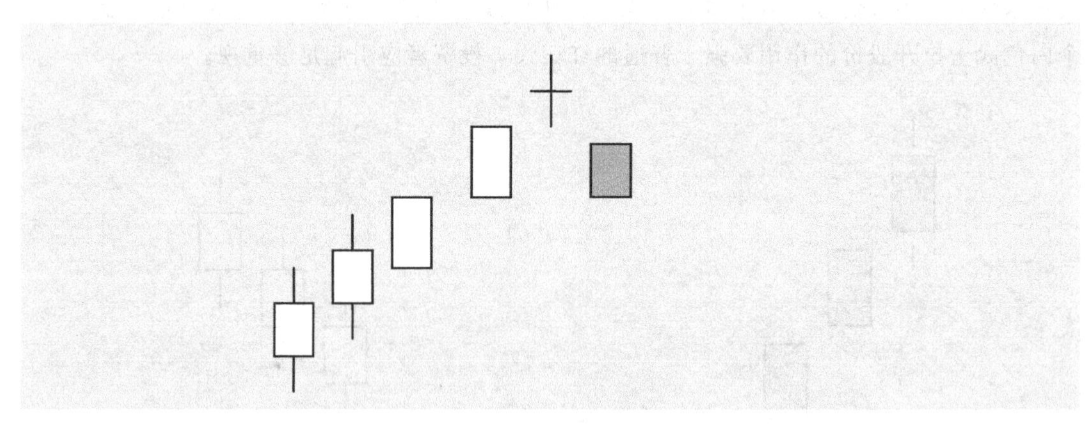

图 9-12　黄昏十字线

▶ 2. 孕育线

连续数天上涨之后，隔天出现一根小阳线，并完全孕育在前日之大阳线之中，表示上涨乏力，是暴跌的前兆，如图 9-13 所示。

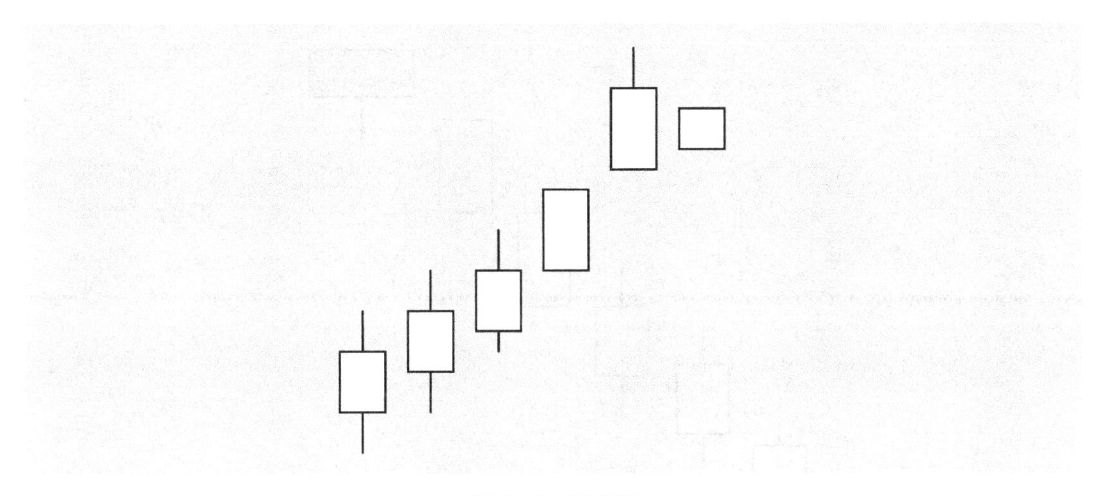

图 9-13 孕育线

3. 射击之星

射击之星一般出现在上涨趋势中，阳线(也可以是阴线)实体很小，上影线大于等于实体两倍，一般无下影线，少数会略有一点下影线，如图 9-14 所示。其技术含义是见顶信号，后市看跌。实体与上影线的比例越悬殊，信号越有参考价值。如果射击之星和黄昏十字线同时出现，见顶信号就更加可靠。

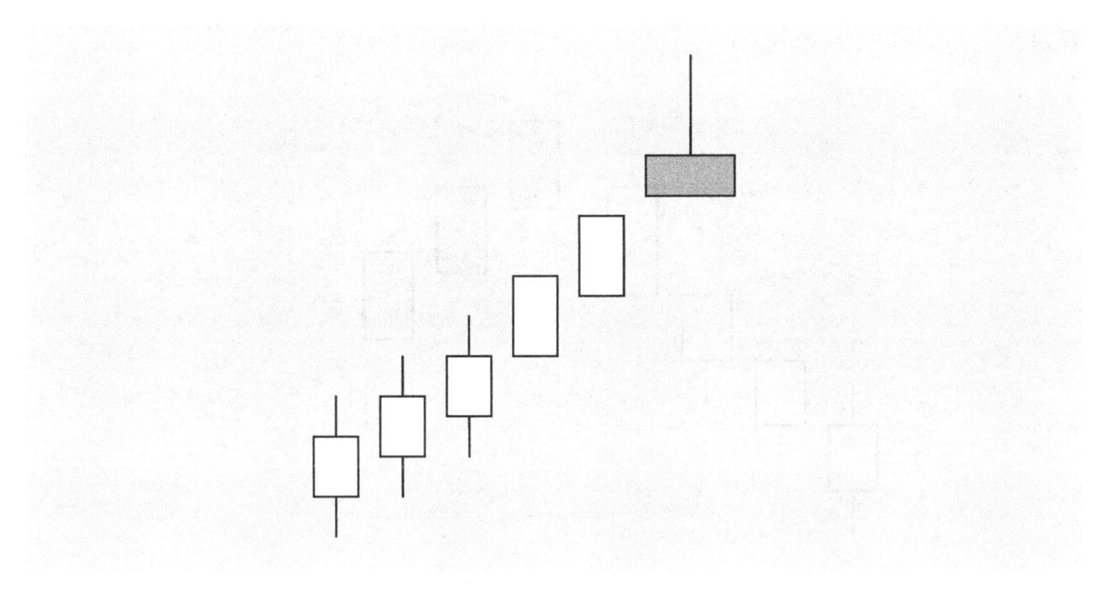

图 9-14 射击之星

4. 吊颈线

吊颈线一般出现在涨势中，阳线(也可以是阴线)实体很小，下影线大于等于实体两倍，一般无上影线，少数会略有一点上影线，如图 9-15 所示。其技术含义是见顶信号，后市看跌。实体与下影线的比例越悬殊，信号越有参考价值。如果吊颈线与黄昏十字线同时出现，见顶信号就更加可靠。

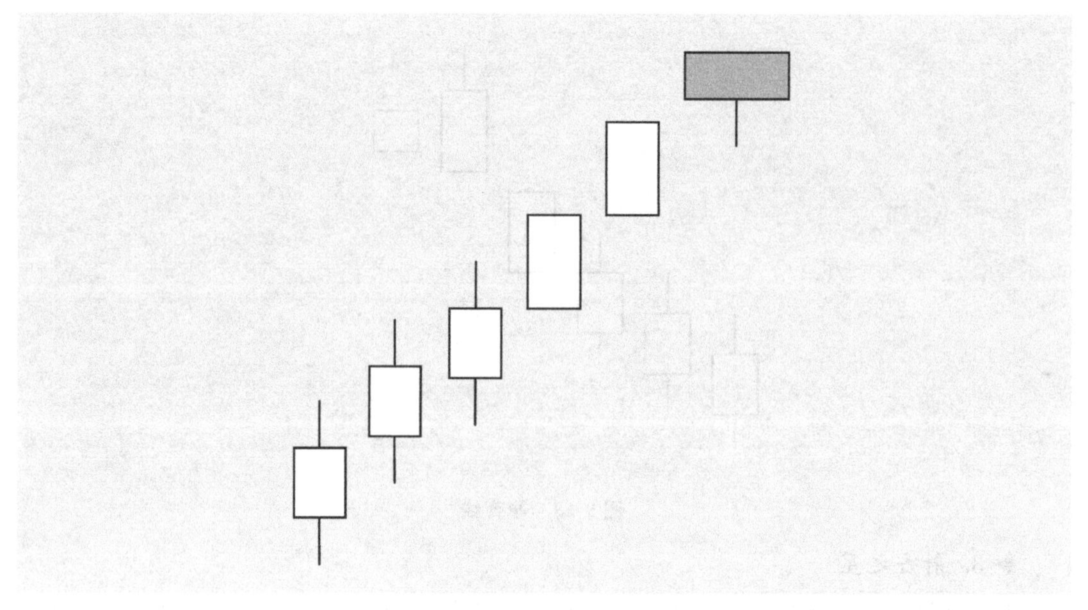

图 9-15　吊颈线

▶ 5. 三只乌鸦

三只乌鸦一般出现在涨势中，由 3 根阴线组成，阴线多为大阴线或者中阴线，每次均以跳高开盘，最后以下跌收盘，如图 9-16 所示。其技术含义是见顶信号，后市看跌。

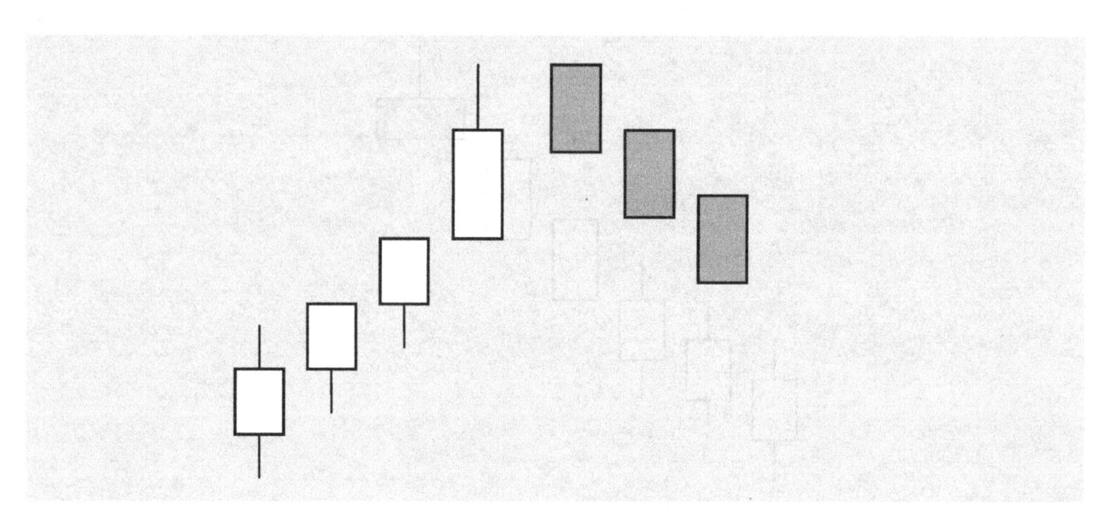

图 9-16　三只乌鸦

▶ 6. 下降三法

下降三法一般出现在下降趋势中，主要由 5 根大小不同的 K 线组成，先是出现一根大阴线或中阴线，接着出现 3 根向上爬升的小阳线，但这 3 根小阳线都没有突破第一根阴线的开盘价，最后一根大阴线或者中阴线又一下子全部或者大部分吞掉了前 3 根小阳线，如图 9-17 所示。其技术含义是卖出信号，后市看跌。

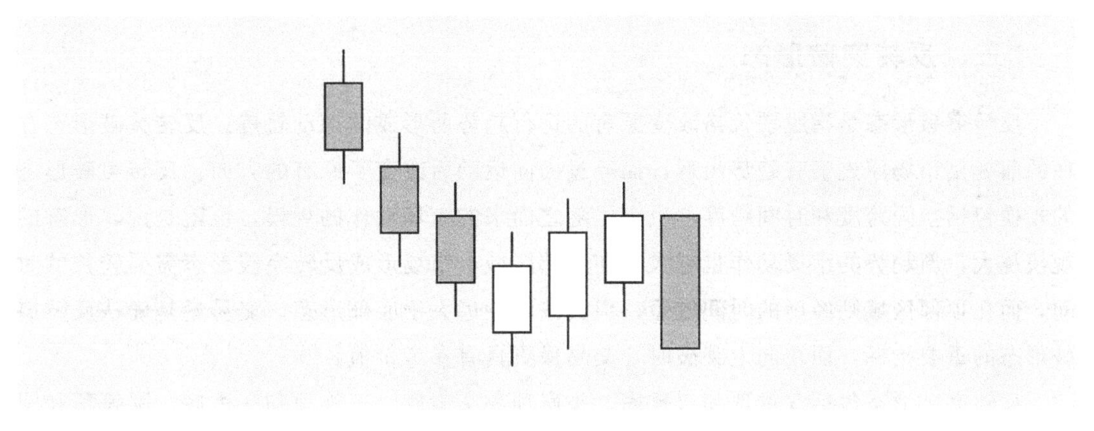

图 9-17 下降三法

第四节 形态理论

一、形态理论的含义

形态分析是技术分析的重要组成部分，它通过对市场横向运动时形成的各种价格形态进行分析，并且配合成交量的变化，推断市场现存的趋势是持续还是反转。价格形态可分为反转突破形态和持续突破形态。反转突破形态表示市场经过一段时期的酝酿后，决定改变原有趋势，而采取相反的发展方向。持续突破整理形态则表示市场将顺着原有趋势的方向发展。

形态理论是通过研究股价所走过的轨迹，分析和挖掘曲线的多空双方力量的对比结果。

二、股价移动的规律和两种形态类型

(一) 股价的移动规律

股价的移动是由多空双方力量大小决定的。股价移动的规律是完全按照多空双方力量对比的大小和所占优势的大小而形成的。

股价的移动应该遵循这样的规律：第一，股价应在多空双方取得均衡的位置上下来回波动；第二，原有的平衡被打破后，股价将寻找新的平衡位置，即持续整理，保持平衡→打破平衡→新的平衡→再打破平衡→再寻找新的平衡→……

(二) 股价移动的两种形态类型

股价移动曲线的形态分成两种类型：一是反转突破形态；二是持续整理形态。前者打破平衡，后者保持平衡。

三、反转突破形态

反转突破形态是指股票价格改变原有的运行趋势所形成的运动轨迹。反转突破形态存在的前提是市场原先确有趋势出现，而经过横向运动后改变了原有的方向。反转突破形态的规模包括空间跨度和时间跨度，决定了随之而来的市场动作的规模，也就是说，形态的规模越大，新趋势的市场动作也越大。在底部区域，市场形成反转突破形态需要较长的时间，而在顶部区域则经历的时间较短，但其波动性远大于底部形态。交易量是确认反转突破形态的重要指标，而在向上突破时，交易量更具有参考价值。

反转突破形态包括双重顶和双重底、头肩顶和头肩底、三重顶和三重底、圆弧顶和圆弧底、V 形反转。

(一) 双重顶和双重底

1. 含义

一只股票上升到某一价格水平时(*A* 点)，出现大成交量，股价随之下跌，成交量减少，接着股价又升至与前一个价格几乎相等的顶点(*C* 点)，成交量再随之增加却不能达到上一个高峰的成交量，再第二次下跌，股价的移动轨迹就像 M 字，这就是双重顶，又称 M 头走势(见图 9-18)。

一只股票持续下跌到某一平后出现技术性反弹(*A* 点)，但回升幅度不大，时间也不长，股价又再下跌，当跌至上次低点(*C* 点)时却获得支持，再一次回升，这次回升时成交量要大于前次反弹时的成交量，股价在这段时间的移动轨迹就像 W 字，这就是双重底，又称 W 走势(见图 9-19)。

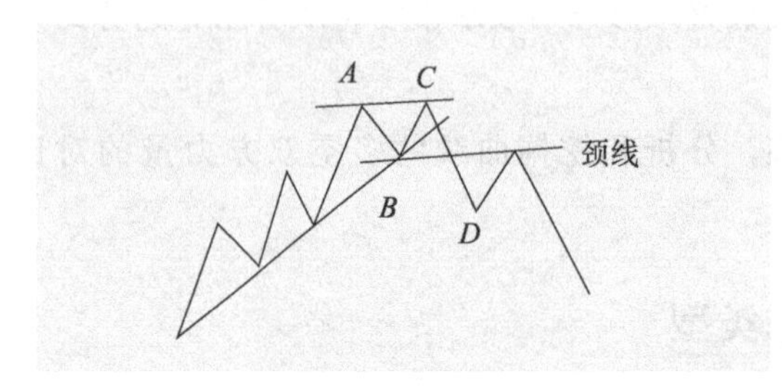

图 9-18 双重顶

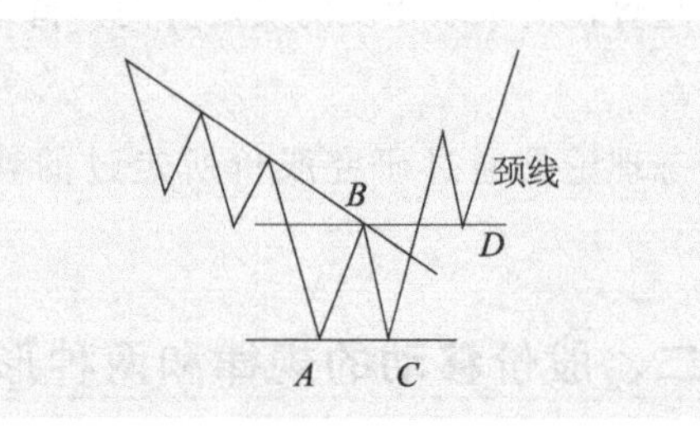

图 9-19 双重底

无论是“双重顶”还是“双重底”，都必须突破颈线(双头的颈线是第一次从高峰回落的最低点；双底的颈线就是第一次从低点反弹的最高点)，形态才算完成。

2. 应用要点

1) 双头的两个最高点并不一定在同一水平，两者相差少于 3%是可接受的。通常来说，第二个头可能较第一个头高出一些，原因是看好的力量企图推动股价继续再升，可是却没法使股价上升超过 3%。一般双底的第二个底都较第一个底稍高，原因是先知先觉的投资者在第二次回落时已开始买入，令股价没法再次跌回上次的低点。

(2) 双头最少跌幅的量度方法，由颈线开始计算，至少会再下跌从双头最高点至颈线之间的差价距离。双底最少涨幅的量度方法也是一样，双底之最低点和颈线之间的距离也就是股价于突破颈线后上涨的最小幅度。

(3) 形成第一个头部(或底部)时，其回落的低点是最高点的10%～20%(底部回升的幅度也是一样)。

(4) 双重顶(底)不一定都是反转信号，有时也会是整理形态，这要视两个波谷的时间差决定，通常两个高点(或两个低点)形成的时间相隔超过一个月为常见。

(5) 双头的两个高峰都有明显的高成交量，这两个高峰的成交量同样尖锐和突出，但第二个头部的成交量较第一个头部的成交量显著减少，反映出市场的购买力量已在转弱。双底第二个底部的成交量十分低沉，但在突破颈线时，必须得到成交量激增的配合方可确认。双头跌破颈线时，则不需要成交量的配合。

(6) 通常突破颈线后，会出现短暂的反方向移动，称为反抽，双底只要反抽不低于颈线(双头的反抽则不能高于颈线)，则形态依然有效。

(7) 一般来说，双头或双底的升跌幅度都比量度出来的最少升跌幅度要大。

(二) 头肩顶和头肩底

1. 头肩顶

头肩顶是重要的头部反转突破形态，如图9-20所示，完成的时间至少要四周以上，形成五次局部的反向运动，即至少应有三个高点和两个低点，完成后的跌幅至少维持三浪以上的下跌，包含“左肩→头→右肩→跌破→回抽”五个步骤。其形成过程为：伴随巨大的成交量，市场表现出爆发性上涨特征，当达到某一高度时(*A*点)出现缩量回调，形成左肩；不久便再度上涨并越过前一高点(*C*点)，阳极而阴生，由于不能有效地放量或低于左肩的水平，之后回落至上次企稳处附近，形成头部；随后股价又一次涨升至左肩顶点(*E*点)左右无力上攻，成交量也明显减少，形成右肩；头肩顶雏形基本形成，市场转折已近在眼前。在跌破颈线之后往往会有回抽过程，颈线支撑变成压力，回抽过程为头肩顶形态的逃命点(*G*点)。

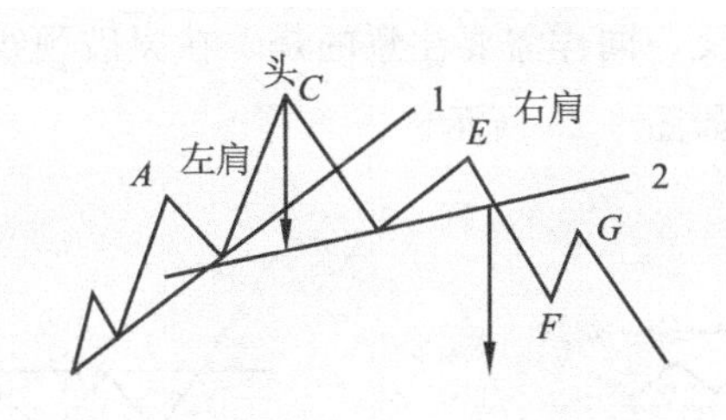

图9-20 头肩顶

2. 头肩底

头肩底是重要的反转突破形态，如图9-21所示，完成的时间至少要四周以上，完成后的涨幅至少维持三浪以上的上涨，包含“左肩→头→右肩→突破→回抽”五个步骤。其理想的形成过程为：在长期下跌过程中，暂时因深跌获得支撑(*A*点)而反弹，形成了左肩；

但屋漏偏逢连夜雨，左肩开始的反弹至颈线时，出现新的下跌形成新的低点(C 点)即头部；阴极而阳生，从头部开始成交量逐步增加，股价也逐渐回暖，直到涨至颈线位(D 点)受阻后形成右肩；随着右肩的形成，头肩底雏形初步确立，多头开始大胆涌入并推高股价，突破颈线时伴随较大的成交量；在突破之后往往会有回抽颈线的过程，颈线压力随即变成支撑，回抽就是为了测试颈线的支撑力度，此时为头肩底的最佳买入点(G 点)。

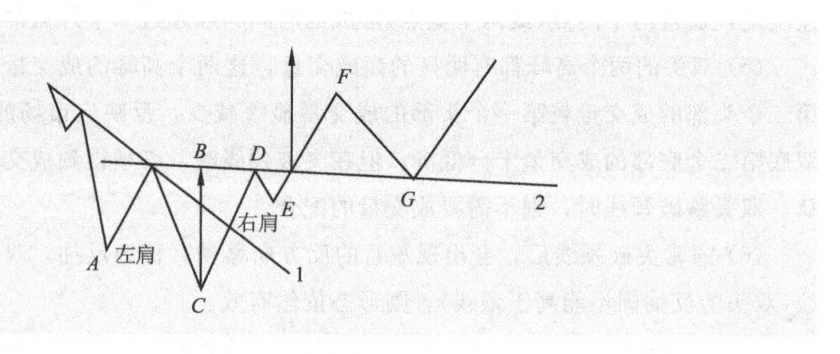

图 9-21　头肩底

(三) 三重顶和三重底

应用和识别三重顶和三重底形态时，可以采用识别头肩顶和头肩底形态的方法，头肩顶和头肩底形态适用的方法也适用于三重顶和三重底形态。从本质上讲，三重顶和三重底形态是一种特殊的头肩顶和头肩底形态。

1. 形态分析

这里以三重顶为例，它与头肩顶形态的区别是，三重顶的颈线和顶部连线是水平的，这就使得三重顶具有矩形整理形态的特征，如图 9-22 所示。比起头肩顶形态，三重顶更容易演变成持续整理形态，而不是反转突破形态。而三重顶的 3 个顶点的高度从左到右依次下降，则三重顶就演变成了三角形形态，这是分析三重顶时需要注意的地方。三重顶和 M 头形态十分相似，不同的是多一个顶，它的每个顶时间间隔都比较长，波动幅度比较深，而成交量从左到右依次减少。

三重底形态则与三重顶相反，同样需要注意的是，在突破颈线时需得到成交量放大的配合，则形态可信度则较高，如图 9-23 所示。

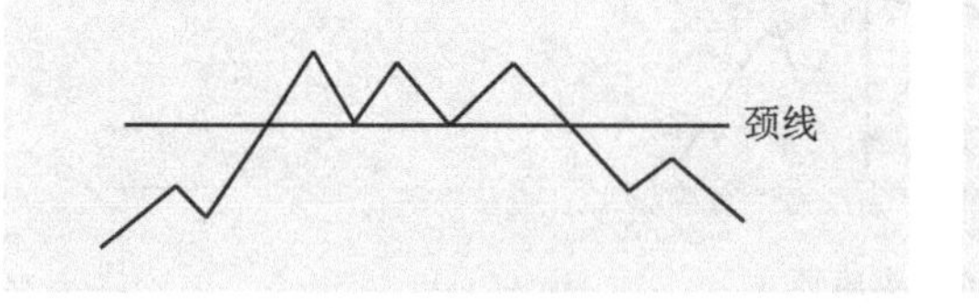

图 9-22　三重顶

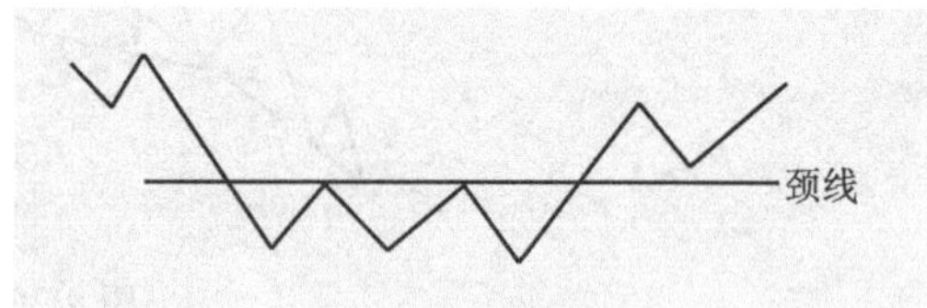

图 9-23　三重底

2. 形态的重要特征

三重顶(或三重底)相邻的波峰与波峰(或波谷与波谷)的间隔距离与时间不一定完全相等。3 个顶点(或 3 个低点)的价格不一定相等，一般相差 3%以内比较常见。在三重顶的第三个顶形成时，成交量非常小，表示市场情绪低落，是将出现下跌的征兆；在三重底的第三个底部上升时，成交量大增，显示股价具有突破颈线的趋势。从理论上讲，三重顶形态的顶部持续时间越长，跨度越大，则后市下跌的力量将越强；同样，三重底形态的底部持续时间越长，跨度越大，则后市上升的力量将越强。三重顶和三重底具有持续整理形态的特征，后市很容易演变成持续整理形态，在分析时需要注意。

(四) 圆弧顶和圆弧底

圆弧形又称碟形、圆形、碗形等，图中的曲线不是数学意义上的圆，也不是抛物线，而仅仅是一条曲线。将股价在一段时间内的顶部高点用曲线连起来，得到类似圆弧的弧线，盖在股价之上，称为圆弧顶，如图 9-24 所示；将每一个局部的低点连在一起也能得到一条弧线，托在股价之下，称为圆弧底，如图 9-25 所示。

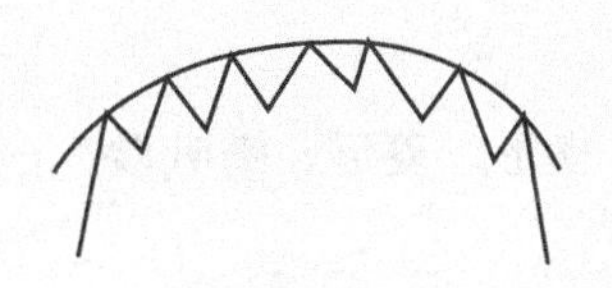

图 9-24 圆弧顶

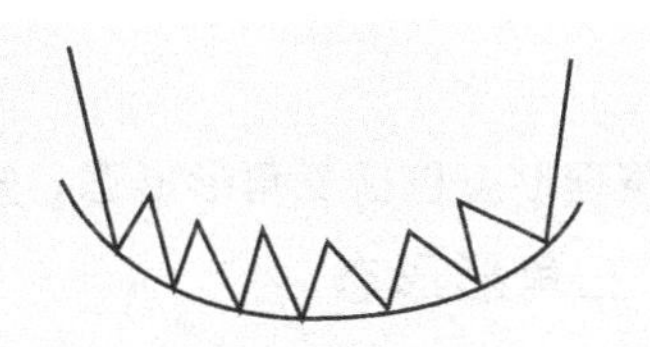

图 9-25 圆弧底

(五) V 形反转

▶ 1. 形态分析

V 形反转可分为三个阶段：

第一，下跌阶段：通常 V 形的左方跌势十分陡峭，而且持续时间较短。

第二，转势点：V 形的底部十分尖锐，一般来说，形成该转势点的时间仅两三个交易日，而且成交量在低点明显增多。有时候，转势点就在恐慌交易日中出现。

第三，回升阶段：股价从低点回升，成交量亦随之而增加。

▶ 2. 市场含义

由于市场中卖方的力量很大，令股价稳定而又持续地下跌，当这股沽售力量消失之后，买方的力量完全控制整个市场，使得股价出现戏剧性地回升，几乎以下跌时同样的速度收复所有失地。因此，股价的运行形成一个 V 形的移动轨迹，如图 9-26 所示。

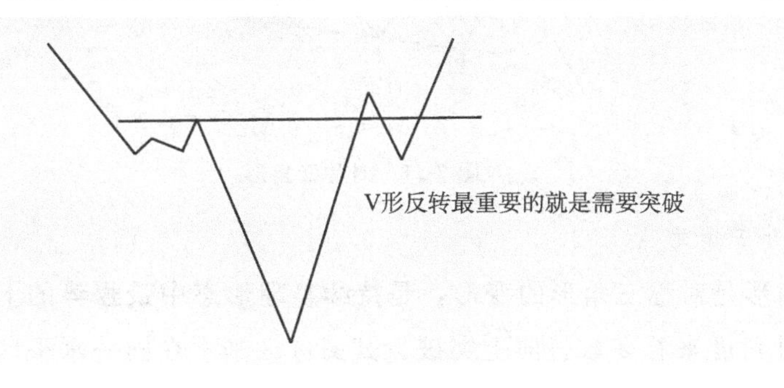

图 9-26 V 形反转

四、持续整理形态

持续整理形态是指股票价格维持原有的运动轨迹。市场事先确有趋势存在，是持续形态成立的前提。市场经过一段趋势运动后，积累了大量的获利筹码，随着获利盘纷纷套现，价格出现回落，但同时对后市继续看好的交易者大量入场，对市场价格形成支撑，因而价格在高价区小幅震荡，市场采用横向运动的方式消化获利筹码，重新积聚了能量，然后又恢复原先的趋势。持续整理形态即市场的横向运动，它是市场原有趋势的暂时休止。

与反转突破形态相比，持续整理形态形成的时间较短，这可能是市场惯性的作用，保持原有趋势比扭转趋势更容易。在持续整理形态形成的过程中，价格震荡幅度应逐步收敛，同时，成交量也应逐步萎缩。最后在价格顺着原趋势方向突破时，应伴随大的成交量。

持续整理形态包括三角形形态、矩形形态、旗形、楔形、菱形、喇叭形。

(一) 三角形形态

三角形形态主要包括对称三角形、上升三角形和下降三角形。

1. 对称三角形

对称三角形又称正三角形或敏感三角形，一般为整理形态，在经过一段猛烈的上涨或下跌之后进入横盘整理，在两条逐渐聚拢的趋势线中越盘越窄，其变动幅度逐渐缩小，也就是说，每次变动的最高价低于前次的水平，最低价比前次水平要高，形成一个由左向右的收敛三角形。

对称三角形反映多空双方的力量在该价格区域内势均力敌，形成一个暂时平衡的状态。股价从第一个短期性高点回落，但很快便被多头所消化，推动价格回升，多头实际上对后市没有太大的信心，或对前景感到有点疑虑，因此股价未能回升至上次高点又告掉头，再一次下跌，如图 9-27 所示。

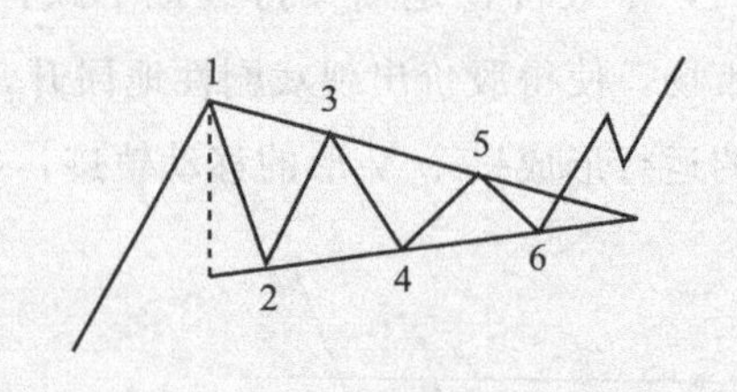

图 9-27 对称三角形

2. 上升三角形

上升三角形是对称三角形的变形，是持续整理形态中最强势的上升中途持续整理形态，从统计角度来看多数将向上突破。其高位区基本在同一水平区域，股价反复地冲击这一压力区，表明市场积极攻击该区域以消化压力，主力收集筹码做多意愿极为强烈。在形态的多次回调中，最明显的特征是低位逐步上升，究其原因，在于市场对其看好而在回调中积极吸纳，反映主力惜售而不愿打压过深以免丢失筹码的心理。可见，上升三角形具备进攻时积极、回防时惜售的特征，其图形如箭在弦，有呼之欲出的感觉，如图 9-28 所示。

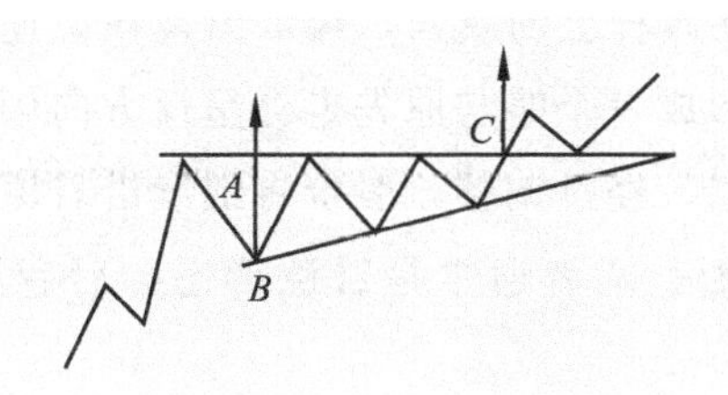

图 9-28 上升三角形

3）下降三角形

下降三角形也是对称三角形的变形，与上升三角形恰好相反，空头显得相当急迫，但由于多头在某特定的水平出现稳定的购买力，因此每回落至该水平便告回升，造成颈线和支撑线成一条水平线。同时，由于市场的估售力量在不断加强，空头要求卖出的意愿越来越高涨，不断降低卖出委托的价格，造成连接波动高点的颈线形成由左向右下方倾斜的供给直线，如图 9-29 所示。

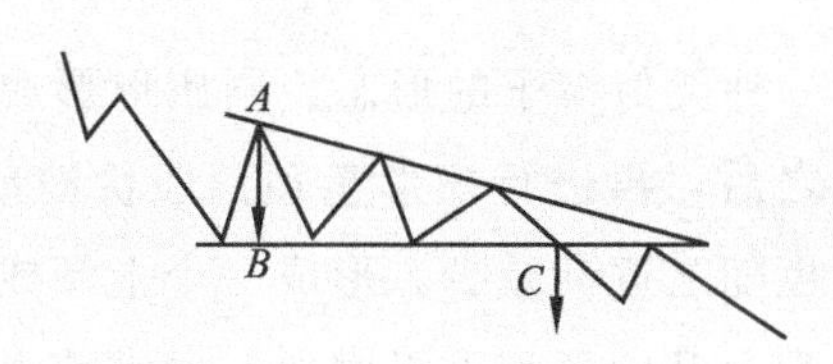

图 9-29 下降三角形

2. 矩形形态

矩形形态是横向盘整形态，每一波反弹高点大约都在同一个位置遭遇压力回档，回档的低点也大约位于同一价位区，如图 9-30 所示。这种震荡会持续一个阶段，连接其反弹高点成为一条颈线压力即箱体的上沿；连接其回档低点成为一条颈线支撑即箱体的下沿，压力线与支撑线夹成一个矩形。

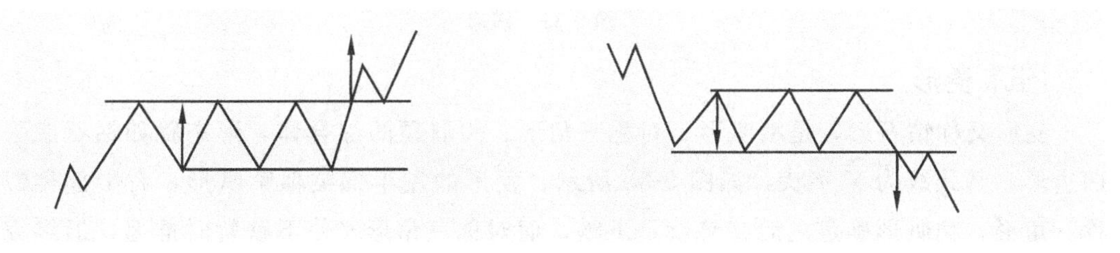

图 9-30 矩形形态

矩形形态一般为牛皮市道的持续整理形态，可能出现于头部，也可能出现于底部，一般都出现在上涨或下跌趋势的中途。出现在头部或底部时，演变成圆弧顶或圆弧底的可能性相当高。

(三) 旗形

旗形走势就如同一面挂在旗杆上的旗帜，经常出现在急速、大幅变动的市况中，股价经过一连串短期波动后，形成一个略与原先走势呈反方向倾斜的平行四边形。旗形是上涨或下跌中的持续整理形态，经过调整，股价将继续沿着原来的趋势上涨或下跌。旗形可分为上升旗形与下降旗形，前者通常是看涨形态，后者则是看跌形态，如图 9-31 所示。

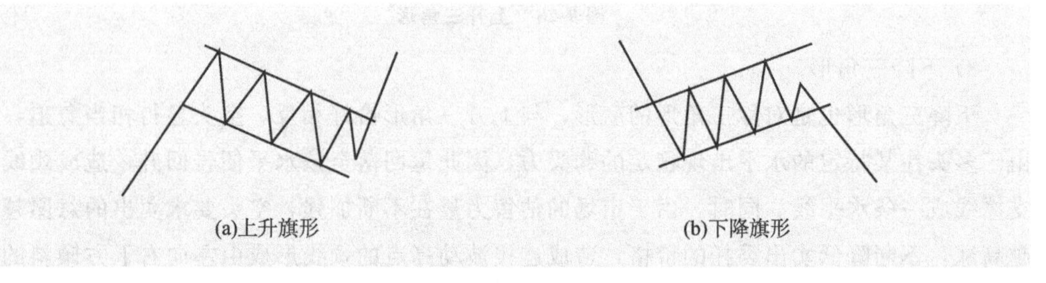

图 9-31　旗形

(四) 楔形

顾名思义，楔形是指一种类似楔子的形态，同旗形形成过程不同，楔形先要有一根旗杆的形成，在旗杆升起之后，再进行楔形整理。股价波动局限于两条收敛的趋势线，汇集于一个尖顶，成交量也随之逐渐减少，形成一个上倾或下倾的三角形，在原来趋势上选择突破方向。楔形分为上升楔形和下降楔形，通常前者为看跌形态，后者为看涨形态，如图 9-32 所示。

图 9-32　楔形

(五) 菱形

菱形又称钻石形，是喇叭形、对称三角形、头肩顶的综合体，形态犹如钻石或平行四边形，其颈线为 V 字状，如图 9-33 所示。菱形的左半部类似喇叭形，右半部类似对称三角形，喇叭形确定之后趋势就是下跌，而对称三角形又使下跌暂时推迟，但终究没有摆脱下跌的命运，而喇叭形与对称三角形结合，成为错综复杂的菱形。与喇叭形相比，菱形更具向下的意愿。

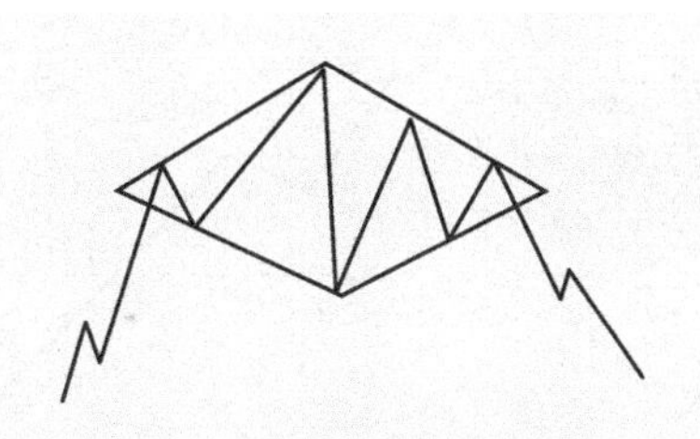

图 9-33　菱形

（六）喇叭形

喇叭形与菱形都是三角形形态的变形，大多出现在顶部，为看跌形态。喇叭形是头肩顶的变形，股价经过一段时间的上升后下跌，然后再上升再下跌，上升的高点比上次的高点更高，下跌的低点也比上次的低点更低，如图 9-34 所示。也就是说，在完成左肩与头部之后，在右肩反弹时超越头部的高点创出新高。整个形态以狭窄的波动开始，然后在上下两方扩大，把上下的高点和低点分别连接起来，就可以画出一个镜中反照的三角形。

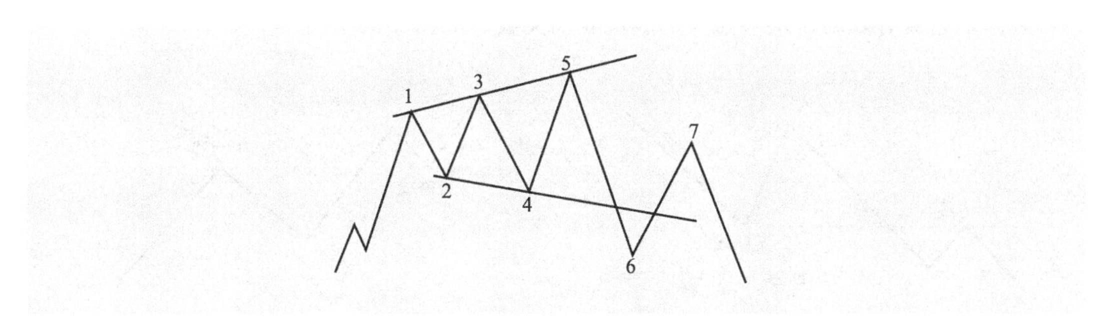

图 9-34　喇叭形

第五节　切线理论

一、支撑线与压力线

（一）支撑线与压力线的定义

支撑线又称抵抗线。当股价跌到某个价位附近时，股价停止下跌，甚至有可能还会回升。这个起着阻止股价继续下跌或暂时阻止股价继续下跌的价格就是支撑线所在的位置。

压力线又称阻力线。当股价上涨到某价位附近时，股价会停止上涨，甚至回落。这个起着阻止或暂时阻止股价继续上升的价位就是压力线所在的位置。支撑线与压力线如图 9-35所示。

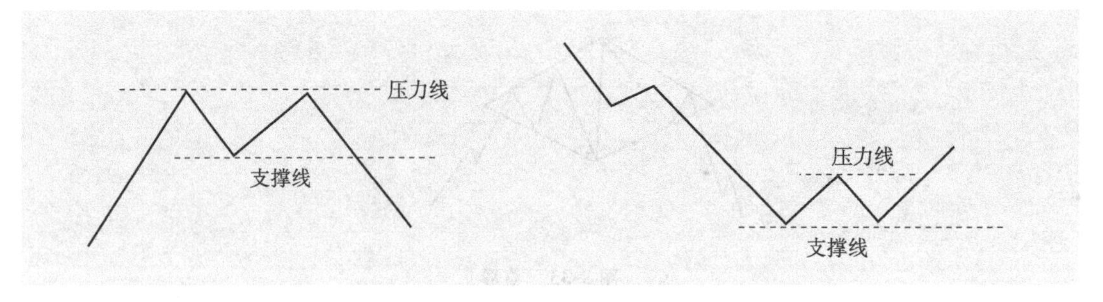

图 9-35　支撑线与压力线

(二) 支撑线与压力线的作用

支撑线与压力线的作用是阻止或暂时阻止股价向一个方向继续运动，同时，支撑线与压力线又有彻底阻止股价沿原方向发展的可能。

(三) 支撑线与压力线的相互转化

一条支撑线如果被跌破，那么这个支撑线将成为压力线；同理，一条压力线被突破，这个压力线将成为支撑线。这说明支撑线和压力线的地位不是一成不变的，而是可以改变的，条件是它被有效的、足够强大的股价变动突破，如图 9-36 所示。

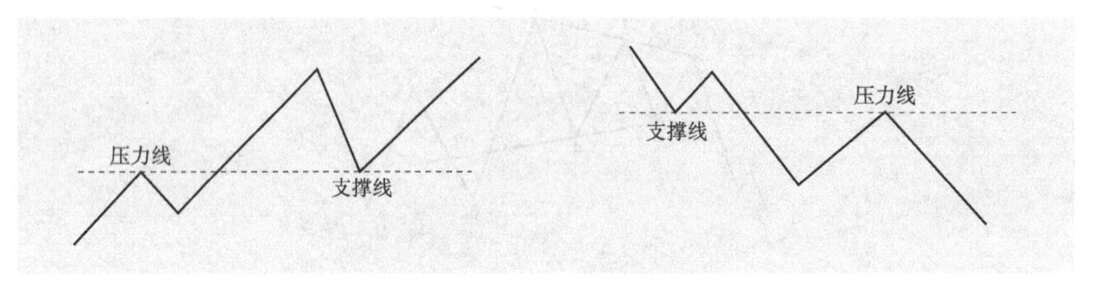

图 9-36　支撑线与压力线的相互转化

(四) 支撑线与压力线的确认和印证

一般来说，一条支撑线或压力线对当前影响的重要性有三个方面的考虑：一是股价在这个区域停留时间的长短；二是股价在这个区域伴随的成交量大小；三是这个支撑区域或压力区域发生的时间距离当前这个时期的远近。

有时，由于价格变动，发现原先确认的支撑或压力可能不起作用，此时应该对支撑线和压力线进行修正。对支撑线和压力线的修正过程其实就是对现有各个支撑线和压力线的重要性的确认。

二、趋势线与轨道线

(一) 趋势线

1. 趋势线的确认

趋势线可以衡量价格波动的方向，由趋势线的方向可以明显地看出股价的趋势。

在上升趋势中，将两个低点连成一条直线，就得到上升趋势线；在下降趋势中，将两个高点连成一条直线，就得到下降趋势线。

要得到一条真正起作用的趋势线，须经多方面的验证才能最终确认。首先，必须确实有趋势存在；其次，画出直线后，还应得到第三个点的验证才能确认这条趋势线是有效的。

▶ 2. 趋势线的作用

(1) 对今后价格的变动起约束作用。

(2) 趋势线被有效突破后，往往起相反作用，说明价格下一步要反转。

▶ 3. 趋势线的突破

没有明确的判断标准可以判断趋势线是否被突破，这里，我们只提供几个参考标准：

(1) 收盘价突破趋势线比日内最高价、最低价突破趋势线重要；

(2) 穿越趋势线后，离趋势线越远，突破越有效；

(3) 穿越趋势线后，在趋势线的另一方停留时间越长，突破越有效。

趋势线及趋势线突破形态如图 9-37 和图 9-38 所示。

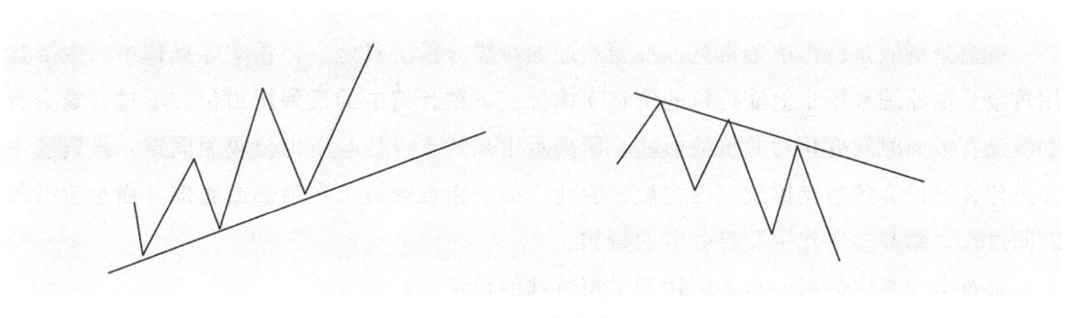

图 9-37 趋势线

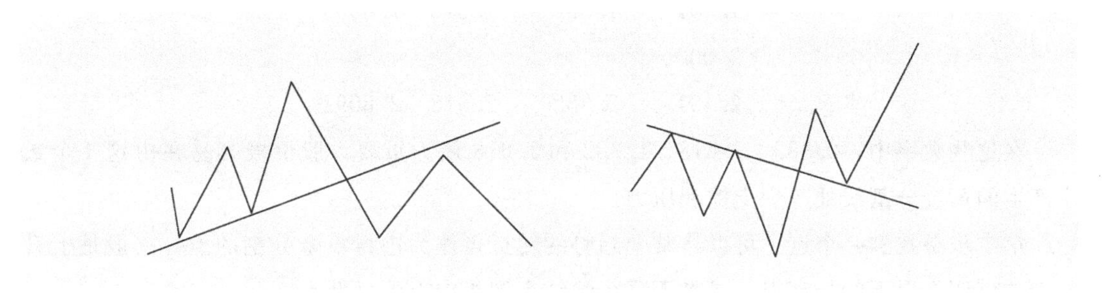

图 9-38 趋势线突破形态

(二) 轨道线

轨道线又称通道线或管道线，是基于趋势线的一种方法。在已经得到了趋势线后，通过第一个峰和谷可以做出这条趋势线的平行线，这条平行线就是轨道线，如图 9-39 所示。

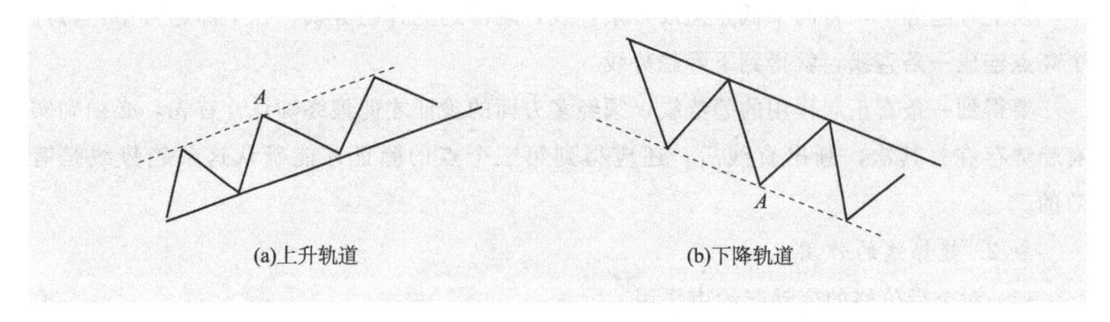

图 9-39　轨道线

两条平行线组成一个轨道，这就是常说的上升轨道和下降轨道。轨道的作用是限制股价的变动范围，对上面的或下面的直线的突破将意味着有一个大的变化。

与突破趋势线不同，对轨道线的突破并不是趋势反向的开始，而是趋势加速的开始。

轨道线的另一个作用是发出趋势转向的警报。

三、黄金分割线和百分比线

(一) 黄金分割线

黄金分割线是股市中最常见、最受欢迎的切线分析工具之一，在实际操作中，主要运用黄金分割原理来揭示上涨行情的调整支撑位或下跌行情中的反弹压力位。不过，黄金分割线没有考虑时间变化对股价的影响，所揭示出来的支撑位与压力位较为固定，投资者不知道什么时候会到达支撑位与压力位。因此，如果指数或股价在顶部或底部，横盘运行的时间过长，则其参考作用要打一定的折扣。

画黄金分割线的第一步是记住若干组特殊的数字：

0.191　　0.382　　0.618　0.809

1.191　　1.382　　1.618　1.809

2.000

2.191　　2.382　　2.618　2.809

在这些数字中，0.382、0.618、1.382 和 1.618 最为重要，股价极容易在由这 4 个数字产生的黄金分割线处产生支撑和压力。

第二步是找到一个点。可以将某个趋势的转折点作为进行黄金分割的点，一般是上升行情结束调头向下的最高点，或是下降行情结束调头向上的最低点。

例如，某一次上涨的顶点是 10 元，则黄金分割点有：

$$10\times0.809=8.09(\text{元})\qquad 10\times0.618=6.18(\text{元})$$

$$10\times0.382=3.82(\text{元})\qquad 10\times0.191=1.91(\text{元})$$

其中，6.18 元和 3.82 元的可能性最大。

又如，此次上涨的最低点是 10 元，则 13.82 元、16.18 元和 20 元成为未来压力位的可能性最大。

(二) 百分比线

百分比线考虑问题的出发点是人们的心理因素和一些整数位的分界点。以一次上涨(或下降)过程的最低点和最高点两者之间的差分别乘以几个特殊的百分比数，就可得到未来支撑位可能出现的位置。

例如，设最低点是 10 元，最高点是 22 元，百分比数是：

1/8　1/4　3/8　1/2　5/8　3/4　7/8　1　1/3　2/3

按上述方法可以得到 10 个价位，其中，以 1/2、1/3、2/3 这三条线最为重要。因此，股价在一轮上升趋势结束以后，在回调的过程中我们需要重点关注前一轮上涨幅度的 33%、50%和 66%的价位，通常股价回调到这些位置的时候都会出现止跌或反弹，或是在一轮下跌趋势以后出现一波反弹。通常我们需要注意，当股价反弹到前一轮下跌的 33%、50%、66%的价位的时候，就是需要防范风险的时候。因为股价反弹到这些位置的时候，会产生一定的压力。因此，我们可以应用百分比线来掌握股价回调或是反弹的目标位，使操作更有前瞻性。

四、扇形线、速度线和甘氏线

(一) 扇形线

扇形线丰富了趋势线的内容，明确给出了趋势反转(不是局部短暂的反弹和回落)的信号。扇形线是依据三次突破的原则，连续画出的三条直线一旦被突破，它们的支撑和压力角色就会相互转换，如第三条趋势线一经突破，则趋势将反转，如图 9-40 所示。

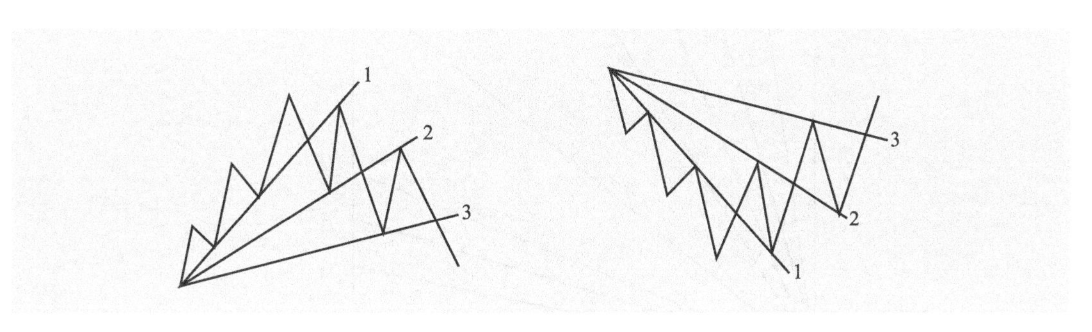

图 9-40　扇形线

(二) 速度线

速度线最重要的功能是判断一个趋势是被暂时突破还是长久突破(转势)。

速度线的画法：确定上升或下降过程中的最高点和最低点，然后将两点垂直距离三等分。连接最高点(在下降趋势中)与 1/3 分界点和 2/3 分界点，或最低点(在上升趋势中)与 1/3 分界点和 2/3 分界点，可得到两条直线，这两条直线就是速度线，如图 9-41 所示。

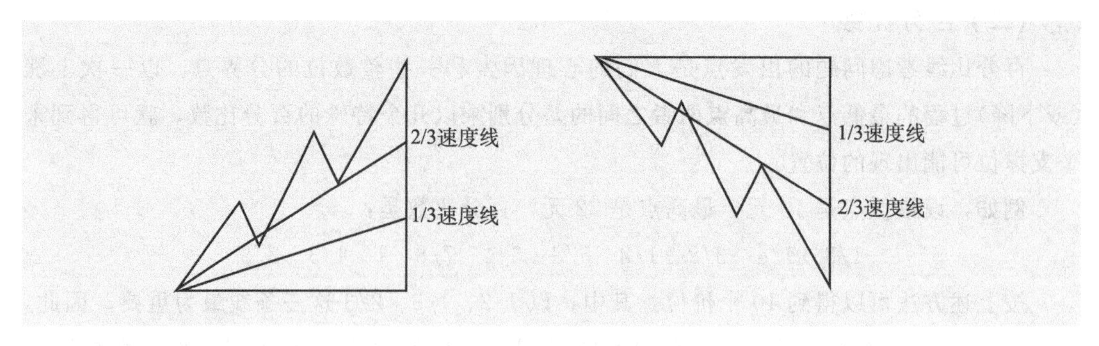

图 9-41　速度线

(三) 甘氏线

1. 甘氏线的定义

甘氏线分为上升甘氏线和下降甘氏线两种，是由 William D. Gann 创立的一套独特的理论。Gann 是一位具有传奇色彩的股票技术分析大师，甘氏线就是他将百分比原理和几何角度原理结合起来的产物。甘氏线是从一个点出发，依一定的角度，向后画出的多条直线，所以甘氏线又称角度线。

2. 甘氏线的原理

图 9-42 中的每条直线都有一定的角度，这些角度都与百分比线中的数字有关。每个角度的正切或余切分别等于百分比数中的某个分数(或者说是百分数)。

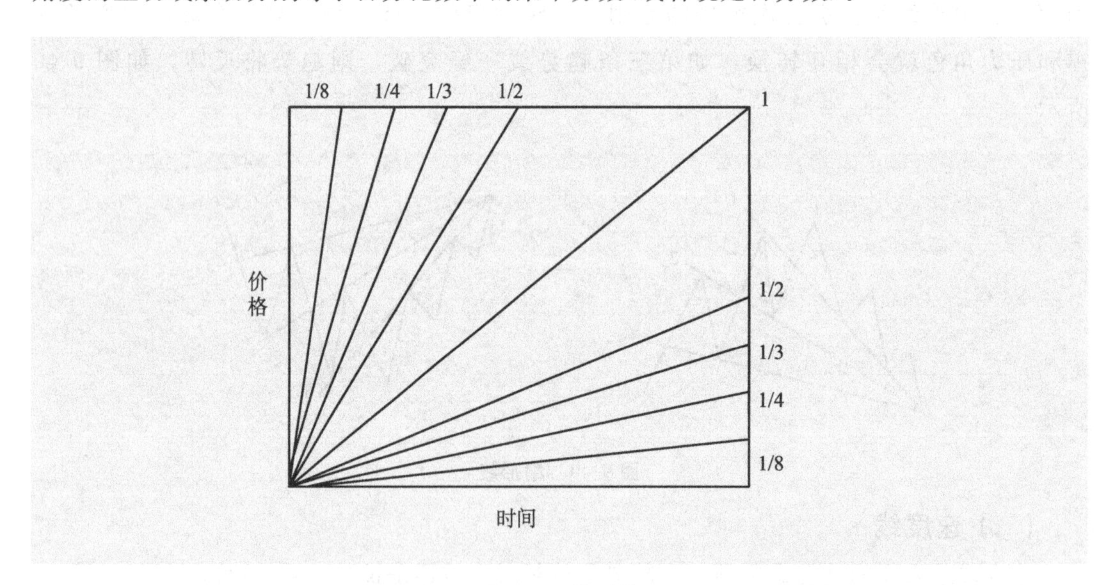

图 9-42　甘氏线

甘氏线中的每条直线都有支撑和压力的作用，但这里面最重要的是 45°线、63.75°线和 26.25°线，这三条直线分别对应 50%，62.5%和 37.5%百分比线。其余的角度线虽然在价格的波动中也能起一些支撑和压力作用，但重要性都不大，都很容易被突破，如 82.5°、75°、71.25°、63.75°、45°、26.25°、18.75°、15°和 7.5°。

本章重要概念

早晨之星　射击之星　锤形线　吊颈线　头肩形　双重顶　圆弧底　矩形　旗形　菱形　楔形　喇叭形　支撑线　压力线　轨道线　黄金分割线　百分比线

本章思考题

1. K线的阴阳如何区分上下影线的长度，如何影响多空双方力量的对比？
2. K线组合的准确性与组合中所包含的K线数目是否有关？
3. 为什么K线理论的结论能够影响的时间是不长的？
4. 简述轨道线、趋势线和黄金分割线的画法，以及它们是如何预测行情的？
5. 支撑线和压力线起什么作用？
6. 有人说价格下降到支撑线就可以买入了，这句话正确吗？
7. 速度线和百分比线的主要思想是什么？
8. 圆弧底形态出现时应如何操作？几种三角形形态出现时应如何操作？
9. 旗形和楔形的区别是什么？
10. 道氏理论的主要思想是什么？
11. 如何理解波浪理论中价格走势的基本形态结构？

第十章 常用技术指标

知识目标

1. 了解技术指标的含义；
2. 熟悉技术指标编制的基本原理；
3. 掌握各种技术指标的应用法则及其在实战中的应用。

开篇导言

技术指标分析要考虑市场行为的各个方面，建立一个数学模型，给出数学上的计算公式，得到一个体现股票市场的某个方面内在实质的数字，即指标值。指标值的具体数值和相互关系直接反映股市所处的状态，为我们的操作行为提供指导的方向。应用技术指标主要是从六个方面来进行考虑：①指标的背离；②指标的交叉；③指标的极值；④指标的形态；⑤指标的转折；⑥指标的盲点。目前，世界上用于证券市场的各种名称的技术指标数不胜数，至少有1 000个以上，主要用到的指标有市场趋势指标(移动平均线MA、平滑异同移动平均线MACD)、市场动量指标(相对强弱指标RSI、威廉指标WMS、随机指标KDJ、OVB指标)、市场大盘指标(腾落指标ADL、涨跌比ADR、超买超卖指标OBOS)、市场人气指标(乖离率BIAS，心理线PSY、AR、BR、CR)等。

第一节 技术指标分析概述

一、技术指标分析法的定义

按事先规定好的固定方法对原始数据进行处理，将处理之后的结果制成图表，并用制成的图表对股市进行行情研究，这样的方法就是技术指标分析法。原始数据指的是开盘价、最高价、最低价、收盘价、成交量和成交金额，简称 4 价 2 量。技术指标主要分为市场趋势指标、市场动量指标、市场大盘指标和市场人气指标。

二、技术指标运用的法则

技术指标运用的法则包括指标的背离、指标的交叉、指标的极值、指标的形态、指标的转折和指标的盲点。

(一) 指标的背离

指标的背离是指技术指标曲线的波动方向与价格曲线的趋势方向不一致，如图 10-1 所示。实际中，指标的背离有两种表现形式：顶背离和底背离。

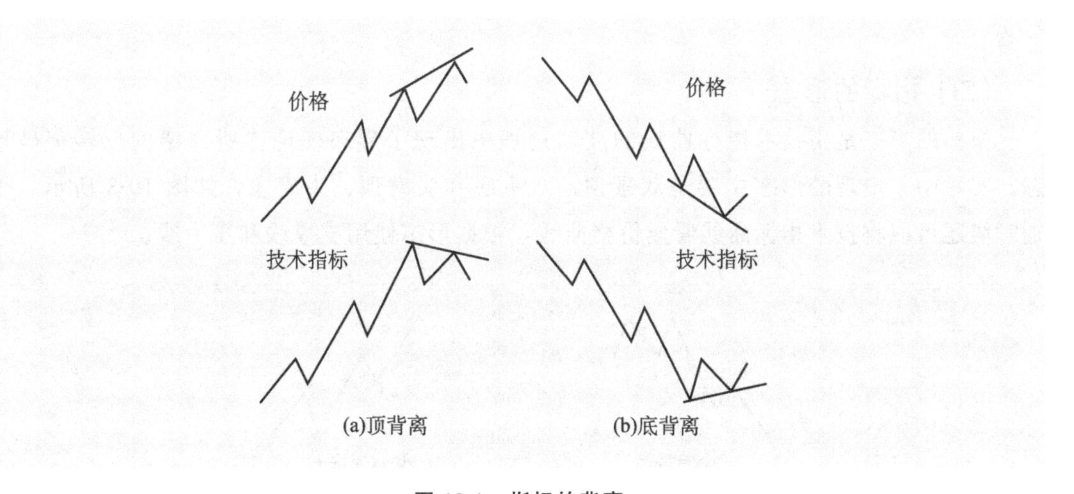

图 10-1　指标的背离

技术指标与价格背离表明价格的波动没有得到技术指标的支持。技术指标的波动往往超前于价格的波动，在价格还没有转折之前，技术指标提前指明未来的趋势。

(二) 指标的交叉

指标的交叉是指技术指标图形中的两条曲线发生了相交现象，如图 10-2 所示。实际中，指标的交叉有两种类型：第一种是同一个技术指标的不同参数的两条曲线之间的交叉，常说的黄金交叉和死亡交叉就属于这一类；第二种是技术指标曲线与固定的水平直线之间的交叉。水平直线通常是零轴，零轴是技术指标取值正负的分界线，技术指标与零轴的交叉表示技术指标由正变负或由负变正。技术指标的交叉表明多空双方力量对比发生了改变，至少说明原来的力量对比受到了“挑战”。

(三) 指标的极值

技术指标取极端值是指技术指标的取值极其大或极其小，技术上将这样的情况称为技术指标进入“超买区和超卖区”。

大多数技术指标的设立初衷是用一个数字描述市场的某个方面的特征，如果技术

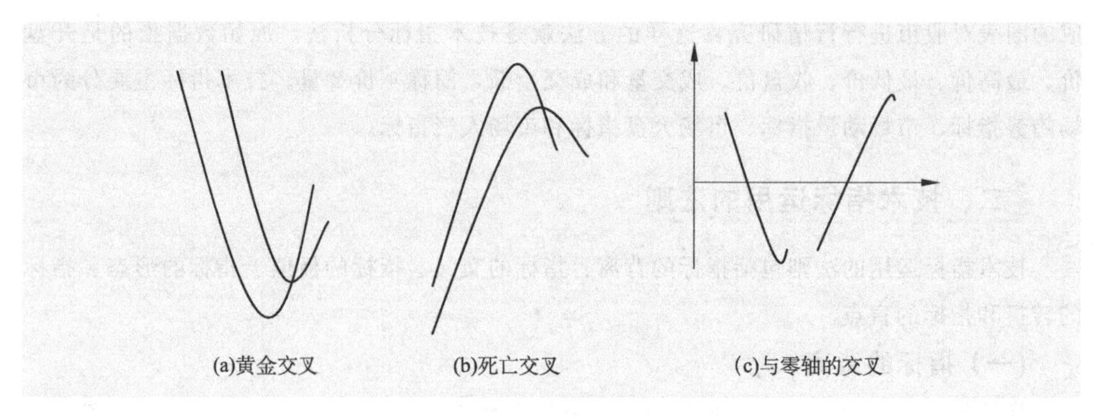

图 10-2　指标的交叉

指标值的数字太大或太小，就说明市场的某个方面已经达到了极端的地步，应该引起注意。

(四) 指标的形态

指标的形态是指技术指标曲线的波动过程中出现了形态理论中所介绍的反转突破形态。实际中，出现的形态主要是双重顶、双重底和头肩顶、头肩底，如图 10-3 所示。个别时候还可以将技术指标曲线看成价格曲线，根据形态使用支撑线和压力线。

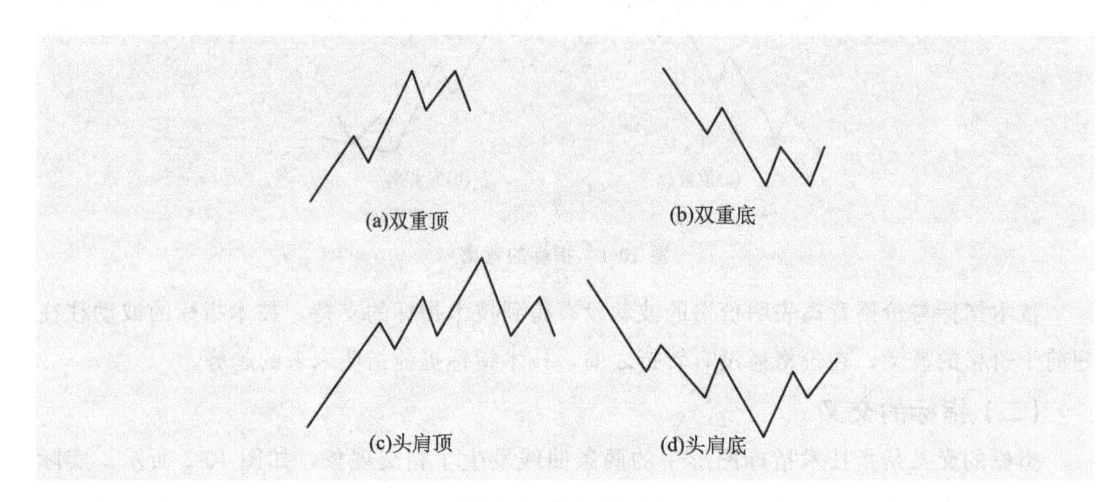

图 10-3　指标的形态

(五) 指标的转折

指标的转折是指技术指标曲线在高位或低位调头。有时，这种调头表明前面过于极端的行动已经走到了尽头，或者暂时遇到了“麻烦”；有时，这种调头表明一个趋势将要结束，而另一个趋势将要开始。

(六) 指标的盲点

指标的盲点是指技术指标在大部分时间里是无能为力的，也就是说，在大部分时间里，技术指标都不能发出买入或卖出的信号。这是因为在大部分时间里，技术指标是处于“盲”的状态，只有在很少的时候，技术指标才能“看清”市场，发出信号。

第二节 市场趋势指标

一、移动平均线

(一) 移动平均线的定义

移动平均线(MA)就是求连续若干天的收盘价的算术平均，如图 10-4 所示。天数就是 MA 的参数。10 日的移动平均线常简称为 10 日线。

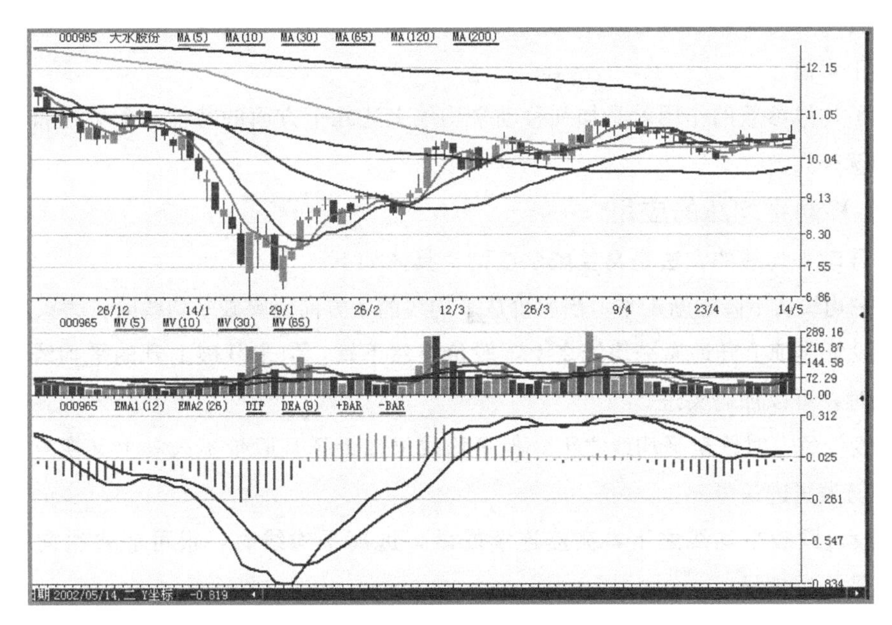

图 10-4 MA 指标和 MACD 指标

(二) 移动平均线的特点

▶ 1. 追踪趋势

移动平均线能够表明股价趋势的方向，所以具有跟踪趋势的特点。

▶ 2. 稳定性

移动平均线不像日线会起起落落地震荡，而是起落相当平稳，向上的移动平均线通常是缓缓地向上，向下的移动平均线则会缓缓向下。通常越长期的移动平均线，越能表现安定的特性，即移动平均线不是轻易往上往下，必须股价涨势真正明朗了，移动平均线才会往上延伸。而且，经常在股价开始回落之初，移动平均线却是向上的，等到股价落势显著时，才见移动平均线走下坡，这是移动平均线最大的特色。越短期的移动平均线安定性越差，越长期的移动平均线安定性越强。但也因此使移动平均线有延迟反映的特性。

▶ 3. 助涨性

股价从平均线下方向上突破，平均线也开始向右移，可以看作多头支撑线，股价回跌至平均线附近，自然会产生支撑力量。短期平均线向上移动速度较快，中长期平均线向上移动速度较慢，但都表示一定期间内平均成本增加，买方力量若仍强于卖方，股价回跌至平均线附近，便是买进时机，这是平均线的助涨作用。直到股价上升缓慢回跌，平均线开始减速移动，股价再回至平均线附近，平均线失去助涨作用，将有重返平均线下方的趋势，此时最好不要买进。

4. 助跌性

反过来说，股价从平均线上方向下突破，平均线也开始向右下方移动，成为空头压力线，股价回升至平均线附近，自然产生压力，因此，在平均线往下走回升到平均线附近时便是卖出时机，平均线此时有助跌作用，直到股价下跌缓慢或回升，平均线开始减速移动。股价若是再与平均线接近，平均线便失去助跌作用，将有重返平均线上方的趋势，这时不要急于卖出。

移动平均线参数的作用就是加强移动平均线上述几个方面的特性。参数选得越大，上述的特性就越大。

(三) 移动平均线的应用

使用移动平均线的方法是葛兰威尔法则，具体如下。

(1) 平均线从下降逐渐走平，当股价从平均线的下方向上突破平均线时，为买进信号。

(2) 股价连续上升远离平均线之上，股价突然下跌，但未跌破上升的平均线，股价又再度上升时，可以加码买进。

(3) 股价虽一时跌至平均线之下，但平均线仍在上扬且股价不久马上又恢复到平均线之上时，仍为买进信号。

(4) 股价跌破平均线之下，突然连续暴跌，远离平均线时，很可能再次向平均线弹升，这也是买进信号。

(5) 股价急速上升远超过上升的平均线时，将出现短线的回跌，再趋向于平均线时，是卖出信号。

(6) 平均线走势从上升逐渐走平转变下跌，而股价从平均线的上方往下跌破平均线时，应是卖出信号。

(7) 股价跌落于平均线之下，然后向平均线弹升，但未突破平均线即告回落，仍是卖出信号。

(8) 股价虽上升突破平均线，但立即恢复到平均线之下，而此时平均线又继续下跌，则是卖出信号。

二、平滑异同移动平均线

(一) 平滑异同移动平均线的计算

平滑异同移动平均线(MACD)由正负差(DIF)和异同平均数(DEA)两部分组成，DIF是核心，DEA是辅助，如图10-4所示。DIF是快速平滑移动平均线与慢速平滑移动平均线的差。快速和慢速的区别在于进行指数平滑所采用的参数，参数小的是快速，参数大的是慢速。DEA 是 DIF 的移动平均线，也就是连续数日的 DIF 的算术平均。

指数平滑线(EMA)的计算采用递推的方法，其计算公式为

$$今日\ EMA = a \times 今日收盘价 + (1-a) \times 前一交易日的\ EMA$$

式中，$a>0$，a 的选择不同，可得到不同速度的 EMA。

如果取 $a=2/(12+1)$，就得到 EMA(12)；取 $a=2/(26+1)$就得到 EMA(26)。DIF 是这两条指数平滑线之差，其计算公式为

$$DIF = EMA(12) - EMA(26)$$

DEA 线是连续数日 DIF 数值的算术平均。

(二) 平滑异同移动平均线的应用

(1) DIF 和 DEA 均为正值时。DIF 向上突破 DEA 是买入信号；DIF 向下跌破 DEA 只能认为是回档，应获利了结。

(2) DIF 和 DEA 均为负值时。DIF 向下突破 DEA 是卖出信号；DIF 向上穿破 DEA 只能认为是反弹，应暂时补空。

(3) DIF 与 DEA 在零轴线之上，市场趋向为多头市场。两者在零轴之下则为空头市场。DIF 与 DEA 在零轴线之上时，一切的新入市策略都以买为主，DIF 若向上突破 DEA，可以大胆买进，向下突破时，则只宜暂时获利了结，进行观望。DIF 与 DEA 在零轴线以下时，一切的新入市策略都以卖为主，DIF 若向下突破时，可以大胆卖出。如果向上突破时，空头只宜暂时补空。

(4) 价格处于上升的多头走势，当 DIF 慢慢远离 DEA，造成两线之间乖离加大，多头应分批获利了结。

(5) 价格线呈盘局走势时，会出现多次 DIF 与 DEA 交错，可不必理会，但须观察扇形的乖离程度，一旦加大，可视为盘局的突破。

第三节 市场动量指标

一、相对强弱指标

(一) 相对强弱指标的计算

计算相对强弱指标(RSI)需要知道收盘价和参数，参数是时间区的长度，一般使用交易日的天数。下面以参数 14 为例，介绍 RSI(14)的计算方法。

找到包括当天在内连续 14 天的收盘价，每一天的收盘价减去前一日的收盘价，得到 14 个数字。

$$A = 14\text{ 个数字中正数之和}$$

$$B = 14\text{ 个数字中负数之和} \times -1$$

$$\mathrm{RSI}(14) = \frac{A}{(A+B) \times 100}$$

(二) 相对强弱指标的运用法则

(1) 考虑两条不同参数的相对强弱指标曲线的结合，如图 10-5 所示。短期 RSI 大于长期 RSI，为多头市场；否则，为空头市场。

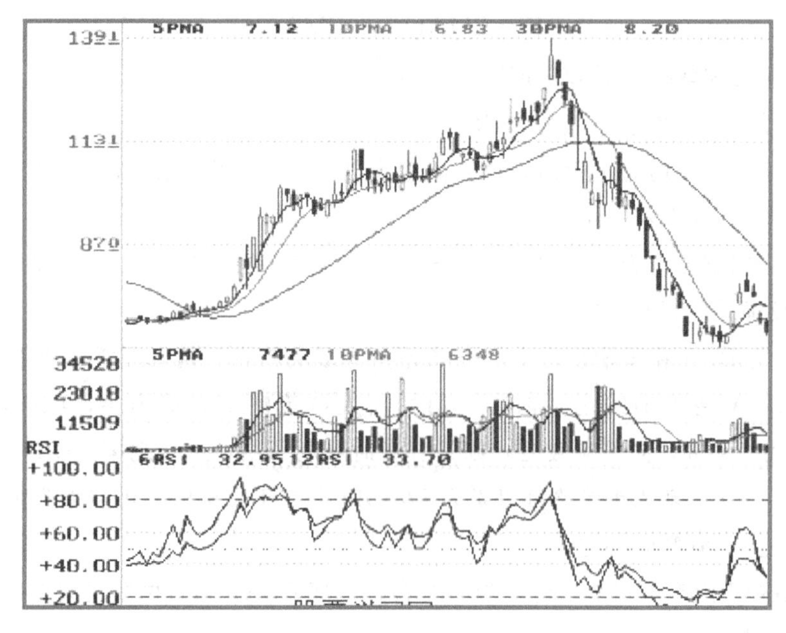

图 10-5 RSI 指标的运用

(2) 考虑相对强弱指标的大小，如表 10-1 所示。

表 10-1 RSI 的取值区域

取值区域	信号强度	信号含义
80～100	极强	卖出
50～80	强	买入
20～50	弱	卖出
0～20	极弱	买入

二、威廉指标

(一) 威廉指标的计算

威廉指标(WMS)反映的是市场是处于超买状态还是超卖状态。其计算公式为

$$WMS(n)=(C-L_n)/(H_n-L_n)\times 100$$

式中，C 为当天的收盘价；H_n 和 L_n 为最近 n 天出现的最高价和最低价；n 为威廉指标参数。

（二）威廉指标的应用

(1) 从 WMS 指标的大小考虑，WMS 指标的取值为 0～100。

① 当 WMS 高于 80%，即处于超买状态，行情即将见顶，应考虑卖出。

② 当 WMS 低于 20%，即处于超卖状态，行情即将见底，应考虑买入。

(2) 从 WMS 的曲线形状考虑。

① 在 WMS 进入高位后，一般要回头，如果这时股价还继续上升，就产生背离，是出货的信号。

② 在 WMS 进入低位后，一般要反弹，如果这时股价还继续下降，就产生背离，是买进的信号。

③ WMS 连续几次撞顶(底)，局部形成双重或多重顶(底)，则是出货(进货)的信号。

三、随机指标

随机指标(KDJ)是根据统计学原理，通过一个特定的周期(常为 9 日、9 周等)内出现过的最高价、最低价、最后一个计算周期的收盘价，以及这三者之间的比例关系来计算最后一个计算周期的未成熟随机值，然后根据平滑移动平均线的方法来计算 K 值、D 值与 J 值，并绘成曲线图来研判股票走势。

（一）KDJ 指标的计算

利用 WMS 指标可以计算 K 和 D 值。

今日 K=2/3 前一日 K 值+1/3 今天的 WMS

今日 D=1/3 今天的 K 值+2/3 前一天的 D 值

$J=3D-2K$

注：第一次计算时，前一天的 K、D 一律以 50 代替。

（二）KDJ 指标的应用

(1) 从 KD 的取值方面考虑。将 0～100 分为超买区、超卖区、徘徊区，以 20% 和 80% 分区。

(2) 从 KD 指标曲线的形态方面考虑。当 KD 指标在较高或较低的位置形成了头肩顶(底)和多重顶(底)时，是采取行动的信号。注意，这些形态一定要在较高位置或较低位置出现，位置越高或越低，结论越可靠、越正确。操作可按形态学方面的原则进行。

(3) 从 KD 指标的交叉方面考虑。K 上穿 D 是金叉，为买入信号，但须符合两个条件：一是金叉的位置是在超卖区，越低越好；二是与 D 相交的次数。在低位交叉次数以两次为最少，越多越好，如图 10-6 所示。

图 10-6　KDJ 指标的运用

四、OBV 指标

(一) OBV 指标的计算

今日的 OBV＝前一日的 OBV＋sgn×今日的成交量

把当天的收盘价与前一天的收盘价相比，如果上涨，则 sgn 取 1，意味着把当天的成交量加入 OBV 值中；如果下跌，sgn 取－1，意味着从 OBV 值中减去当天成交量。最后将每日的 OBV 值连成线，与股价趋势线进行比较，进行量价关系分析。

(二) OBV 指标的应用法则

(1) 要与价格曲线结合使用。

(2) 只能关注曲线的相对走势，绝对取值的大小没有意义。

(3) 曲线的上升与下降对进一步确认当前价格走势有重要作用。

(4) 价格在盘整区时，曲线会率先显露脱离盘整的信号，向上或向下突破。

(5) OBV 曲线下降，股价上升，表示买盘无力，为卖出信号。

(6) OBV 曲线上升，股价下降，表示有买盘逢低介入，此时应是一次极佳的买入时机。

(7) 当 OBV 曲线横向走平超过 3 个月时，须注意随时有大行情出现。

第四节 市场大盘指标

一、腾落指数

(一) 腾落指数的计算公式

腾落指数(ADL)也称涨跌线、升降指数，是测量大盘内部强度的广量指标，如图 10-7 所示。其计算方法为

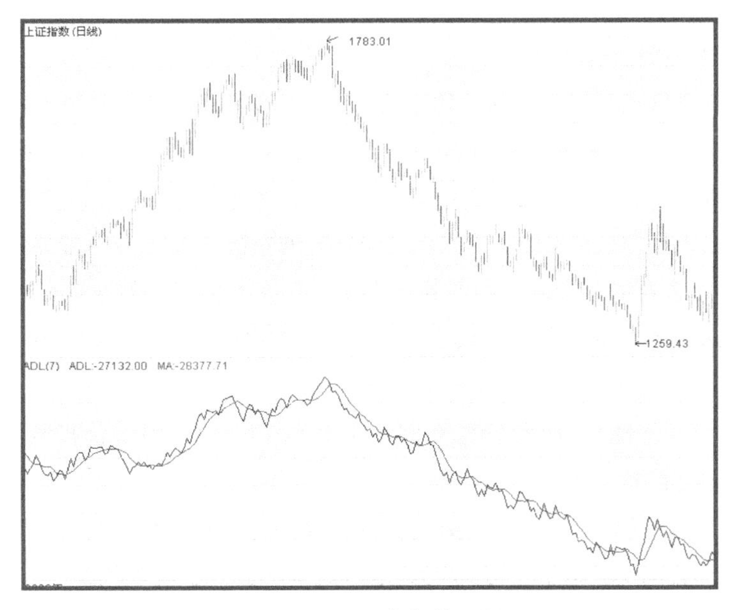

图 10-7 ADL 指标的运用

$$\mathrm{ADL}(N)=\sum_{n=1}^{N}(\mathrm{NA}-\mathrm{ND})$$

式中，NA 表示当日上涨家数，ND 表示当日下跌家数；N 一般取 14 天、72 天。腾落指数即将每天收盘上涨的股票家数减去收盘下跌的股票家数(无涨跌不计)后累积的值。

(二) 腾落指数的应用法则

(1) 股价指数持续上涨，腾落指数也上升，则大盘短期内继续上升的可能性大。

(2) 股价指数持续下跌，腾落指数也下降，则大盘短期内继续下跌的可能性大。

(3) 股价指数上涨，而腾落指数下降，两者出现背离时，大盘短期内回跌的可能性大。

(4) 股价指数下跌，而腾落指数上升，大盘短期内回升的可能性大。

(5) 多头市场时，腾落指数呈现上升趋势，其间突然急速下跌然后又立即回头创出新高点，则表示新一轮涨势即将展开。

(6) 空头市场时，腾落指数呈现下降趋势，其间突然上升接着又下跌创出新低点，则表示新一轮下跌趋势可能产生。

二、涨跌比

(一) 涨跌比的计算公式

涨跌比(ADR)的基本思想是观察股票上涨家数之和与下降家数之和的比例，借以反映目前市场所处的大环境，进而判断股票市场的实际情况。其计算公式为

$$\mathrm{ADR}(N)=\frac{N\text{ 日内上涨股票家数总和}}{N\text{ 日内下跌股票家数总和}}$$

涨跌比的计算同移动平均线一样，采用逐日移动的方法。

(二) 涨跌比的应用法则

1. 从涨跌比的取值看大势

ADR 的取值范围是 0 以上。从理论上讲，ADR 的取值可以很大很大，但实际情况中 ADR>3 都很困难。一般来说，根据 ADR 的取值可以把大势分成几个区域。ADR 取值在 0.5～1.5 是 ADR 处在常态的状况，多空双方谁也不占大的优势，这个区域是 ADR 取值较多的区间。超过了 ADR 常态状况的上下限就是非常态的状况。ADR 进入非常态状况就是采取行动的信号，因为这表示上涨或下跌的势头强了，有些不合理，股价将有回头。ADR 在常态状况说明多空双方对现状的认可，这个时候买进或卖出股票都没有太大的把握。

2. 从涨跌比与股价指数的配合使用看大势

(1) ADR 上升(下降)，而股价指数同步上升(或下降)，则股价指数将继续上升(下降)，短期反转的可能性不大。

(2) ADR 上升(下降)，而股价指数向反方向移动，意味着短期内会有反弹(回落)，这是背离现象。

3. 从涨跌比曲线的形态看大势

ADR 从低向高超过 0.5，并在 0.5 上下来回移动几次，就是空头进入末期的信号。ADR 从高向低下降到 0.75 之下，是短期反弹的信号，可以一搏。

在多头市场开始时，在上升的第一段和第二段中，ADR 的取值可能会极快地增加，应用时应注意常态状况的上下限调整。

ADR 先下降到常态状况的下限，但不久就上升并接近常态状况的上限，则说明多头市场已具有足够的力量将股价指数推高向上一个台阶。

三、超买超卖指标

超买超卖指标(OBOS)通过计算一定时期内市场涨跌股票数量(家数)之间的相关差异性，来反映整个市场买卖气势的强弱，以及未来大势的走向，如图 10-8 所示。与涨跌比指标相比，超买超卖指标含义更直观，计算更方便。

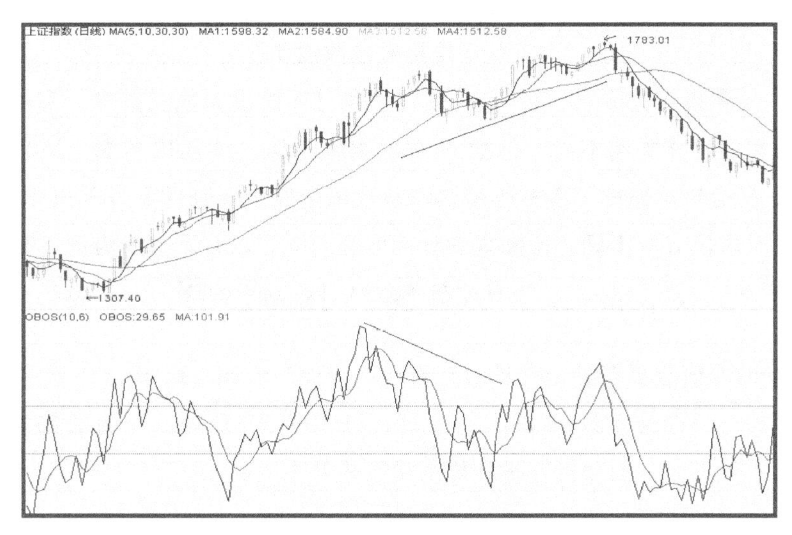

图 10-8　OBOS 指标的运用

(一) 超买超卖指标的计算公式

OBOS(N)＝N 日内上涨家数移动总和－N 日内下跌家数移动总和

式中，N 的参数一般取 10 天。由公式可知，OBOS 与 ADR 两个指标只是从不同的侧面刻画多方与空方力量的差距，直观地看，OBOS 的多空均衡点应该为 0，ADR 则以 1 为均衡位置。

(二) 超买超卖指标的应用法则

(1) 当市场处于整理期时，OBOS 应该在零轴上下来回摆动。当市场处在多(空)头市场时，OBOS 应该是正(负)数，距离零轴应该较远，而且距离零轴越远，势头越强劲。

(2) 将 OBOS 与价格指数配合使用。当 OBOS 走势与股价指数走势相背离时，是采取行动的信号，这是大势可能反转的迹象。

(3) 将 OBOS 与趋势分析或形态分析相结合。当 OBOS 有效突破其自身的趋势线时，表示原有趋势随时可能改变。特别是当 OBOS 在高位(或低位)走出 M 头(或 W 底)时，可按形态分析原理进行买进或卖出。

第五节　市场人气指标

一、乖离率

(一) 乖离率的计算公式

乖离率(BIAS)的计算公式为

$$\text{BIAS}=\frac{\text{当日指数或收盘价}-N\text{日平均指数或收盘价}}{N\text{日平均指数或收盘价}}\times 100\%$$

式中，参数 N 一般确定为 6 日、12 日、24 日，并且同时设置成三条线。乖离率指标的计算方法由于选用的计算周期不同，包括 N 日乖离率指标、N 周乖离率、N 月乖离率和年乖离率，以及 N 分钟乖离率等多种类型。经常被用于股市研判的是日乖离率和周乖离率。虽然它们计算时取值有所不同，但基本的计算方法一样。以日乖离率为例，其计算公式为

$$N\text{日 BIAS}=\frac{\text{当日收盘价}-N\text{日移动平均价}}{N\text{日移动平均价}}\times 100$$

式中，参数 N 的取值有很多种，常见的有两种：一种是 5 日、10 日、30 日和 60 日等以 5 的倍数为数值的；一种是 6 日、12 日、18 日、24 日和 72 日等以 6 的倍数为数值的。不过，尽管它们数值不同，但分析方法和研判功能相差不大。

(二) 乖离率的应用法则

(1) 乖离率可分为正乖离率与负乖离率，若股价大于平均线，则为正乖离；股价小于平均线，则为负乖离；当股价与平均线相等时，则乖离率为零。正的乖离率越大，表示短期超买越大，则越有可能见到阶段性顶部；负的乖离率越大，表示短期超卖越大，则越有可能见到阶段性底部。

(2) 股价与 6 日平均线乖离率达＋5%以上为超买现象，是卖出时机；当乖离率达－5%以下时为超卖现象，为买入时机。

(3) 股价与 12 日平均线乖离率达＋7%以上为超买现象，是卖出时机；当乖离率达－7%以下时为超卖现象，为买入时机。

(4) 股价与 24 日平均线乖离率达＋11%以上为超买现象，是卖出时机；当乖离率达－11%以下时为超卖现象，为买入时机。

(5) 指数和股价因受重大突发事件的影响产生瞬间暴涨与暴跌，股价与各种平均线的乖离率有时会出奇的高或低，但发生概率极少，仅能视为特例，不能作为日常研判标准。

(6) 每当股价与平均线之间的乖离率达到最大百分比时，就会向零值靠拢，这是葛兰威尔法则中第四条法则和第五条法则所揭示的股价运行规律。

(7) 在趋势上升阶段，股价如出现负乖离，正是逢低买入的有利时机。

(8) 在趋势下降阶段，股价如出现正乖离，正是逢反弹出货的最佳时机。

二、心理线

(一) 心理线的计算公式

心理线(PSY)是指根据一段期间内收盘价涨跌天数的多少来研究投资者的心理趋向，测算市场人气，分析多空对比，判断股价未来发展方向的技术指标。计算公式为

$$\text{PSY}=\frac{N\text{日内上涨天数}}{N}\times 100\%$$

(二) 心理线的应用法则

(1) 一段下跌(上升)行情展开前，超买(超卖)的最高(低)点通常会出现两次。在出现第二次超买(超卖)的最高(低)点时，一般是卖出(买进)时机。由于 PSY 指标具有这种高点密集出现的特性，可给投资者带来充裕时间进行研判与介入。

(2) PSY 指标在 25～75 时为常态分布。PSY 指标主要反映市场心理的超买超卖，因此，当心理线指标在常态区域内上下移动时，一般应持观望态度。

(3) PSY 指标超过 75 或低于 25 时，表明股价开始步入超买区或超卖区，此时需要留心其动向。当 PSY 指标百分比值超过 83 或低于 17 时，表明市场出现超买区或超卖区，价位回跌或回升的机会增加，投资者应该准备卖出或买进，不必在意是否出现第二次信号。这种情况在个股中比较多见。

(4) 当 PSY 指标＜10，是极度超卖的时机。抢反弹的机会相对提高，此时为短期较佳的买进时机；反之，如果 PSY 指标＞90，是极度超买的时机，此时为短期卖出的有利时机。

本章重要概念

黄金交叉　死亡交叉　指标背离　MACD 指标　KDJ 指标　RSI 指标　腾落指数
涨跌比　乖离率指标　心理线

本章思考题

1. 什么是技术指标？
2. 应用技术指标的法则有哪几条？
3. 移动平均线的作用是什么？
4. RSI 的计算公式是什么？RSI 反映价格的变动有哪方面的特征？
5. 技术指标中参数的选择是否影响技术指标的结论？
6. 什么是技术指标与价格的背离？应该如何使用？
7. RSI 指标和 KD 指标是如何计算和使用的？
8. 谈谈 BIAS 的构造原理。

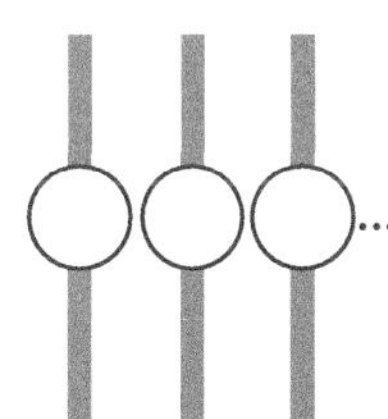

第四篇

组合管理理论与策略

第十一章 证券投资组合管理理论

知识目标

1. 了解风险与收益的基本概念；

2. 重点掌握证券组合管理理论、资本资产定价理论、套利定价理论和期权定价理论；

3. 掌握证券投资的基本策略。

开篇导言

马柯维茨投资组合理论是美国经济学家马科维茨于1952年在其论文《资产组合的选择》中提出的，标志着现代投资组合理论的开端。他利用均值—方差模型分析得出通过投资组合可以有效降低风险的结论。但这一方法要求计算所有资产的协方差矩阵，严重制约了其在实践中的应用。

1964年，威廉·夏普提出了可以对协方差矩阵加以简化估计的单因素模型，极大地推动了投资组合理论的实际应用。

20世纪60年代，夏普、林特和莫森分别于1964年、1965年和1966年提出了资本资产定价模型，该模型不仅提供了评价收益—风险相互转换特征的可运作框架，也为投资组合分析、基金绩效评价提供了重要的理论基础。

1976年，针对资本资产模型存在的不可检验性的缺陷，罗斯提出了一种替代性的资本资产定价模型，该模型直接导致了多指数投资组合分析方法在投资实践中的广泛应用。

第一节 均值—方差分析

一、证券投资收益与风险

(一) 证券投资收益率的含义

证券投资收益率简称证券收益率，是指投资收益额占投资额的百分比。证券投资收益是指投资者进行证券投资所获得的净收入，主要包括债券利息、股票的股利，以及证券交易现价与原价的价差等收益。

(二) 证券投资收益率的度量

1. 持有期收益率

持有期收益率是指投资者已经实现的收益率。其计算公式为

$$K = \frac{S_1 - S_0 + P}{S_0} \times 100\%$$

式中，K 为证券投资收益率；P 为证券投资报酬；S_0 为证券买入价格；S_1 为证券出售价格。

2. 预期收益率

预期收益率是指以概率为权重的各种可能收益率的加权平均值，也称期望收益率。其计算公式为

$$E(r) = \sum_{i=1}^{n} p_i r_i$$

式中，$E(r)$为预期收益率；r_i 为第 i 个可能结果对应收益；p_i 为第 i 个可能结果发生的概率。

(三) 证券投资风险的含义

证券投资风险是指投资者在证券投资过程中遭受损失或达不到预期收益率的可能性。证券投资风险就其性质而言，可分为系统性风险和非系统性风险。

系统性风险是指由于全局性事件引起的投资收益变动的不确定性。系统性风险对所有公司、企业、证券投资者和证券种类均产生影响，因而通过多样化投资不能抵消这样的风险，所以又称不可分散风险或不可多样化风险。

非系统性风险是指由非全局性事件引起的投资收益率变动的不确定性。在现实生活中，各个公司的经营状况会受其自身因素(如决策失误、新产品研制的失败)的影响，这些因素跟其他企业没有什么关系，只会造成该家公司证券收益率的变动，不会影响其他公司的证券收益率。非系统性风险是某个行业或公司遭受的风险。由于一种或集中证券收益率的非系统性变动跟其他证券收益率的变动没有内在的、必然的联系，因而可以通过证券多样化的方式来消除这类风险，所以又称可分散风险或可多样化风险。

(四) 证券投资风险的度量

证券投资风险一般用方差或标准差来度量，反映证券未来收益与预期收益的偏离程

度。一般来说，证券投资收益分布越集中，方差越小，风险也越小。

收益率方差的计算公式为

$$\sigma^2(r)=\sum_{i=1}^{n}p_i[r_i-E(r)]^2$$

式中，$\sigma^2(r)$为收益率方差；r_i 为第 i 个可能结果对应收益；$E(r)$为预期收益；p_i 为第 i 个可能结果发生的概率。

(五) 证券组合的收益与风险

证券组合的收益与风险不仅取决于单只证券的收益与风险，还取决于每只证券在整个证券组合的权重以及证券之间的联系紧密程度。

假设存在 n 只证券，每只证券的预期收益率为 $E(r_i)(i=1, 2, 3, \cdots, n)$，对应的预期方差分别为 $\sigma_i^2(i=1, 2, 3, \cdots, n)$，标准差为 $\sigma_i(i=1, 2, 3, \cdots, n)$，单只证券在组合中的权重分别为 $x_i(i=1, 2, 3, \cdots, n)$，则证券组合的预期收益为

$$E(r_p)=\sum_{i=1}^{n}x_iE(r_i)$$

证券组合的预期方差为

$$\sigma_p^2=\sum_{i=1}^{n}\sum_{i=1}^{n}x_ix_j\mathrm{Cov}(r_i,r_j)=\sum_{i=1}^{n}x_i^2\sigma_i^2+\sum_{i=1}^{n}\sum_{j=1}x_ix_j\mathrm{Cov}(r_i,r_j)$$

二、均值—方差分析

(一) 均值—方差准则

投资者选择投资组合的标准是预期效用的最大化，即在既定的收益水平下，使风险最小，或者在既定的风险水平下，使收益最大，这就是均值—方差准则。

(二) 投资者偏好与无差异曲线

根据投资者对风险的态度，可将投资者的风险偏好分为风险厌恶者、风险中性者和风险偏好者。无差异曲线表示证券投资组合给投资者带来的满足程度。无差异曲线位置越高，带给投资者的满足程度也就越高。

风险偏好者无差异曲线、风险中性者无差异曲线、风险厌恶者无差异曲线分别如图 11-1、图 11-2 和图 11-3 所示。

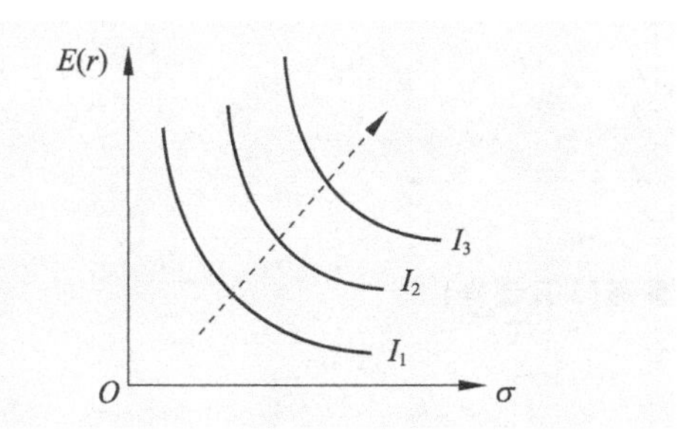

图 11-1　风险偏好者无差异曲线

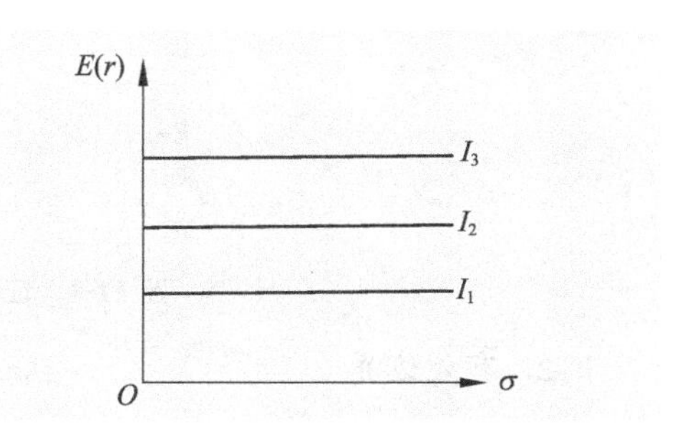

图 11-2　风险中性者无差异曲线

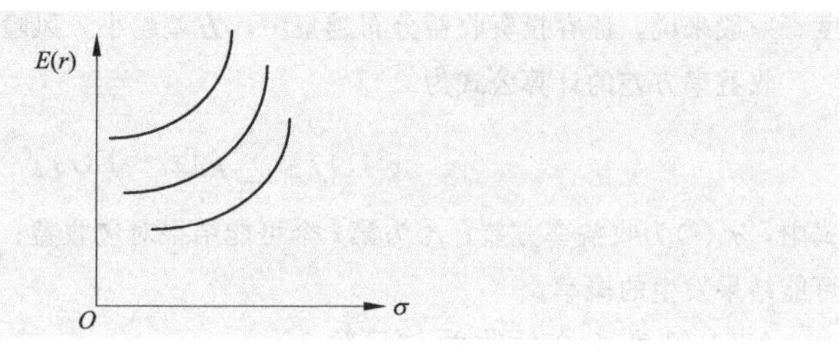

图 11-3 风险厌恶者无差异曲线

(三) 可行域和有效边界

1. 可行域

投资者的所有可能投资组合就是可行集合，所有可能投资组合的组合就是可行域。以下以两个证券组合来说明可行域的形成。

假设 A、B 两种证券，其收益与风险分别为($E(r_1)$，σ_1)、($E(r_2)$，σ_2)，权重各自为 x_1、x_2，那么该两种证券组合的收益与风险分别为

$$E(r_p)=x_1E(r_1)+(1-x_1)E(r_2)$$

$$\sigma_p=\sqrt{x_1^2\sigma_1^2+(1-x_1)^2\sigma_2^2+2x_1(1-x_1)\rho\sigma_1\sigma_2}$$

在以 σ_p 为横坐标，$E(r_p)$为纵坐标的坐标系中，当 x_1 确定时，就对应图像上的一个点，代表了 2 只证券形成的一个具体投资组合。因此，在这个坐标系中可以描绘出两个证券形成的各种组合的集合。图 11-4 描绘了相关系数 $\rho=\pm1$、0、±0.5 三种特殊情形下证券组合的轨迹，在 $\rho=\pm1$ 两种极端情形之间形成一个封闭区域，这个区域就是投资者进行决策的可行域。如果将两只证券推广到 n 只证券的情况下，这个可行域就如图 11-5所示。

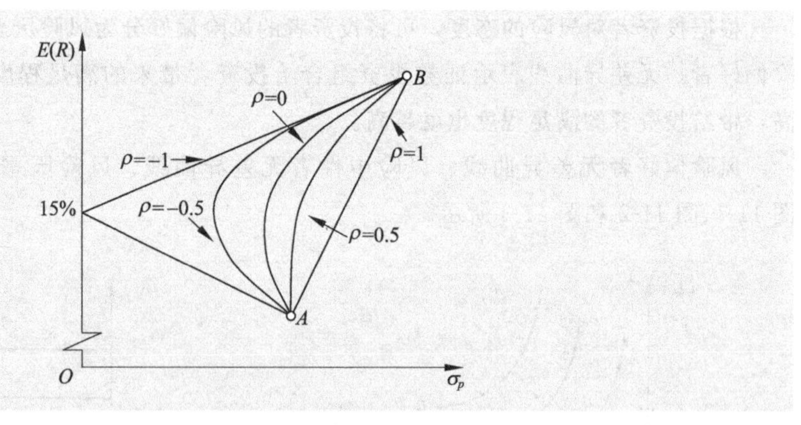

图 11-4 证券组合图形(2 只证券)

2. 有效边界

有效边界是指由有效投资组合形成的集合，如图 11-5 所示。有效投资组合需要同时满足以下两个条件：

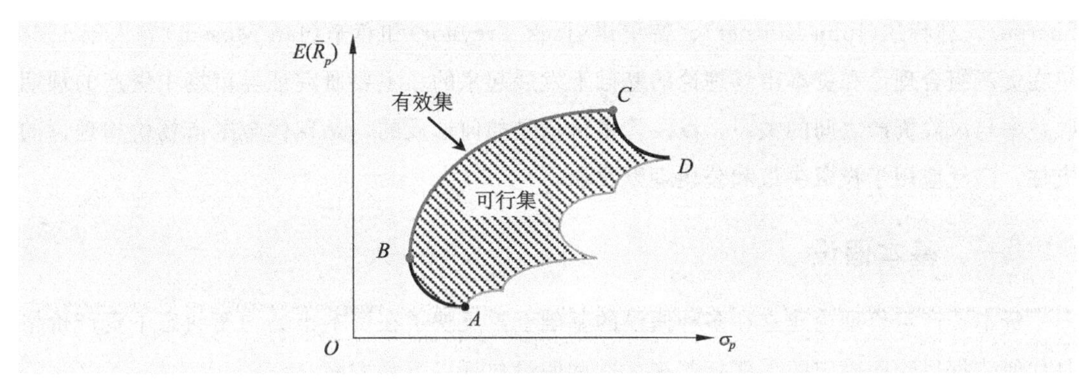

图 11-5　证券组合可行域（n 只证券）

（1）在风险相同的情况下，提供最大预期收益率；

（2）在预期收益相同的情况下，提供最小风险。

（四）最优投资组合

最优投资组合是投资者的最优选择。首先，最优投资组合必须位于投资者的无差异曲线上；其次，最优投资组合必须位于有效边界上。因此，投资者的最优投资组合就是其无差异曲线与有效边界的唯一的切点。这就是马科维茨均值—方差理论的核心内容。

三、马科维茨均值—方差理论的基本内容

1952 年，哈里·马科维茨发表了一篇题为《证券组合选择》的论文，在这篇论文里提出了著名的均值—方差模型。这篇论文后来被认为是投资组合理论的开端。

▶ 1. 基本假设

（1）所有的证券都是无限可分的。

（2）每个证券或证券组合都是在单一期进行的。

（3）所有投资者都以均值—方差方法进行投资，并且对均值和方差的看法是一致的。

（4）投资决策不考虑交易费用、税收等，市场是无摩擦的。

（5）所有投资者是理性的，是风险厌恶的。

▶ 2. 基本内容

首先，通过证券组合均值与方差的计算和分析，得到不同证券组合形成的可行域；其次，按照有效集合满足条件找到有效边界；最后，根据投资者的风险偏好程度，找出无差异曲线与有效边界的切点，得到最优投资组合。

第二节　资本资产定价理论

资本资产定价理论（capital asset pricing model，CAPM）是由美国学者夏普（William

Sharpe)、林特尔(John Lintner)、特里诺(Jack Treynor)和莫辛(Jan Mossin)等人于1964年在资产组合理论和资本市场理论的基础上发展起来的，主要研究证券市场中资产的预期收益率与风险资产之间的关系，以及均衡价格是如何形成的，是现代金融市场价格理论的支柱，广泛应用于投资决策和公司理财领域。

一、基本假设

资本资产定价理论建立在多种假设的基础上，反映了在资本市场均衡状态下资产价格是如何依据风险而确定的。概括起来，这些假设包括以下几方面。

(1) 投资者希望财富越多越好，效用是财富的函数，财富又是投资收益率的函数，因此可以认为效用是收益率的函数。

(2) 投资者能事先知道投资收益率的概率分布为正态分布。

(3) 投资风险用投资收益率的方差或标准差标识。

(4) 影响投资决策的主要因素为期望收益率和风险两项。

(5) 投资者都遵守主宰原则，即同一风险水平下，选择收益率较高的证券；同一收益率水平下，选择风险较低的证券。

(6) 可以在无风险折现率 R 的水平下无限制地借入或贷出资金。

(7) 所有投资者对证券收益率概率分布的看法一致，因此市场上的效率边界只有一条。

(8) 所有投资者具有相同的投资期限，并且只有一期。

(9) 所有的证券投资可以无限制地细分，在任何一个投资组合里可以含有非整数股份。

(10) 买卖证券时没有税负及交易成本。

(11) 所有投资者可以及时、免费获得充分的市场信息。

(12) 不存在通货膨胀，且折现率不变。

(13) 投资者具有相同预期，即他们对预期收益率、标准差和证券之间的协方差具有相同的预期值。

上述假设表明：第一，投资者是理性的，而且严格按照马科维茨模型的规则进行多样化的投资，并将从有效边界的某处选择投资组合；第二，资本市场是完全有效的市场，没有任何摩擦阻碍投资。

二、资本市场线

资本市场线(capital market line，CML)是指表明有效组合的期望收益率和标准差之间的一种简单的线性关系的一条射线。它是沿着投资组合的有效边界，由风险资产和无风险资产构成的投资组合。

(一) 投资于一种风险资产与一种无风险资产的组合

假设某投资组合包括一种无风险资产和一种风险资产。无风险资产的收益率为 r_f，标准差为 σ_f。风险资产的期望收益率为 $E(r_i)$，标准差为 σ_i；风险资产在投资组合中所占比重为 ω_1；无风险资产在投资组合中所占的比重为 $1-\omega_1$。风险资产与无风险资产的协方差为 σ_{if}，相关系数为 ρ_{if}。那么，该投资组合的期望收益率和方差分别为

$$E(r_p) = \omega_1 E(r_i) + (1-\omega_1)E(r_f)$$

$$\sigma_p^2 = \omega_1^2\sigma_i^2 + (1-\omega_1)^2\sigma_f^2 + 2\omega_1(1-\omega_1)\sigma_{if}$$

根据以上假定可知，$\sigma_f=0$，$\sigma_{if}=0$，$\rho_{if}=0$，并解上述联立方程可得：

$$E(r_p) = r_f + \frac{E(r_i)-r_f}{\sigma_i}\sigma_p$$

可以看出，一种无风险资产和一种风险资产的组合的期望收益率 $E(r_p)$与其标准差 σ_p之间呈线性关系。这两种资产按照不同比例搭配而成，所有投资组合的集合就是图 11-6 中一条向上倾斜的直线段 AB。

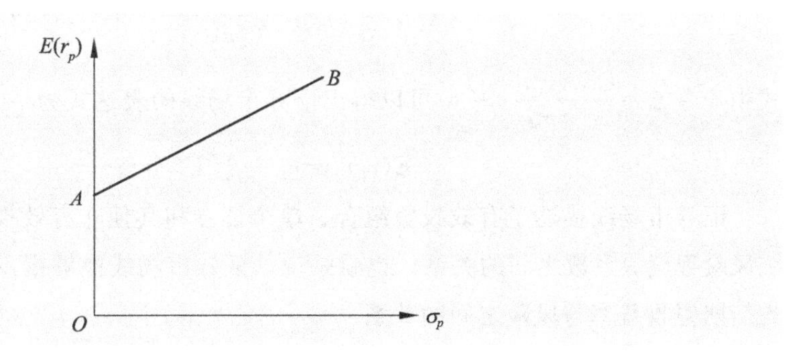

图 11-6 一种无风险资产与一种风险资产的有效边界

(二) 投资于一种无风险资产与多种风险资产的组合

在图 11-7 中，A 点表示一种无风险资产，B 点表示由多种风险资产构成的任一投资组合，那么直线 AB 就表示由无风险资产和无风险资产组合构成的各种新组合的集合。BK 线表示所有风险资产组合的有效边界，在 BK 线上总可以找到一个点 M，使 AM 正好与风险资产组合的有效边界相切于 M 点，M 点所代表的组合叫切点投资组合。

(三) 资本市场线的数学表达

通过上面的分析可以得知，在资本资产定价模型假设下，当市场达到均衡时，市场组合 M 成为一个有效组合，所有有效组合都可看成由无风险资产与市场组合 M 的再组合。

在均值—标准差平面上，所有有效组合都在无风险资产 A 和市场组合 M 连接而成的射线 AM 上，这条射线被称为资本市场线。其数学表达式为

$$E(r_p) = r_f + \frac{E(r_M)-r_f}{\sigma_M}\sigma_p$$

资本市场线描述了当市场处在均衡状态时，有效证券投资组合的预期收益和风险之间的关系。

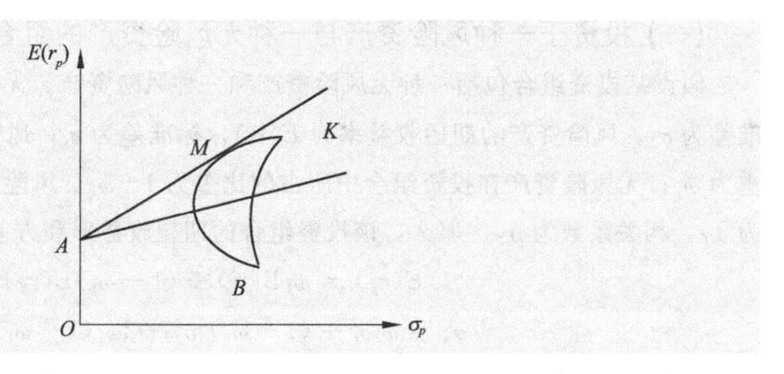

图 11-7　一种无风险资产与多种风险资产的有效边界

(四) 证券市场线的数学表达

资本市场线揭示了有效组合的预期收益与风险之间的关系，而没有给出任意证券或组合的预期收益与风险之间的关系。利用单个证券与市场组合的收益—风险比率相等的理论，威廉、夏普等人通过严格的数学证明，得出了著名的证券市场线方程：

$$E(r_i)=r_f+\frac{E(r_M)-r_f}{\sigma_M^2}\mathrm{Cov}(r_i,r_M)$$

式中，令 $\beta_i=\frac{\mathrm{Cov}(r_i,\ r_M)}{\sigma_M^2}$，可以得出证券市场线的表达式为

$$E(r_i)=r_f+\beta_i[E(r_M)-r_f]$$

证券市场线描述了有效投资组合、单个证券和其他非有效投资组合的预期收益率与系统风险程度 β 系数之间的关系，也就是说，证券市场线能够揭示市场上所有风险性资产的均衡期望收益率与风险之间的关系。

第三节　套利定价理论

套利定价理论(arbitrage pricing theory，APT)是资本资产定价理论的拓展，由套利定价理论给出的定价模型与资本资产定价理论一样，都是均衡状态下的模型，不同的是套利定价理论的基础是多因素模型。

套利定价理论认为，套利行为是现代有效率市场(市场均衡价格)形成的一个决定因素。如果市场未达到均衡状态的话，市场上就会存在无风险套利机会。用多个因素来解释风险资产收益，并根据无套利原则，得到风险资产均衡收益与多个因素之间存在近似线性的关系。

一、套利定价理论的基本假设

套利定价理论有以下几个基本假设：

第一，资本市场是完全竞争的；

第二，投资者是理性的，一旦有套利机会，就会构造套利组合进行套利；

第三，资本市场中存在充分资产，且具有卖空机制；

第四，资产收益率都是由因素模型来决定。

二、套利组合

投资者有能力发现市场中存在的套利机会，并通过构造一个套利组合，以实现在不增加风险的情况下，提高预期收益率。套利组合是指同时满足下列三个条件的投资组合。

第一，不需要投资者追加任何额外投资的组合，如果 x_i 表示投资者套利组合中证券 i 的权数，则套利组合的第一个条件表示为

$$x_1+x_2+\cdots+x_n=0$$

第二，套利组合对任何因素都没有敏感性，这一特征用公式表示为

$$\beta_{pj}=0$$

第三，套利组合的预期收益率必须为正值。

三、套利定价理论的基本内容

套利定价模型的推导基于两个观点：一是在一个有效均衡状态金融市场中，不存在无风险的套利机会；二是高度分散化的资产组合可以由有限的共同因素补偿。因此，证券 i 的收益率由这些共同因素所决定，其模型为

$$E(r_i)=\lambda_0+\beta_{i1}\lambda_1+\beta_{i2}\lambda_2+\cdots+\beta_{ik}\lambda_k$$

式中，λ_k 表示投资者承担一个单位 K 因素风险的补偿额；β_{ik} 表示风险大小。

第四节　期权定价理论

1997 年 10 月 10 日，第二十九届诺贝尔经济学奖授予了两位美国学者——哈佛商学院教授罗伯特・默顿(Robert Merton)和斯坦福大学教授迈伦・斯克尔斯(Myron Scholes)。他们创立和发展的布莱克—斯克尔斯期权定价模型(Black Scholes Option Pricing Model)为包括股票、债券、货币、商品在内的新兴衍生金融市场的各种以市价价格变动定价的衍生金融工具的合理定价奠定了基础。

斯克尔斯与他的同事、已故数学家费雪・布莱克(Fischer Black)在 20 世纪 70 年代初合作研究出了一个期权定价的复杂公式。与此同时，默顿也发现了同样的公式及许多其他有关期权的有用结论。结果，两篇论文几乎同时在不同刊物上发表。所以，布莱克—斯克尔斯定价模型也可称为布莱克—斯克尔斯—默顿定价模型。默顿扩展了原模型的内涵，使之同样运用于许多其他形式的金融交易中。

一、期权交易种类及其损益

（一）看涨期权

看涨期权是指期权的买方向卖方支付权利金，即拥有在期权合约的有效期内或特定时间，按执行价格向期权卖方买入一定数量的标的物的权利，但不负有必须买进的义务。

（二）买入看涨期权损益

$$\text{买入看涨期权损益}=\begin{cases}S_T-X-C_t\text{，若 }S_T\geqslant X\\-C_t\text{，若 }S_T\leqslant X\end{cases}$$

式中，S_T 为到期日资产的价格；X 为执行价格；C_t 为 t 时刻看涨期权的期权费；

金融衍生交易是一种零和博弈，期权的买方和卖方的损益情况正好相反。

（三）看跌期权

看跌期权是指期权的购买者拥有在期权合约有效期内按执行价格卖出一定数量标的物的权利，但不负必须卖出的义务。

（四）买入看跌期权的损益

$$\text{买入看跌期权的损益}=\begin{cases}-P_t\text{，若 }S_T\geqslant X\\X-S_T-Pt\text{，若 }S_T\leqslant X\end{cases}$$

式中，S_T 为到期日资产的价格；X 为执行价格；P_t 为 t 时刻看涨期权的期权费。

二、期权价格的影响因素

影响期权价格的基本因素主要包括标的物市场价格与执行价格、标的物的价格波动率、期权有效期、无风险利率和标的物的资产收益率等。

（一）标的物市场价格与执行价格

标的物市场价格与执行价格是影响期权价格的最重要因素。两种价格的相互关系不仅决定内涵价值，而且影响时间价值。执行价格与标的物市场价格的相对差额决定了内涵价值的有无及大小。就看涨期权而言，市场价格超过执行价格越多，内涵价值越大；市场价格超过执行价格越少，内涵价值越小；当市场价格等于或低于执行价格时，内涵价值为零。就看跌期权而言，市场价格低于执行价格越多，内涵价值越大；当市场价格等于或高于执行价格时，内涵价值为零。

（二）标的物的价格波动率

在其他因素不变的条件下，标的物价格的波动增加了期权向实值方向转化的可能性，权利金也会相应增加，而且价格波幅越大，期权权利金就越高。因为标的物价格波动越大，风险也越大，购买期权保险的需求就越大。况且标的物价格反复波动时，价格趋势出现逆转的可能性越大，期权变成有行使价值的机会也就越多，期权买方也更乐于接受期权卖方所提出的更高的期权价格。而期权卖方因市场风险增大(他并不希望期权被行权)，除非能得到满意的较高价格，否则卖方就不肯卖出期权来承担市场风险。

(三) 期权有效期

期权有效期是指距离期权合约到期日前剩余时间的长短，即期权合约的有效期。在其他因素不变的情况下，期权有效期越长，其时间价值也就越大。对期权买方来说，有效期越长，选择的余地越大，标的物价格向买方所期望的方向变动的可能性就越高，买方行使期权的机会也就越多，获利的可能性就越大；反之，有效期越短，期权的时间值就越低。因为时间越短，标的物价格出现大的波动尤其是价格变动发生逆转的可能性越小，到期时期权就失去了任何时间价值。

(四) 无风险利率

无风险利率水平也会影响期权的时间价值。当利率提高时，期权的时间价值会减少；反之，当利率下降时，期权的时间价值则会增加。不过，利率水平对期权时间价值的整体影响还是十分有限的。

(五) 标的物的资产收益率

有些标的物在持有期间可能会有一定的收益，如股票在持有期间或许会有分红收益，持有的国债或外汇存放在银行在持有期间也会有利息收入。收益的大小也会对期权的价格有一定的影响，当然，其影响力与利率水平同样是较弱的。

三、布莱克—斯克尔斯期权定价模型

(一) 模型的基本假设

第一，股票价格随机波动并服从对数正态分布。

第二，在期权有效期内，无风险利率和股票资产期望收益变量与价格波动率是恒定的。

第三，市场无摩擦，即不存在税收和交易成本。

第四，股票资产在期权有效期内不支付红利及其他所得(该假设可以被放弃)。

第五，该期权是欧式期权，即在期权到期前不可实施。

第六，金融市场不存在无风险套利机会。

第七，金融资产的交易可以是连续进行的。

第八，可以运用全部的金融资产所得进行卖空操作。

(二) 模型的基本内容

1. 欧式不支付红利的股票看涨期权定价公式

$$C_t = S_t N(d_1) - Xe^{-rT} N(d_2)$$

$$d_1 = \frac{\ln(S_t/X) + (r+\sigma^2/2)\tau}{\sigma\sqrt{\tau}}$$

$$d_2 = d_1 - \sigma\sqrt{\tau}$$

$$t \in [0, T], \tau = T - t$$

式中，C_t 为期权初始合理价格；X 为期权交割价格；S_t 为所交易金融资产现价；T 为期权有效期；r 为连续复利计无风险利率；$N()$为正态分布变量的累积概率分布函数；σ 为标的资产收益率的标准差。

2. 欧式不支付红利的股票看跌期权定价公式

$$P_t = Xe^{-rT}N(-d_2) - S_tN(-d_1)$$

$$d_1 = \frac{\ln(S_t/X) + (r + \sigma^2/2)\tau}{\sigma\sqrt{\tau}}$$

$$d_2 = d_1 - \sigma\sqrt{\tau}$$

$$t \in [0, T], \tau = T - t$$

式中，P_t 为期权初始合理价格；X 为期权交割价格；S_t 为所交易金融资产现价；T 为期权有效期；r 为连续复利计无风险利率；$N()$为正态分布变量的累积概率分布函数；σ 为标的资产收益率的标准差。

本章重要概念

可行集　有效集　无差异曲线　资本市场线　证券市场线　套利组合

本章思考题

1. 简述均值—方差模型的内容。
2. 简述资本资产定价理论。
3. 简述资本市场线和证券市场线的区别。
4. 简述 B-S 期权定价理论。

第十二章 证券投资策略

知识目标

1. 了解股票投资的基本原则；
2. 掌握股票投资的基本策略，包括选时、选股、跟庄、买卖等内容。

开篇导言

我们在投资过程中总是希望找到一种最佳的操作方法，既可以避免风险，又可以获得最大化的利润，这种愿望被多数投资者视为梦寐以求的目标。事实上，完美无缺的投资方法是不存在的，想要取得最佳的收益，必须走中庸之道。

就像我们出门选择交通工具，大多数人出门会选择骑自行车、坐公交车或者乘出租车。在这三种方法中，骑自行车是最省钱，同时也是最辛苦的，冬冷夏热；坐公交车要比骑自行车舒适，但是要有一定的支出，还要花一点儿时间等公交车；乘出租车，这是最节省时间，也是最舒适的方法，但花费最多。从中可以得出这样的结论，最省钱的方法就是最辛苦的方法，最舒适的方法就是花销最多的方法，而中间的方法则结合了两者的优缺点。从舒适程度上来看，坐公交车要比乘出租车差，但要比骑自行车舒适。综合其优劣，最终我们会以公交车为首选交通工具，这就是中庸之道。

投资方法大致可分为以下三种。

一是最保守的投资方法，相对应的是最低的风险加上极低的收益。

二是最激进的投资方法，相对应的是最高的风险，同时伴随最大化的获利。

三是稳健的投资方法，既不承担过多的风险，也不过于保守，目的就是在保守的基础上适量承担风险，增加获利能力。

通常情况下，我们需要的既不是最谨慎、保守的方法，也不是过于激进的做法。我们需要的是在稳重的基础上获得持久的盈利能力，在控制风险的基础上追寻最大化的利润。

大多数投资者在活跃的市场中，运用激进的操作大获其利时，我们要忍得住寂寞；在市场极为恶劣、其他投资者过于保守地操作时，我们要敢于大手笔地操作。换句话说，就是大势向好时，不要急于追求最大的报酬；在大势极为不利时，也不能过于保守。只有这样才能成为最成功的操作者，既有忧患意识又是乐观主义者，这才是真正具有智慧的极少数人。

第一节 看盘技巧

绝大多数投资者买入、卖出股票的操作主要依据看盘所得到的一些数据信息，在同样的股票行情中，懂得看盘技巧的投资者就能敏锐地捕捉有用的信息并据此赚钱，而有些投资者由于没有掌握一定的看盘技巧不知道如何去捕捉信息，从而导致投资亏损。

一、盘口语言概述

(一) 换手率

换手率是指今天的交易量与流通股之间的比率。换手率越大，成交量也就越大。和量比意义相似，换手率在低位放量比较乐观，高位放量需要小心。

(二) 量比

量比是衡量相对成交量的指标，是指开市后平均每分钟的成交量与过去 5 个交易日平均每分钟成交量之比。量比在 0.8～1.5 是比较正常的，0.8 以下为缩量，1.5～2.5 表示温和放量，2.5～5 表示明显放量，5～10 表示剧烈放量。低位放量值得乐观，高位放量需要小心。

(三) 买盘和卖盘

挂单是一门很大的学问，在更多情况下需要自己切身体会。挂单的位置和挂单的数量都不同，5 档行情和 10 档行情也不同。一般而言，在较高的卖出档位挂出大单，要么就是机构想压着价位建仓，要么就是主力想集中出货；在较低的买入档位挂出大单，要么是机构想保护股价建仓，要么就是机构集中挂单进行诱多。配合撤单情况，我们可以看到更多的主力动向。

(四) 外盘和内盘

外盘是主动性买入盘，内盘是主动性卖出盘。一般而言，外盘大于内盘是比较好的，表示今天买盘比卖盘要强劲一些。

(五) 振幅

股票振幅是指该股票在一个交易日中的最低价与最高价之间差距的幅度。在股票分析中，股票振幅在一定程度上表现了股票的活跃程度。如果一只股票的振幅较小，说明该股不够活跃；反之，则说明该股比较活跃。股票振幅分析有日振幅分析、周振幅分析、月振幅分析等类型。

(六) 分时成交

软件的分时成交其实意义不大，因为假单太多。拆单技术较高的软件，其分笔成交和逐笔成交才有分析意义。

二、看盘三要素

(一) 时间

时间是影响股价走势的一个重要因素。特别是开盘后和收盘前的 30 分钟，常常成为多空双方搏杀的黄金时段。

1. 集合竞价阶段

集合竞价决定开盘价，而开盘价在一定程度上决定了一天的交易涨跌幅度。所以，集合竞价成为想吸筹或是想派发的机构必争之地。由于机构投资者的席位可以直接挂入交易所，而个人投资者的操作需要通过证券公司的中介作用才能实行委托，事实上，个人投资者的操作要比机构投资者的操作滞后。因此，我们有必要好好研究一下如何分析集合竞价，如何利用“价格优先，时间优先”这个交易规则来获取胜利。

具体来说，集合竞价中的盘面主要体现了以下信息。

(1) 低开：如果股价处于 K 线低位，小心新的一波下跌；如果股价处于 K 线高位，低开则往往是跳水的象征。

(2) 高开：如果股价处于 K 线低位，高开是好事；如果股价处于 K 线高位，高开则多半是出货了。

(3) 挂单踊跃：如果某个股的买盘挂单都特别大，则往往意味着该股将会出现异动，具体参考第(1)条。

(4) 平开：分析意义不大，主要看前一天涨跌情况。

(5) 涨停价挂单：重大利好刺激或是机构发疯拉升，使个股在集合竞价的时候就奔向涨停，这些个股如果要去追，就要看速度了。

(6) 有没有人打价格战：所谓价格优先，就是买的时候价格越高越好，卖的时候价格越低越好。在集合竞价的时候可以去观察，如果有人抢着买入，那么就看涨；如果有人抢着卖出，则看跌。

(7) 跌停价挂单：重大利空刺激或是机构发疯出货，使个股在集合竞价的时候就奔向跌停，这些个股如果要想及时卖出，也是需要看速度的。尽量在早上 9 点 15 分之前就尝试着挂单，很多机构投资者和部分券商提供的交易账号可以在 9 点 15 分之前挂单。

▶ 2. 开盘后5分钟

集合竞价决定了开盘价，而开盘后的5分钟决定了一天的主要基调。

一般而言，开盘5分钟内下跌的，当日都会比较疲弱，尤其是低开之后迅速走低，往往意味着该股要打到跌停；相反，开盘5分钟内上涨的，当日都会比较强势，尤其是高开之后迅速高走，往往意味着该股要冲击涨停；

当股价处于高位时，一旦出现高开之后迅速下跌，有可能是机构在出货；高开之后迅速上涨，则可能会继续拉升；低开之后迅速下跌，需要小心了；低开之后迅速上涨，或许会来个“梅开二度”。

相反，当股价处于低位时，一旦出现高开之后迅速下跌，有可能是机构在故意打压建仓；高开之后迅速上涨，则意味着将要大涨；低开之后迅速下跌，有可能会展开下一波下跌；低开之后迅速上涨，有可能是机构利用集合竞价在打压价格，该股值得介入。

▶ 3. 几个重要的时间段

(1) 9点30分—10点。早盘半个小时的涨跌基本上预示着一天的涨跌。庄家想要吸筹或者出货，第一个时间段是集合竞价阶段，第二个时间段则是开盘后半个小时。因此，我们经常可以看到股票在开盘后的半个小时里交易十分踊跃，在这之后就开始走向平缓。

(2) 下午1点—1点30分。到了中午，该出来的消息都出来了，经过中午一个半小时的休息，机构投资者也再一次确立了自己的主基调。

(3) 下午2点—2点30分。一天的最高价和最低价，往往在这个时候产生。

(4) 下午2点50分—3点。收盘前的最后10分钟是买入强势股和卖出强势股的最后的时机，也是机构表明自己吸筹还是出货的最后时机。如果当日股价走势一般，甚至是下跌，但尾盘10分钟突然大涨，这种情形值得多头关注；如果当日股价走势强劲，但尾盘10分钟突然大跌，这种情形需要空头注意。

(5) 收盘集合竞价。深市股票在尾盘3分钟也有集合竞价，其分析的意义和开盘前的集合竞价相似。

▶ 4. 价格线和均价线

分时走势图中，价格线和均价线的分析方法和K线联合均线的分析方法是基本一样的。

(1) 均价线在股价上方，则对股价形成压力。

(2) 均价线在股价下方，则对股价形成支撑。

(3) 跌停形态。股价线一直在均价线下方震荡，并且少于三次之内冲破均价线，则该股有跌停的可能性。

(4) 涨停形态。股价线一直在均价线上方震荡，并且少于三次之内跌破均价线，则该股有冲击涨停的希望。

（5）由强转弱。股价线下穿均价线之后，如果反弹到均价线位置而未能收复，则应开始考虑卖出。

（6）由弱转强。股价线上穿均价线之后，如果能再次回抽，成功踩住均价线，则应开始看好。

（二）空间

指数或股价能走多高或多低，里面的空间到底有多大，可以看其走势的压力位及支撑位。压力位与支撑位是股价走势空间的具体表现。

▶ 1. 压力位

空头力量盛、多头力量弱的地方自然形成压力，在实践中由于大众预期的一致性，以下区域常会成为明显的压力位：前收盘、今开盘、均线位置、前次高点、前次低点、整数关口。

▶ 2. 支撑位

跌不下去的地方即为支撑，常见支撑位有以下几类：今日开盘、前收盘、均线位置、前次低点、前次高点、整数关口。

（三）动量

即时看盘的核心是上涨和下跌的动量。所谓动量，实质上是指以成交量为基础的成交量和价格之间的相互关系。在量价理论中，成交量与股价的关系主要归纳为以下 8 种。

▶ 1. 量增价平，转阳信号

股价经过持续下跌的低位区，出现成交量增加、股价企稳现象，此时一般成交量的阳柱线明显多于阴柱线，凸凹量差比较明显，说明底部在积聚上涨动力，有主力在进货，为中线转阳信号，可以适量买进持股待涨。有时也会在上升趋势中途出现量增价平，说明股价上行暂时受挫，只要上升趋势未破，一般整理后仍会有行情。

▶ 2. 量增价升，买入信号

成交量持续增加，股价趋势也转为上升，这是短中线最佳的买入信号。量增价升是最常见的多头主动进攻模式，应积极进场买入。

▶ 3. 量平价升，持续买入

成交量保持等量水平，股价持续上升，可以在期间适时、适量地参与。

▶ 4. 量减价升，继续持有

成交量减少，股价仍在继续上升，适宜继续持股。如果锁筹现象较好，也只能是小资金短线参与，因为股价已经有了相当的涨幅，接近上涨末期了。有时在上涨初期也会出现量减价升，则可能是昙花一现，但经过补量后仍有上行空间。

▶ 5. 量减价平，警戒信号

成交量显著减少，股价经过长期大幅上涨之后，进行横向整理不再上升，此为警戒出货的信号。此阶段如果突发巨量、天量拉出大阳线或大阴线，无论有无利好利空消息，均应果断派发。

▶ 6. 量减价跌，卖出信号

成交量继续减少，股价趋势开始转为下降，为卖出信号。此为无量阴跌，底部遥遥无期，所谓多头不死跌势不止，一直跌到多头彻底丧失信心斩仓认赔，爆出大的成交量，跌势才会停止，所以在操作上，只要趋势逆转，应及时止损出局。

▶ 7. 量平价跌，继续卖出

成交量停止减少，股价急速滑落，此阶段应继续坚持及早卖出的方针。

▶ 8. 量增价跌，弃卖观望

股价经过长期大幅下跌之后，出现成交量增加，即使股价仍在下落，也要慎重对待极度恐慌的杀跌，所以此阶段的操作原则是空仓观望。低价区的增量说明有资金接盘，说明后期有望形成底部或反弹的产生，应适宜关注。有时若在趋势逆转跌势的初期出现量增价跌，那么更应果断地清仓出局。

第二节 证券投资的时机选择

“选时”和“选股”是两种经典的投资策略：选择合适的时机买入股票，并在适当的时候抛出从而实现盈利的策略即为“选时”；而“选股”则是指选择合适的股票买入并持有，随公司的成长而盈利。“选股不如选时”，即选择有利的时机建仓对于提升投资收益水平具有决定意义，甚至比选择哪种股票更重要。

正如我国台湾地区著名投资家邱永汉所说：“买卖股票是赚是赔，并非由于买卖的股票不同，主要取决于时机的先后。”在牛市行情到来时，一般的股票都会上涨，这时选股显得并不重要，重要的是抓住时机建仓。股票涨涨跌跌都是正常的，对投资者而言，不仅可以从股票上涨中获利，在股票下跌过程中同样也可以获利，关键是买卖时机的选择是否正确。同样一只股票，有的投资者获利丰厚，而有的投资者出现较大亏损。从这个意义上说，股市没有股票的好坏之分，只有赚钱与赔钱的区别，而区别就在于买入时机与卖出时机的选择是否恰当。

一、依据大势选择投资时机

所谓大势，是指证券市场的总体趋势。根据道氏理论，市场的趋势分为基本趋势、次级趋势和短期趋势。市场的基本趋势受诸多宏观经济因素的影响，包括国民经济发展状况、货币政策、财政政策、金融环境、国际收支状况、国家汇率政策的调整等。因此，要判断市场的总体趋势，就需要分析这些因素的变化及其对证券市场的影响。

（一）宏观经济面

股市是国民经济的“晴雨表”。宏观经济的发展状况必然在股票市场上有所反映。经济发展具有一定的周期性，经济的周期性是由经济运行的内在因素所决定的。股票市场的变化与国民经济的发展息息相关，因此股票市场也必然出现周期性的变化。因此，研究经济周期性的变化可为我们研究股票市场的变化提供依据。

经济周期一般分为衰退、萧条、复苏、繁荣四个阶段。当宏观经济处在衰退、萧条阶段时，上市公司经营状况恶化，盈利减少甚至亏损，失业率上升，居民收入减少，投资、消费下降，股票市场处于熊市，投资者不适宜介入股票市场。当经济增速、工业增加值、投资、进出口、消费等宏观经济数据不再创新低，并逐步企稳回升时，显然宏观经济基本面出现好转，上市公司经营状况也会逐步好转，股票市场也会逐步走出熊市，这时投资者可以选择逐步建仓。当国民经济处在繁荣阶段末期，经济出现衰退迹象，股票价格在迭创新高，这时投资者应逐步撤离股票市场。

(二) 宏观经济政策

国家的宏观经济政策包括财政政策、货币政策、汇率政策等，它们都会对股票市场产生重要影响，因而投资者可以通过判断国家宏观经济政策的调整趋势来选择投资股票市场的时机。根本上而言，股市是资金供求博弈的“战场”，资金供给的增加将为做多创造流动性保障。当国家采取扩张性货币政策时，市场资金面较宽裕，将会推动股票市场上涨，投资者可以择机买入股票；相反，当国家采取紧缩性货币政策时，股票市场资金面紧张，股票市场会出现下跌，投资者应及时卖出股票。当国家实行扩张性财政政策时，可刺激社会总需求的增加，上市公司的业绩有望提高，从而推动股票价格上涨；而当国家采取紧缩性货币政策时，将抑制社会总需求，导致公司的盈利能力下降，从而引起股票价格下跌。当汇率上升时，本币面临贬值，本国出口产品的竞争力增强，出口型企业的效益有望提高，从而刺激相关上市公司股票价格上涨；当汇率下降时，本币升值，本国产品的出口竞争力下降，出口型企业盈利下降，相应的上市公司的业绩下滑，股票价格面临下跌。

二、行业投资时机的选择

一般来说，在国民经济中处于主导地位、发展前景广阔、发展潜力巨大的行业往往容易得到国家产业政策的支持和资金的青睐，股票存在较大的上涨空间；而那些在国民经济中地位下降、发展前景暗淡的行业，股票的上涨空间相对有限。但是，对于投资者来说，由于投资的时机选择容易出现偏差，即使投资发展前景好的行业的股票，也不一定能得到好的回报；同样，若投资时机选择恰当，投资于夕阳产业的股票也不一定会亏钱。由此可见，行业投资时机的选择，对于提高投资收益依然十分重要。根据行业与经济周期的关系，行业可分为增长型行业、周期型行业和防御型行业，不同类型的行业投资时机的选择有所不同。

(一) 增长型行业

增长型行业的运动状态与经济活动总水平的周期和振幅无关。这种类型的行业中，企业的销售收入、利润的增加主要依赖技术进步和产品的不断创新，并且企业经营效益能保持稳定、较快的增长，而受宏观经济的周期性波动的影响较小，如计算机、生物制药、新能源、新材料等行业。因此，对于增长型行业的投资时机比较好把握，即只要行业处在生命周期的成长阶段，且股票价格还没有严重透支其业绩，就可以买入并较长时期持有，而不用理会短期的波动。

（二）周期型行业

周期型行业的运动状态直接与宏观经济周期的运动息息相关，如钢铁、煤炭、电力、房地产等都是强周期型行业。当宏观经济处在复苏、繁荣阶段时，这些行业也会积极扩张，企业的经营效益也会随之提高，推动企业股票价格上涨；当宏观经济处在衰退、萧条时期，这些行业也会随之步入衰退，企业经营效益下降，股票价格相应下跌。因此，投资者只需要判断宏观经济周期的变化，选择买入或卖出周期型行业的股票。

（三）防御型行业

防御型行业的特点在于其产品需求比较稳定，不管宏观经济处在经济周期的哪个阶段，这些行业都能保持稳定或缓慢增长态势，即使宏观经济处在衰退期。相应地，这些行业中的企业的上市公司股票在证券市场上表现较为稳定，不会出现大的波动。因而，防御型行业的投资属于收入型投资，而非资本利得型投资。

三、个股投资时机的选择

（一）新股发行时的投资机会选择

新股的发行市场与交易市场之间联系紧密并相互影响，了解和把握两者之间的关系，是投资者在新股发行时正确进行投资决策的基础。

在交易市场的资金投入为一定数量的前提下，当发行新股时，将会抽出一部分交易市场中的资金去认购新股。如果同时公开发行股票的企业很多，将会有较多的资金离开交易市场而进入股票的发行市场，市场的供需状况就会发生变化，交易市场股票价格会出现向下波动。但是，由于发行新股的活动一般都通过公众传播媒介进行宣传，从而使新股的申购数量大多超过新股的招募数量，这样，必然会使一些没有获得申购机会的潜在投资者转而将目光投向交易市场。如果这些潜在投资者在仔细分析交易市场的上市股票后，发现某些股票本益比、本利比倍数相对低，就可能转而在交易市场购买已上市股票，这样，又给交易市场注入新的资金量，可能又会推动交易市场股票价格的上涨。

事实上，发行市场与交易市场的关系相当复杂，是发行市场影响交易市场，还是交易市场影响发行市场，要依股市的当时情况而定，不能一概而论。例如，有些公司发行新股的消息公布后，不少投资者担心发行新股会冲击老股，纷纷地抛出老股而形成巨大的卖压，致使老股股价出现大的跌幅；当抽签认购率很低时，尚未中签的投资者纷纷又将闲散资金投向交易市场购买老股，从而又使老股股价出现连连攀升的市况。

一般来讲，社会上的游资状况、交易市场的盛衰及新股发行的条件等是决定发行市场与交易市场相互影响的主要因素。投资者需要根据不同的情况，把握投资新股的时机。

(1) 社会上资金存量大、游资充裕、市况好时，申购新股者必然踊跃。

(2) 市况疲软，但社会上资金较多时，申购新股者也较多。

(3) 股票交易市场的市况好，而且属于强势多头市场时，资金拥有者往往愿意将闲钱投入交易市场搏击，而不愿去参加新股的申购碰运气。

(4) 新股的条件优良，则不论市况如何，总会有很多人积极去申购。

(二) 新股上市后的投资机会选择

对于新股投资，重点要从大势和个股两个方面把握机会。

1. 投资新股要看大势

如果大盘处于大幅下跌的市道中，绝大多数个股的走势都将受影响，真正逆大势而为的股票毕竟是少数。如果在大盘上涨趋势中，新股得到炒作的机会比较大，也可能形成新股上涨和大盘上涨的互动效应，甚至出现次新股成为大盘风向标的局面。

2. 在个股方面，根据技术分析，应正确把握买卖时机

(1) 新股上市首日的换手率分析。如果新股上市首日的换手率适中，买卖较活跃，预示着有资金介入，后市可重点关注。如果换手率过低，说明一级市场中签持股者的惜售心态较重，在二级市场主力资金难以收集筹码的情况下，后市行情仍将有反复。投资者还要关注盘口的价量配合情况，在新股的分时走势图上出现价升量增、价减量跌的形态最为理想，这类新股可以重点关注。

(2) 新股上市首日的 K 线分析。新股上市首日高开拉长阳线的，不宜追涨，以免被套；如果平开或低开后出现长阳线，则当天不宜立即买进，该股往往会在第二天出现盘中调整走势，投资者可择机介入；如果新股上市首日走出长阴线的，则要坚决回避，该股后市将面临一段下调行情，一般需要数天或十几天后才能企稳，待其见底后买进。如果新股上市首日，K 线实体较小，则说明多空分歧大，其发展趋势还要观察一段时间。

(3) 新股上市首日的指标分析。技术指标一般至少需要数天的计算周期，新股刚刚上市期间，大多数指标还没有形成，这时主要是观察分析盘中指标和分时指标。其中比较有效的指标是 15 分钟随机指标和 15 分钟 OBV 能量潮指标，当 OBV 急剧增长，而 KDJ 出现低买信号时，可以把握盘中买入时机。

(三) 股票分红派息前后的投资机会选择

投资者获得的股利收益主要源于上市公司的净利润，它是通过上市公司分红而得到的。上市公司分红一般是在公司营业年度结束，公司年度决算和公布财务报告之后进行的。大部分公司是在营业年度下一年的 4 月至 7 月进行分红。有一些公司，特别是含 H 股的上市公司，其公司章程规定一年进行中期和年终两次分红。中期分红一般只能在中期以

前的利润余额范围内分配，并且是在预期本年度结束时不会出现亏损的前提下方可进行。上市公司的分红方式一般有三种：

(1) 以现金的形式向股东支付，这是最常见、最普通的形式，在美国，大约80%以上的公司是以此种方式进行的。

(2) 向股东配股，采取这种方式主要是为了把资金留在公司里用于扩大经营，以追求公司发展的远期利益和长远目标。

(3) 实物分派，即把公司的产品作为股息和红利分派给股东。

在分红派息前夕，持有股票的股东一定要密切关注与分红派息有关的四个日期，这四个日期是：

(1) 股息宣布日，即公司董事会将分红派息的消息公布于众的时间。

(2) 派息日，即股息正式发放给股东的日期。

(3) 股权登记日，即统计和确认参加本期股息红利分配给股东的日期。

(4) 除息日，即不再享有本期股息的日期。

在这四个日期中，尤为重要的是股权登记日和除息日。由于每日有无数的投资者在股票市场上买进或卖出，公司的股票不断易手，这就意味着公司的股东也在不断变化之中，因此，公司董事会在决定分红派息时，必须明确公布股权登记日，派发股息就以股权登记日这一天的公司名册为准。凡在这一天的股东名册上记录在案的投资者，公司即承认其为股东，有权享受本期派发的股息与红利。如果股票持有者在股权登记日之前没有过户，那么其股票出售者的姓名仍保留在股东名册上，这样公司仍承认其为股东，本期股息仍会按照规定分派给股票的出售者而不是现在的持有者。由此可见，购买了股票并不一定就能得到股息红利，只有在股权登记日以前到登记公司办理了登记过户手续，才能获取正常的股息红利收入。

至于除息日的把握，对于投资者也至关重要，由于投资者在除息日当天或以后购买的股票已无权参加本期的股息红利分配，因此，除息日当天的价格会与除息日前的股价有所变化。一般来讲，除息日当天的股市报价就是除息参考价，也就是除息日前一天的收盘价减去每股股息后的价格。例如，某种股票计划每股派发1元的股息，如除息日前的价格为每股18元，则除息日这天的参考报价应是17元(18—1)。掌握除息日前后股价的这种变化规律，有利于投资者在购买时填报适当的委托价，以有效降低其购股成本，减少不必要的损失。

对于有中、长线投资打算的投资者来说，还可趁除息前夕的股价偏低时，买入股票过户，以享受股息收入。出现除息前夕价格偏弱的原因主要在于此时短线投资者较多，因为短线投资者一般倾向于不过户、不收息，故在除息前夕多半设法将股票脱手，甚至价位低一些也在所不惜。因此，有中、长线投资计划的投资者如果趁短线投资者回吐的时候入市，既可买到一些价格相对低廉的股票，又可获取股息收入。至于在除息前夕的哪一具体时点买入，则又是一个十分复杂的技巧问题。一般来讲，在截至过户时，当大市尚未明朗时，短线投资者较多，因而在截至过户前，那些不想过户的短线投资者就得将所有的股份卖出，越接近过户期，卖出的短线投资者就越多，故原则上在截至过户前的1～2天有可能会买到价格相对合适的股票，但切不可将这种情况绝对化。因为如果大家都看好某种股票，或者某种股票的股息十分诱人，也可能会出现相反的现象，即越接近过户期，购买该股票的投资者就越多，因而，股价的涨升幅度也就越大，投资者必须对具体情况进行具体分析，以在分红派息期掌握好买卖的时机。

第三节 选股策略

就中小投资者而言，投资就是为了增值、保值。成熟的投资者实行波段性投资，当股市阶段性上升时，持有股票；当股市阶段性调整时，减持股票或者空仓。这种投资者比较适合追随机构投资者的步伐，并且应该跟随机构投资者选择投资品种。

投资策略和投资品种的选择一定要适合自己的条件和需求，否则将会造成失误或者损失。例如，有些人并不适合短线炒作却硬要做短线，结果在牛市中反而亏损。投资策略的选择因人而异：合适的，就是最好的。

一、选择成长股

成长股是指上市公司处于高速成长期并有良好业绩表现，每股收益能保持较高增长率的股票。高成长性的公司，其主营业务收入和净利润的增长呈现高速扩张态势，除了做到多送股少分现金以保证有充足资金投入运营外，公司业绩的增速会始终与股本扩张的速度保持同步。这类股票往往高比例配送股而每股收益却并未因之稀释，含金量极高。选择成长股应注意以下几点。

第一，该公司所处行业应为成长型行业，而公司又是该行业中成长性优异的企业。成长型行业一般包括生化工程、太空与海洋工业、电子自动化与仪器设备，以及与提高生活水平有关的行业。

第二，该公司产品开发能力、市场占有率和产品销售增长率高于同类企业，同时社会对该公司产品的需求不断增长。

第三，该公司劳动力成本较低，劳动力成本不会成为公司成长的阻碍因素。

第四，该公司能控制所需原材料的来源和价格，不会因价格上涨削弱其竞争力，始终保持获利趋势。

第五，该公司能将利润的较大比例用于再投资而非给股东分配红利，以促进公司可持续发展。

第六，每股收益增长与公司成长同步，并保持较高水平的增长。

二、选择价值低估股

市场上有相当一部分股票其内在价值相对于目前股价处于低估状态。聪明的投资者总是善于以低于上市公司内在价值的价格购买股票。

选股时可从两方面来分析。

一是从目前行业运行状况和企业盈利状况分析，判定该行业整体估值偏低。因此除了选择价值低估的个股，资产额较大的投资者还应关注整体价值低估的行业和板块，对于在整个市场中估值明显偏低的行业，加大对该行业的资金配置，一般中长期都可以获得较好回报。

二是不仅仅看估值的高低，而是着眼于企业或行业未来的发展。例如，2005 年券商股在当时是估值偏高的，但如果能着眼于中国证券市场的长远发展而选择此类股票，那么随着 2006 年证券业惊人的业绩增长，投资者就会大获其利。

三、新上市公司股票的选择

新股上市第一天没有涨跌幅限制，因此被广大投资者关注。但新股上市第一天投机成分非常大，若选不好股，不但不能获利，还会产生很大损失。投资者在选择新股时，应注意以下几点。

1. 应关注公司基本面的情况

重点关注公司所属行业、大股东实力和募集资金投向。如果公司所属行业是朝阳产业，特别是一些具有充分想象空间的朝阳产业，其股票会定价较高，且容易获得较大上升空间。而大股东实力越强，上市公司就越有可能获得更多的支持。募集资金投向可帮助投资者判断公司未来的成长性。投资者应根据招股说明书了解相关事项，判断未来公司发展前景。

2. 分析新股上市定价在当时的环境下是否合理

上市定价受大盘和板块热点的影响较大，如果大盘连续上涨，而该股又是板块热点，则其定价就相对较高。另外，上市前其他新股屡炒屡升，则定价也会上扬。如果上市前其他新股股价大多高开低走，那么其上市定价就会较低。如果新股有好的亮点，那么就有可能得到较大的炒作。

3. 关注上市首日的换手率

新股上市首日的换手率是未来股价走势的关键。判断新股是否有短线机会，最重要的一点就是换手是否充分，如果首日换手接近 60%，炒作的主力资金才有疯狂拉高股价、使价格脱离成本区的可能。

四、选择冷门股和热门股

（一）选择冷门股

冷门股是指交易量小，流通性差，价格变动幅度小，很少被投资者关注的股票。

对于公司经营状况不良的冷门股，最好不要买入，因为最终股价能否上涨取决于公司是否盈利，投资一家经营状况不良公司的股票很难得到预期回报。投资者更不要贪图冷门股的低价位，因为对该类股感兴趣的人数很少，其股价自然难以上涨。

对于因受外部因素影响的冷门股，如果股票具备以下条件，可适当加以关注：

(1) 公司经营没有出现重大危机，成长前景没有出现恶化的迹象；

(2) 市盈率比同行业的股票低；

(3) 成交量有逐渐放大走出低迷状态的迹象。

(二) 选择热门股

股市上有句话："新手求稳妥，老手炒热门"。所谓热门股，就是在特定时间内走红的股票，它们或是成长股，或是实质股，或是供求紧张的个股，或是有潜力的小型股。从成交量上判断，热门股每天成交的金额在当天股票的总成交金额排名中，一般在前 30 位以内。

热门股代表了市场的热点和焦点，也是一般所称的"主流股"，被较多投资者买进卖出，通常会有较大的涨跌幅度，因此不论是短线操作还是中期投资，热门股不失为一种好的选择。

热门股存在不断更替的情形，这是因为影响股价的因素较多，如政治、经济、军事、社会等方面的因素。这些因素影响社会相应部门、行业或公司，使之受损或受益，而这些损益反映到股市上后，就会导致股价的相应波动。

由于热门股具有不断交替的特性，因此没有一只热门股可以永远走红，每一只热门股在主宰股市一段时间后必然会退化，被其他热门股取代。因此，投资者选择买热门股时，应该关注以下两个方面。

第一，要预测哪一类股票在最近的一段时间内会走红；

第二，要尽可能提早判断当前的热门股是否会退化、何时退化。

一只股票成为热门股会有以下先兆：其一，不利消息甚至利空消息出现时股价并不下跌，利好消息公布时股价大涨；其二，股价不断攀升，成交量也随之趋于活跃；其三，各种股票轮流上涨，形成向上比价的情势。

如何预测即将走红的股票呢？可以参照以下几个因素。

(1) 关注经济周期循环。根据经济周期循环理论，判断当前经济总形势处于经济周期的哪一个阶段，下一阶段的经济总形势又会怎样，从而确定将来产生热门股的环境因素。例如，当经济处于衰退阶段时，各类公司盈利能力普遍减弱，但消费并没有停止，因而消费行业情况相对较好，热门股就有可能在消费领域出现；而在经济复苏阶段时，人们竞相扩大生产规模，生产企业的情况相对会好，热门股也就可能在生产行业出现。

(2) 把握投资者心态。股市是投资大众对经济形势判断优劣的反映。例如，如果投资者担心通货紧缩，这一忧虑会很快反映到自身的投资行为上，进而影响股价。如果能敏锐把握投资者的想法，了解他们所关心或担心的事，那么，判断和选择热门股也并非难事了。

(3) 经常进行技术分析。选定热门股后，应进行技术分析以验证判断正确与否。例如，K线图、指标等技术分析的结果是否属于做多向上，支撑和压力的状况又如何。

应该指出的是，热门股涨得快，跌得也快，其价格往往脱离公司业绩。因此，在选择购买这类股票时应慎重，最好不要买进太多，更不要全仓买入。

五、挖掘有发展潜力的低价股

股价低的同时意味着风险较小，这自然也成为它的一个优势。

低价股炒作成本较低，因此容易引起庄家兴趣，较易控制筹码。由于其基数小，低价股上涨时获利的比率也就更大，获利空间与想象空间均很广阔。如果它同时具有较好的群众基础，此类低价股就会成为黑马股。

选择有发展潜力的低价股可参考以下原则。

(1) 盈利收益稳定。公司盈利稳定或即将扭亏为盈是基本面向好的标志，最终会反映到股价的涨升上来。

(2) 行业准入标准高。由于行业准入标准高使公司具有不可替代性，往往成为炒作题材。

(3) 市场潜力大。一些公司的当前市场并未完全拓展，但其产品或服务的市场前景却非常广阔，如果公司运营正常，迟早会使股价上涨。

但是，低价并非一定就好，如果上市公司亏损太多，扭亏为盈的可能性不大，这样的低价股还是不买为好。

六、大盘股的选择

大盘股是指流通盘较大的股票，目前A股市场流通盘在10亿股以上的可称为大盘股。

大盘股的长期价格走向与公司的盈余密切相关，短期价格的涨跌与利率的走向成反向变化。当利率升高时，其股价降低；当利率降低时，其股价升高。

大盘股的买卖策略如下。

(1) 关注历史价位。大盘股在过去的最低价和最高价具有较强的支撑和压力作用，投资者要把其作为股票买卖时的重要参考依据。

(2) 关注利率变动。当投资者估计短期内利率将升高时，应抛出股票，等待利率真的升高后，再予以买进；当预计短期内利率将降低时，应买进股票，等利率真的降低后，再予以卖出。

(3) 关注经济景气程度。投资者要在经济不景气的后期低价买进股票，而在业绩明显好转、股价大幅升高时予以卖出。

七、中小盘股的选择

小盘股是指流通盘较小的股票，目前 A 股市场流通盘在 1 亿股以下的可称为小盘股。中盘股的流通盘介于大盘股和小盘股之间。

中小盘股由于股本小，炒作资金较之大盘股要少，较易成为大户的炒作对象。中小盘股股价的涨跌幅度较大，股价受利多、利空消息影响的程度也较大盘股敏感得多，所以经常成为机构投资者之间打消息战的争夺目标。

由于中小盘股容易成为机构投资者操纵的对象，因此投资者在买卖时不要盲目跟风，要学会自己研究判断，不要听信未证实的传言。在市盈率较低的价位买进股票后，不要跟风卖出股票，学会耐心等待股价走出低谷；而股票到了高价区，切忌贪心，要见好就收。

第四节　证券买卖策略

证券投资活动是一项非常复杂的过程，投资者总是想寻求一种正确的投资方法来确定购入何种证券，何时能以低价买进，何时又能以高价卖出，以获得丰厚的投资报酬。事实上，谁也没有绝对把握来保证投资行为一定能获得成功，但是可通过预先制定某种良好的投资策略来弥补这一不足，以帮助自己掌握证券投资的最佳对象与时机，消除或减少不必要的错误判断和决策。

一、证券投资的主要方法

(一) 分散投资法

分散投资法是指投资者为降低投资风险而将资金分别用于购买不同企业、不同种类和不同性质的有价证券的投资方式。常用的分散投资方法有以下几种。

1. 投资三分法

所谓投资三分法，就是将 1/3 的资金存入银行以备不时之需，1/3 的资金购买债券、股票等有价证券作为长期投资，1/3 的资金购置房产、土地等不动产。在有价证券的投资上也可以实行三分法：一部分购买债券或优先股票；另一部分投资于普通股；还有一部分作为预备金或准备金，以备机动运用。在这种三分法中，投资于债券的部分虽然获利不大，但比较安全可靠，因此，许多国家的投资者一般都愿意购买一定数额的安全可靠的债券。购买股票虽然风险较高，但往往能够获得比较优厚的红利收入，甚至还能获得较为可观的买卖差价收入，因此也颇受投资者欢迎。而保留一部分资金作为准备金，则可以在股票市场上出现较好的投资机会时进行追加投资，也可在投资失利时作为失利后的补充和承担损失的能力准备。

2. 因素分散法

因素分散法是指投资者将其投资资金分散在不同时间、地点、行业(企业)等，以实现收益与风险的合理组合，具体包括到期日分散、投资地区分散、投资行业和企业分散。

3. 期限分散法

一般来说，期限长的投资风险较大，短期投资的风险相对较小，中期投资则介于两者之间。由于经济状况的好坏和股市行情的变化总是随着时间的推移而呈现周期性波动，某一段时间好些，某一段时间又差些，因此，在投资期限(或时间)上采取分散投资的方式，可以减少经济不景气引起的股市大波动给投资者带来的损失。所以，在具体操作中，应形成长期投资、中期投资、短期投资相结合的投资组合，以规避风险、“捕捉”利润。

(二) 计划投资法

计划投资法又称公式投资法，是指证券投资者按照某种公式来制订投资计划，根据股票价格波动幅度来做出股票买卖的决定。

1. 等级投资计划法

等级投资计划法的具体操作方法：在确定将某种股票作为买卖对象后，首先将该股股价波动幅度划分为若干个等级，通常股价每下降一个等级，就买进预定数量的股票；股价每上升一个等级，就卖出预定数量的股票(见表 12-1)。按照这种方法进行买卖，会使股票出售的平均价格高于买进的平均价格。

表 12-1 等级投资计划法

市价/元	买进股数/股	买进金额/元	卖出股数/股	卖出金额/元
10	1 000	10 000		
8	1 000	8 000		
6	1 000	6 000		
8			1 000	8 000
10			1 000	10 000
12			1 000	12 000
合计	3 000	24 000	3 000	30 000
盈亏/元	6 000			

2. 等额投资成本法

等额投资成本法是指投资者在一定时期(如一年)，不论股价如何变动，都定期以相同金额购入某种股票。当股价较高时，买进股数就减少，而当股价较低时，买进股数就增多，投资者购买股票的平均成本低于股票的平均市场价格，从而使投资者可以用固定的资金买到较多的股票，如表 12-2 所示。

表 12-2 等额投资成本法

购买时间	市价/元	购入股数/股	累计购入股数/股	投资总额/元	所购市价总额/元
1 月	20	500	500	10 000	10 000
2 月	40	250	750	20 000	30 000
3 月	50	200	950	30 000	47 500
4 月	25	400	1 350	40 000	33 750
5 月	20	500	1 850	50 000	37 000
6 月	10	1000	2 850	60 000	28 500
7 月	40	250	3 100	70 000	124 000
8 月	25	400	3 500	80 000	87 500

3. 固定金额投资计划法

固定金额投资计划法是指投资者在投资资金中计划一个股票投资金额的固定数，其余资金用于购买债券或保留现金，不论股价上升或下跌，都要保证持股数量在这一固定金额的水平上，如表 12-3 所示。

表 12-3 固定金额投资计划法

月份	股价指数	股票总额/元	调整操作	债券总额/元	证券市值总额/元
1	100	2 000		2 000	4 000
2	125	2 500		2 000	4 500
		2 000	卖出 500 股	2 500	4 500
3	90	1 800		3 000	4 800
		2 000	买进 200 股	2 800	4 800
4	92.5	1 850		2 750	4 600
5	97.5	1 950		2 850	4 800

4. 固定比率投资计划法

固定比率投资计划法是由固定金额投资计划法改进而来的，其具体操作是将投资资金分成两部分：一部分是保护性的，主要由价格波动不大、收益比较稳定的债券构成；另一部分是风险性的，主要由价格波动频繁、收益相差较大的普通股票构成，两者之间维持固定的比例。如表 12-4 所示。

表 12-4　固定比率投资计划法

序号	股票市值/元	调　整	债券市值/元	调　整
1	50 000	保持不动	50 000	保持不动
2	30 000	买入 20 000 元	70 000	卖出 20 000 元
3	50 000		50 000	
4	80 000	卖出 15 000 元	50 000	买入 15 000 元
5	65 000		65 000	

5. 变动比率投资计划法

与固定比率投资计划法相反，变动比率投资计划法主张投资者应根据股市具体情况调整债券与股票的比例，如表 12-5 所示。在实际操作中须注意以下几点：

(1) 投资者首先要根据过去较长一个时期的股票平均价格给自己制定一个基准价格水平；

(2) 确定持有股票的最大比例与最小比例；

(3) 确定每次操作的股价偏离幅度；

(4) 当市场价格高于基准价一定幅度时就卖出股票买进债券，反之则买进股票卖出债券，以调整股票与债券持有量之比。

表 12-5　变动比率投资计划法

行动点(股价指数)	股票与债券的比率		
	非标准型计划 股价上升	标准型计划 股价下跌	
250	25∶75		25∶75
235	30∶70		30∶70
220	35∶65		35∶65
205	40∶60		40∶60
190	45∶55		45∶55
175	50∶50	50∶50	50∶50
160	55∶45	55∶45	
145	60∶40	60∶40	
130	65∶35	65∶35	
115	70∶30	70∶30	
100	75∶25	75∶25	

(三) 趋势投资计划法

趋势投资计划法是指投资者根据市场变化的大体趋势来制订的投资计划，是一种具有简单性、机械性、普遍性和肯定性的长期投资计划。趋势投资计划法的基本前提是认为市场中的一种趋势一旦形成便会持续一段较长的时间，因此，相应的操作方法是投资者顺应股价走势买进股票后，应保持其在市场的占有地位，只有在股价走势反转向下的信号产生时才能卖出股票，待股市出现好的转机趋势时再行入市购进。

1. 道氏计划法

道氏计划法是以道氏理论为依据的证券投资方法。道氏计划法的总体原则：判断股价主要趋势上升，便可买进并持有股票；反之，则出售所持股票，改变投资地位：

由于道氏理论的主要目的是探讨股市的基本趋势，不能预测股票价格的最高点和最低点，对选股没有帮助，太注重长期投资趋势，导致道氏计划法也有相应缺陷。

2. 哈奇计划法

哈奇计划法的操作方法：每周末计算股价的平均值，每月再将各周的平均值相加，求出该月的股价平均值。将该月的股价平均值与上月的最高价位进行比较，如果该月的股价平均值与上月的最高价位相差未达到10%，则不去管它；如果该月的股价平均值与上月的最高价位相差超过10%，则卖出全部股票。这时，即使空仓也不立即建仓，而是等到已卖出的股票周平均值或月平均值已由上月的最低价位点上升了10%时，再购进该股票。

二、证券投资的操作技巧

根据不同的市场走势进行不同的操作，这是炒股制胜的基本要求。一般来说，牛市有牛市的操作方法，熊市有熊市的操作策略。牛市见顶前的最佳选择是出货离场，熊市见底时的最佳策略是逢低建仓。如果熊市当作牛市来操作，弱市当作强市来决策，肯定是十有九输。

(一) 牛市中的操作技巧

牛市行情是每一位股市投资者梦寐以求的事，这是因为，在牛市阶段，买入股票者基本上都能盈利，只不过是多少的问题。但是，许多投资者都经历过一次甚至几次牛市，其结果不仅没有赚到钱，反而亏了血本，原因就是没有把握牛市的操作技巧。他们要么是在牛市启动之初不敢进股，结果坐失良机；要么是在牛市末期还不出货，结果高位套牢。因此，并不是所有牛市里的投资者都能赚钱，相反因为操作不当而被套牢亏损的投资者倒是大有人在。

面对牛市，我们该如何操作呢？一般来说，在牛市启动之初，应该大胆介入，但当牛市进入末期，成为“疯牛市”“狂牛市”的时候，往往意味着顶部即将来临，此时必须果断撤离，落袋为安。许多投资者不能正确地认识这一点，股市一涨，就得意忘形，丝毫没有考虑顶部的风险，结果大多在顶部高位套牢。实际上，有什么样的升势就会有什么样的跌势，怎样升上来的就一定会怎样跌下去，这是被大量事实所证明了的。2000年年初，在允许三类企业入市及券商质押贷款的政策背景下，股市爆发了一轮史无前例的井喷行情。许多机构投机者认为从此打通了以炒高股价做大市值再反复质押的办法来解决融资做庄的途径，于是纷纷投入巨额资金进行疯狂炒作，并控制了许多个股的大部分筹码，结果制造了一个没有调整的单边升市。然而，这样的市场显然是不牢靠、不稳定的，随着市场转势，兼之加强监管，机构高位被套、下档缺乏承接、大盘无量下跌而导致资金链断裂，于是大盘在2001年6月见顶回落，绝大多数股票都出现了大幅度的下跌。

投资者为了在牛市中取得更多胜利成果，并且最终保存胜利战果，可以采取以下操作策略。

▶ 1. 捂股战略

在牛市中，所有的股票都有上涨的机会。不要看到别的股票上涨而轻易抛掉手中的股票去追买已经上涨许多的股票。也许，你刚刚抛出认为是“乌龟”的股票，它马上就变成了飞跑的“兔子”；而你追买的“兔子”却马上又变成了“乌龟”。因此，牛市中最要紧的事情是牢牢握好手中的股票，这是牛市中最笨也是最聪明的投资策略。据统计，2007年上涨幅度最大的50只股票，80%在2006年的涨幅都不是很大。而2006年涨幅较多的股票，在2007年则表现普遍偏弱。

▶ 2. 买黑马股票

在牛市中，黑马股的涨幅常常惊人，有的甚至超过大盘平均涨幅的好几倍。例如，在2006年以来的牛市行情中，泛海建设、贵州茅台、王府井等黑马股票的涨幅都大大超过其他股票。至于如何在牛市中捕捉黑马股，大体上可以从这几点进行考察：一是寻找有题材的股票，例如，经营方向发生重大改变、业绩高速增长、控股购并、股本扩张等均可构成股票的炒作题材，而有炒作题材的股票容易成为牛市中的黑马；二是新上市的股票，在牛市里，每有新股上市，主力机构总会大炒特炒一番；三是属于朝阳产业的股票。

一般来说，在我国股市中，金融、房地产、高科技、公用事业等行业是孕育黑马股的摇篮。

▶ 3. 做波段

牛市也并不是一往无前地上涨，其中也会调整。按照波浪理论，1浪、3浪、5浪为上升浪；2浪、4浪为调整浪；A、B、C三浪为下跌浪。因此，作为股市投资者如果能踏准牛市节奏，做波段操作，收益将更为可观，回报将更为丰富。做波段一般根据波浪理论确定买卖点，即在1浪起点、2浪底部、4浪底部买入；在1浪顶部、3浪顶部、5浪顶部沽空；高明的投资者还可以做一下B浪反弹。

▶ 4. 及时逃顶

投资者在牛市中赚得的利润能否最终保住，关键之处就在于能否及时逃顶。股市中绝大多数投资者之所以最终亏损就在于不能在牛市末期及时逃顶；而股市中少数投资者之所以盈利甚至大赚也主要是由于能够逃顶。

(二) 熊市中的操作技巧

熊市是行情持续下降的阶段，一般可能持续几个月，甚至几年。这时候的市场特征是连续阴线，偶尔出现阳线，但可能会被更大、更长的阴线所消灭。因此，投资者在熊市的不同阶段要针对市况的不同特点，采取不同的对策。

▶ 1. 升势受遏、人气散佚，要利用反弹机会退出

在这种市况下，行情可能处于一种下挫与反弹相互交错的进程中，抢反弹的散户与趁机脱逃的庄家大户已形成不同的心态，即一些散户仍受前期的牛市气势迷惑，不相信行情上升的基础已不复存在，仍前仆后继，不断入场；同时，庄家却在震荡中非常坚决地退场，从而加速了熊市气势的形成。在这种情况下，投资者要想保全自身，就要利用反弹的机会及时退出，即使有所亏蚀也无所谓，因为要正视正在形成的市道方向，如果继续执迷不悟，很有可能导致更大的损失。

▶ 2. 跌势已成，人心涣散，要果断离场止损

熊市形成后，会有一种急跌的交易情况，恐慌心态迫使一些股票出现持续暴跌，进而超跌的情况。投资者面对这种一泻千里的困境，切不可逆流而动，而应该反手为空，或者上岸等待山洪过去。在暴跌过程中，庄家大户绝不可能出来救市，一些投资基金也不会出来平衡市况，因为基金只对具体投资者负责，没有救市的责任。

▶ 3. 行情在急挫过程将会有小幅反弹，机不可失，时不再来，要趁机溜之大吉

有些人在熊市过程中善于抢反弹，可能屡试不爽，成为抢帽子高手，实际上，这可能是最危险的玩火游戏。作为投资者，不要为眼前的光芒迷了眼，而要耐心地等待风险过去，等待机会来临。

▶ 4. 熊市最后一跌，可能会摧毁多数投资者的信心，从而割肉斩仓

在“熊途末路”，阴极将阳生，善于寻机入市建仓者必将无往而不利。我国台湾地区著名投资专家胡舒寒认为，盛极而衰，否极泰来，股市火爆，股价上扬，大家齐声欢呼的时候，我们应该及时克制自己的贪欲，趁早获利了结，不要老是期望涨了还涨，赚了还赚；当股价重挫，如果你手上的股票本质不坏，用不着流血杀出，可以等反弹时减仓，而当大家都认为后市无望，个个唉声叹气的时候，你则要有勇气敢于买进，因为这是抄底赚大钱的机会。

一般来说，熊市的初、中期不宜入市，应以观望为上策。但这也不是绝对的，如果投资者有较强的操盘技巧，也可以尝试进行一些短线操作；如果操作得好，同样也可获利，甚至可以获大利。其技巧如下。

(1) 选准熊市“黑马”快骑速下。熊市中大多数股票都处于下跌趋势，但一些庄家主力为了解套或者获利的需要，也会想方设法从熊市中拉出几匹黑马来，由此出现“熊市牛股”的现象。中小散户若能乘机骑上一程，利润也是极其可观的。熊市中的“黑马”一般有以下

特征：盘小、股性活、价低、绩优、有题材。熊市中庄家制造的题材一般有资产重组、业绩成长、内部职工股上市、收购等，具有这些题材的股票易成为“黑马”；再结合盘面来分析，庄股的运行速度一般比股指快，不受大盘影响走出独立行情，同时伴有价涨量增、价跌量减、有规律的走势。特别要引起注意的是，熊市中的“黑马”行情是短暂的，散户切忌贪婪，骑上“黑马”走一程，赚取一些差价后迅速“下马”，以防被套。

(2) 弱势中少持仓。在强势中敢于抓住机会，敢于持重仓甚至满仓；在弱势中，风险要比强势中大，要善于规避风险，减少持仓量。可采取分批吃进的方法，不能轻易满仓。

(3) 买进超跌股，以搏差价。在熊市做短线的思路要与强势中相反。在强势中，人们要选一些技术图形好、正在上升过程中的股票，因为强势中强股会更强；而在弱势中，要选一些跌无可跌的低价股吃进，而且建仓的时间要选在急跌后，这样的股票一般会走出反弹或补涨行情，若是该股有幸被主力看中很可能会有一段可观的行情。

熊市之中同样蕴藏着机会，投资者若操作有方，同样会博得牛市中的利润。但熊市毕竟是下跌行情，风险较大，如果没有十足的把握，一般中小散户不要草率行事，更不要频繁操作，否则十有九输。不过，如果已经发现处于熊市末期，大多数股票已经跌到了底部，则可以大胆出击。在股价持续大幅下跌后，没有理由越跌就越失望，事实上越跌风险越小。许多股市高手就是在众人悲观失望的 2006 年大胆抄底，成为大赢家的。

(三) 盘整市中的操作技巧

股市并不总是一往无前的牛市行情，也不会总是绵绵下跌的熊市行情，更多的时候是上下盘整的市道。股市进入盘整的市道后，未来的走势是向上发展，再度翻扬，还是向下继续探底，促使股价下挫，对于我们的操作至关重要。如果看错了形势，则极易蒙受损失。那么，我们应如何观察盘整市道的未来发展方向呢?

首先可以看成交量。不管股市是向上或向下突破盘整市道，成交量都属于关键因素。向上突破，上涨家数开始增加，成交量随之扩大，表现在个股上则是价涨量增；向下突破，下跌家数增加，成交量大幅扩大，表现在个股上则是价跌量大增。

其次看一些技术指标。以相对强弱指标 RSI 为例，当股市陷入盘整市道，RSI 值总在 50 上下盘旋，时上时下，变化不大，但一旦开始向上突破或向下突破，则此指标便会脱离原先范围，开始上升或下降，幅度比盘整期更大。另外，当股市陷入长时间盘整，一旦行情突然跳空而上或跳空而下，配合成交量的扩大，显示此盘整市道正向上或向下突破。通常，此种现象发生必有突然性利多或利空因素出现，否则不致跳空。当然就个股而言，则不排除庄家炒作，刻意哄抬或掼压的可能。

总体来说，面对盘整市道，我们必须保持冷静，不能急躁。可以采取观望态度，也就是静观待变，除非已经显示向上突破概率高，否则不应加码买进。要密切注意促使股市陷入盘局的各个利多与利空因素变化，如果原先利多与利空因素实现或消失，即能改变盘局。如属向上突破，应是买进时机；若系向下突破，则是卖出时机。一般来说，前者跳空而上突破上升压力线，后者跳空而下突破上档支撑线。因此，跳空而上或跳空而下被视为突破盘局的明显信号。跳空而上即显示股价具涨升力量与气势，此时买进，风险自然较小，盈利机会较高；相对地，跳空而下即显示股价已失去原有支撑，将见一段跌幅，此时空仓观望比较稳妥。但须注意的是，市场常因非实质的利多或利空，甚至只是人为因素，如庄家刻意拉抬或掼压，造成突破假象，也就是所谓假突破，则此种突破便是陷阱，必须分外提防。提防之道，乃是审视整个投资环境，并观察量价关系，综合研判。这也是股市专家常常劝人急涨莫追、急跌莫杀的道理，原因就在此项突破是真是假一时不易判断，倒不如暂时保持观望以待后续发展来得较为安全。

(四) 反弹行情中的操作技巧

抢反弹是许多投资者短线炒作的一个惯用手法，是指某只股票突然大幅度地下挫甚至跌停，按照大跌后一般会有大涨的规律，许多投资者冲进去买入，准备以后反弹时抛出，以获取短线利润。这种操作不能说没有道理，也确实有许多短线高手因此赚了大钱，但是，这也是火中取栗、空中接刀的游戏，其风险相当大，许多投资者因此而被套牢。尤其是近年一些庄家在狂炒某只股票后，由于获利丰厚，往往采取跌停板出货手法，在连续三日跌停之后打开跌停，诱使投资者认为反弹来临，大举跟进，结果把散户套在半山腰。例如大连国际，2001 年 6 月 4 日以跌停开盘后打开跌停，竟诱得比平时多 1.5 倍的散户抢反弹，连跌三个跌停之后，再一次打开跌停，更诱得比平时多几倍的散户入市抢反弹，谁知其后还有几个跌停，才算初步跌稳，可庄家的货也出得差不多了。银广夏 2001 年 9 月 10 日复牌后的第一天，也有部分成交量，尤其是经过 12 个跌停至 9 月 26 日时，居然放巨量打开跌停板，显然是有许多投资者认为该股下跌较深，想冲进去抢反弹，谁知后来该股继续跌停，抢反弹者无一幸免，全部套牢。

想捡便宜货抢反弹本身并没错，关键要看选的股是否跌透。银广厦从 30 多元跌到 10 元并没有跌透，中科创业从 84 元跌到 30 元也没有跌透。亿安科技从五六元涨到 126 元，显然是庄家疯狂的炒作，它跌到 20 元、10 元也不为过，但许多投资者没有如此考虑，见该股跌了一半，以为跌得差不多了，连忙去抢反弹，结果是进去一个套牢一个。

由于现在许多投资者都摒弃了高位买入的操作手法，一些庄家高位派发已非常困难，于是，他们改变策略，利用一些投资者贪便宜的心理，采取“压低出货”的手法，引诱散户跟风。他们先将股价炒到相当高的价位，并以不断创造新高点的假象引君入瓮，吸引胆大者跟风接货。如果接货者不踊跃，他们则将股价一路打压下来，一直到某个技术点位才稳住，以此让人觉得这是自然回档，经过一段时间的整理后便会再次拉升，从而追进去抢反弹，结果进一个套一个。这是非常毒辣的一招，被套者往往是进去了就出不来，像亿安科技一路下跌，最低跌到十多元，让你没有一点出货的机会。因此，对喜欢抢反弹的股民来说，一定要慎之又慎，要真正确定选择的股票确实跌得差不多了，无论从技术面还是基本面上看都有反弹的要求，这才可以适量介入。切不可不看大势，不分股质，见某只股票大跌了，就想当然地认为会有反弹而冒险杀入，并且在反弹行情的操作中要讲究一定的技巧，掌握一定的法则。

在反弹行情的操作中，首先要选择恰当的股票作为操作对象，一般的原则如下。

▶ 1. 选择那些跌幅偏大且下跌无量的股票

首先，由于该类股票下跌幅度偏大，往往超过同类别的个股，其中不排除主力顺势刻意打压的成分；其次，下跌无量说明前期主力无出局意愿或者无法出局，只能委曲求全，与普通投资者一起暂时共患难。一旦大盘企稳，该类股票的价格离套牢密集成交区较远，反弹过程中解套压力轻，其反弹的力度自然也就最大，短线盈利的机会也大。

▶ 2. 选择跌破长期平台后加速下跌的股票

这类股票在平台的整理过程中，一般经过了很大比例的换手，持股者大都是长线的坚定分子。平台的整理时间越长，跌破后对股价的牵制力也越大，该类股票跌破平台的颈线位后，快速下跌，与短期均线系统的乖离率加大，技术上将出现一次颈线位突破后的回抽确认过程，抢反弹失手的可能性较小。还有一种可能是主力打破平台是为了制造空头陷阱，如果是这种情况，那就获得了“意外”的收获，抢反弹无意中就抄了底。类似的 M 头、头肩顶、下降三角形突破性下跌到各类形态的量度跌幅后，理论上都将有一次对突破颈线位的回抽确认。

▶ 3. 选择那些受到利空打击严重的股票

这类股票因受到利空消息的影响，持股者大量抛售，股价受空方猛烈打压，往往跌得较惨。但当利空消息解除，本来被利空消息扭曲了的股价必将还其本来面目，恢复到合理价位。

▶ 4. 选择逆势而动的强庄股

投资者对于逆势而动的强庄股应给予关注。在跌势中表现顽强、逆势走高的属于强庄股，一旦大势跌势趋缓，这类股票往往有出色的表现，因此应该成为投资者抢反弹的品种。当然，你得手疾眼快，进出利索，否则极有可能成为庄家的替罪羔羊。

▶ 5. 选择有利好消息但受大市拖累的股票

有的股票有利好消息本应上涨，但受大市拖累该涨未涨，一旦大市回升，则必会脱颖而出。

▶ 6. 选择新上市的股票

新上市股票问题较少，并常常受到大户和主力机构的关照，很容易跑赢大市。

在抢反弹中，有三类品种不宜做短线介入对象：一是前期升幅过大、主力见有接盘就出货的品种；二是排除那些主力过度持有的价值高估的以往热门股，例如，基金大量持有的科技股，基金累积的浮动盈利相当可观，将形成层层抛压；三是回避大市值品种，由于成交额总体趋势是下跌的，因此高价、大盘的大市值品种反弹力度相对较小。

(五) 止损与补仓的技巧

▶ 1. 学会设立止损点

股市永远是一个机遇与风险并存的市场，因而股市中很少有常胜将军，即便是巴菲特和索罗斯之类的顶尖高手，也常有失手之时。这说明再聪明的人也有被套的时候，何况一般投资者。正因如此，被套并不可怕，可怕的是不会解套。有的投资者被套后以积极的方法寻求解套的办法，或者止损将损失减少到最低程度，或者补仓以寻找反败为胜的机会，他们无疑是股市高手。但有相当一部分投资者被套后则是惊慌失措，要么不会止损，任凭股价跳水，要么高位补仓、低位割肉，结果越套越深。被套后的心态不同，策略各异，便分出股市上的智慧高低，分出投资者中的胜负赢亏。

那么，作为一个中小投资者被套牢后，面对变幻莫测的股市行情，如何采取正确的策略以求解套并反败为胜呢？首先，投资者要有承认错误的勇气，一旦事实证明自己的投资决策是错的，就应立即改正，以保持实力。股市操作中出现投资失误极为正常，关键在于应该尽量避免在投资失误中大伤元气，否则不仅会使保本变得非常困难(更不用说反败为胜了)，还将严重影响投资者的操作心态，不利于投资者发挥正常的操作水平。还有的投资者炒股特别固执，声称是“不赚不卖”，不斩仓不割肉，结果经常是一条道走到黑，越套越深，越赔越多。

现在，上市公司退出制度已经开始实施，“壳资源”的价值也正在逐渐失去往日的吸引力，所以，固执地坚持“不赚不卖”的交易策略总有一天会吃大亏。

在股市操作中，一旦趋势发生根本性的改变，与其坐以待毙，真不如带着轻伤逃跑。1994 年中国的大熊市，大盘从 1 500 多点跌到 300 多点，股价可以说是一落千丈，如果能在 1 000～1 200 点及时止损离场，保存相应实力，然后在 400～500 点抄回，后来保本盈利的前景是十分可观的。设立止损点，及时保住本金，既可以防止大盘连续下跌时心理上受到损伤，造成心情不愉快，还可以把资金盘活而不被套死，同时给自己将来进行反攻寻找机会。

但是，止损不是说股票一跌就要斩仓。如果整体投资环境并未变坏，股市并未转入空头市场，进股的时机又不是在高位，所进的股票又没有大的利空消息，此时就没有必要为一时的跌停而忧虑，甚至轻率地斩仓割肉。但如果股市已进入空头市场，股指已出现高台跳水，而股票又爆出巨额亏损或者弄虚作假的丑闻，此时必须当机立断立即斩仓止损。具体来说，是否需要斩仓，可以从以下几个方面进行考虑。

一是发现买错了股票。包括三种情形：①判市错误，本以为大市已经企稳转暖，结果买入股票之后大市继续走低，所买的股票亦随大市继续回调；②误听人言，股友或媒体传闻某某股有利好题材，将会有较大升幅，信以为真，追涨杀入，结果一跌再跌，证明是讹传；③买入股价过高，上升空间小，下跌空间大，形势恶化后不如先斩仓出局。

二是发现买入的基本理由已变。一般买入某只股票都有几条基本理由，可是买入之后却发现有的基本理由已改变。例如，某股原预告有高送配，后来大股东作梗，改为少送配，甚至不送配；又如，某股原预告有重组题材，后重组不成功等。购买的理由不存在了，预期的上升空间没有了，则要赶快止损，否则将面临更大的损失。

三是大的利空出现。所谓大的利空，包括政策性风险、上市公司的重大变故或业绩大幅滑坡等。

四是股价跌破重要的支撑位或者重要的技术指标变坏。买入一只股票，每一个人都是预计它会升才买入，可是常常事与愿违，买入股票后不升反跌，或者升后下跌，若是做短线，应该先行斩仓出局，否则可能会越跌越深；如果是做中长线，如果选股没有错，买入的理由没有变，介入的时机也不错，可以不计较其一时的升跌。但如果跌破重要的支撑位，也可以考虑减仓或者暂时出局观望，待形势明朗后再做打算。

学会止损是股市投资生涯必须的入门阶段，不肯承认错误，认为“没有卖出去就没有亏”只能被看作不敢面对现实。如果无法把握一家公司的前景，而账面又出现亏损的话，最好的办法就是趁亏损仍然在较小的程度时斩仓。正所谓“小财不出，大财不进”，我们提倡长线投资，但长线投资绝不等于与股市较真。股市如棋，一步有变化，接下来的每一步都会发生变化。在大盘的各方面因素都已处于很敏感的位置时，无论投资者还是投机者，其策略和目标都要跟着有所调整。“识时务者为俊杰”，在股市里和在人生中都是相同的道理。只有那些顺应潮流，根据股市变化而调整心态和目标，调整操作手法和思路的人才能成为股市里的胜者。

具体如何止损呢?

首先要看止损的依据。一般来说，止损的依据是个股的亏损额，即当某一股票的亏损达到一定程度时应斩仓出局。止损的依据也可以是某个投资者的资金市值，这往往是针对投资者的整个股票投资组合而言的，当总的亏损额超过预定数值时，应减仓(减少持股)或清仓(完全离场)。止损的依据还可以是股市大势(股指)，即当股指跌破预定点位时，应减仓或清仓。

其次是止损点的设置，这是止损计划的关键，一般应根据有关技术位和投资者的资金状况来确定。在不同的止损依据下，设置止损位考虑的重点也有所区别。对个股止损，一般根据个股的技术位和投资者对亏损的承受能力来设置；对股指止损，则根据大盘的技术位和投资者对亏损的承受能力来设置；对资金止损，则主要根据投资者对亏损的承受能力来设置。不论哪种止损，需要考虑的莫过于亏损承受力和技术因素，前者是因人而异的，也无客观的标准而言，可以是7%，也可以是10%，但技术因素则涉及技巧和经验。常见的方法是结合技术位来设置止损位，例如，某个股因利好传闻而创出近期新高10.80元(假设原高点是10元)，投资者在技术性回调过程中以10.20元买入，一般可考虑在股价跌破原高点10元时止损，但基于破位有效性的考虑，可确定低于原高点一定幅度(如3%或5%)的价格为止损位(如9.70元或9.50元)，究竟取什么幅度，则取决于投资者的经验和对该股股性的了解。

止损点的设置也要考虑大盘的因素。大盘猛挫时，个股难以幸免，大部分人都被深度套牢，此时止损点比平时要低。大盘一路阴跌，有走熊市的可能，止损点要高，等不到反弹就认错出局。大盘盘整或处于强势，止损点可以相对低一点，因为上涨可能性较大。但如果市场上主要是个股行情，就可以少考虑大盘影响。止损点设置还要考虑入市时机。如果是在涨了一倍以上后再买入，止损点要高，哪怕是被震出也无怨无悔。因为这时如果是真的掉头向下，一年半载都难回到这个价位。如果是在刚启动时进入，则止损点可定得低一点。

止损点的设置也有必要针对不同类型的股票而定。一般情况下，绩优股、高价股、大盘股由于主力控盘能力相对较弱，比绩差股、低价股、小盘股止损点设置要高一些。前者下跌往往以阴跌方式出现，速度慢，同样，下跌速度慢，反弹速度也慢。因此，一旦出现转势信号，最好放弃侥幸心理，及时止损出局。

此外，止损幅度(指止损位与买入价的距离)的确定还应考虑排除日常价格波动的影响，短线投资的止损幅度要小于长线投资，较高风险状态下的止损幅度要小于较低风险状态。止损幅度过大，则丧失了止损的本意，使一次错误就造成很大的损失；止损幅度过小，很可能形成无谓的损失，因为在这种情况下，止损位容易在股价的正常波动中触及。可见，确定合适的止损幅度几乎可以说是一种艺术。

总体来说，止损并无定式，重要的是根据具体情况，综合平衡各种因素，根据自己的风险偏好设置止损点。设置止损点之后，自己一定要有决心和毅力去执行，设定止损价，就是为了克服人性中的侥幸和犹豫，避免情绪干扰。因为止损如同治病，在时间上是分秒必争的，如果一味去后悔或者反思做错单的原因，最后只会延误“治疗”。因此，止损操作的关键在于坚定意志，在应该止损时绝不要心存侥幸，绝不能用各种理由来说服自己放弃或推迟实施止损计划，而应该当机立断，当止即止。

▶ 2. 补仓的策略

上面我们谈了止损的重要性，但是，尽管止损是防范风险和整个股市投资中的关键性措施，而它毕竟只是一种防守型技术，不能用来替代行情分析和其他投资技巧。止损的目的是避害，而股市投资的最终目的是盈利，只有高质量的大势判研、选时、选股等技巧才能实现盈利的目的。这两者的关系好似足球中的防守与进攻，唯有全攻全守，方能决胜沙场。

对于中小散户在买进股票后被套，是不是一律都要斩仓止损，显然不能一概而论。前面我们已经提过，止损的前提是股市趋势恶化，或者股票质地变化。因此，投资者被套后，除了止损，还有两种自救的方法：一是补仓；二是换股。不过，补仓并非像一些投资者所想的就是摊平成本价那么简单，换股也并不是换掉下跌的股票，换上市场上的热门股。事实上，补仓和换股是有技巧的，补得不好或瞎换股票反而亏得更多。

一般来说，买进股票可以轻易获利，则表明该股票选择正确，说明股票呈上涨趋势。按照“顺势而为”的原则，不但不可以卖出，还可以继续对其补仓。而买进股票就被套，则说明对该股的选择可能错误，表明股票呈下跌趋势，同样根据“顺势而为”的原则，不但应该趁早将其卖出，而且还不能对其补仓。道理很简单：“顺势而为”才能成为赢家。

然而，在投资过程中，我们见到许多投资者是将略有获利的股票急于兑现而一抛了之，对被套的股票却安于做长线死捂，甚至将长期缩量下跌的股票进行补仓操作，造成股票越套越补，越套仓位越重的尴尬局面。在一个阶段中，股票是有趋势的，往往跌了还跌难以见底，甚至这个阶段有时相当长，轻易地换股和不适当地补仓，不但不会扭亏，甚至还会加剧亏损。

补仓的实质是加码买入，是投资者原已持有某只股票，在某些情况下对其追加投资，这些“情况”基本上分为两类：看对时加码和看错时低位摊低成本。

看对时加码，在市场上通常有正金字塔买入法和倒金字塔买入法两种方法。前者是开始时以较多的资金购买自己所选的股票，其后股价上升，证明自己看对，逐渐补仓买入。但股价每升上一个台阶，购买股票的数量却在减少，形成一个股价低购买的数量大、股价高购买的数量少的金字塔形，这是一种稳打稳扎的买入方式。后者股价每升上一个台阶，每次购买的股票数量都逐渐增多，形成一个头重脚轻的倒金字塔形。这种股份越高越加大买入数量的做法是一种冒险的买入法。看对时加码买入的方式，是投资大师葛兰威尔的买入法则。他认为，在市场确认升势之后，任何的回落都是买入的时机；在市场未确认下跌之前，任何的下跌都应该趁低吸纳。

但是，这种金字塔买入方式风险很高，尤其是倒金字塔买入方式，危险性更大，稍一麻痹，不仅使原有的利润损失殆尽，而且容易高位套牢。因为股票市场每升高一个价位，就预示着风险增加一成。有时，追加买入的股票还未升到自己理想的价位，股价已经暴跌。

最常见的补仓方式是看错时于低位摊低成本买入，即均价买入法。本来我们是为赚钱而入市的，可是由于大市走坏，股质变差，或者是利空袭来，庄家出货，造成所买的股票价格逐渐走低甚至暴跌，又没有及时止损，以致股票被深度套牢。当股价跌到一定程度后加码买入，以摊低成本，便是市场常言的补仓行为。这是一种被动买入法，具有较大的风险。首先，你买入股票后亏了钱，说明你买错了股，若对买错了的股票进行补仓，明显属于对错误再投资，这不是聪明人所为；同时，若补仓之后股价再跌，心态极易不稳，会做出许多非理智的行为，导致一错再错，难以挽回。因此，低位补仓要非常小心。一般的原则是，对手中一路下跌的缩量弱势股不要轻易补仓。所谓弱势股，就是成交量较小、换手率偏低，在行情表现中，大盘反弹时其反弹不力，而大盘下跌时却很容易下跌。一旦被界定为弱势股，则对其补仓应慎之又慎。人们都知道补仓操作不是为了进一步套牢资金，而是要尽快将套牢的资金解套出来，在不能确认补仓之股后市会走强的前提下，匆忙在所谓低位补仓，风险其实是很大的。有的投资者眼光狭窄，认定在哪个股票上输钱，则一定要在该股票上补回来。其实，甲股输了在乙股中赚回来效果完全一样。

因此，看对时加码买入无可非议，但必须确定仍有可观的上升空间，否则不如另寻其他有上升空间的股票；而对看错时低位补仓的股票，更要小心，必须在其跌稳、无下跌空间时才介入，方能避免错上加错。

综上所述，股市虽然带有一定的投机性，但炒股绝对不是赌博。相反，股市投资是一项技巧性很高的工作，这里没有捷径可走，没有关系可用。决定投资者胜负赢亏的因素，除了准确地选择股票，就是恰当地操作股票。这就要求投资者着力提高自己的综合素质，掌握基本的股市操作技巧，尤其是在股市操作中树立理性投资的理念，认真分析股市运行规律，详细研究上市公司的基本情况，股市高涨时不得意忘形，股市大跌时不灰心丧气，该进股时大胆进股，该出货时坚决出货。只有这样，才能成为一个合格的理性投资者，才能成为一个赚钱的投资者。

第五节　跟庄策略

一、庄股的概念

庄股是指股价涨跌或成交量被庄家有意控制的股票，庄家通过增持或减持手中筹码，不断洗盘震仓，来达到吸筹的目的，然后择机拉高股价，吸引散户追高，达到出货的目的，并从中获利。“庄股”本身只是一个市场名词，并没有一个统一的定义。有人认为“庄股”就是被人操纵了价格的股票，也有人认为这只不过是部分具有共同投资偏好的大户集中持有共同的上市公司股票罢了。

一些国家的股市建立有庄家制度，如美国的专业股票商只经营几种股票，既充当买卖中介人，又要在只有买方或卖方时，充当另一方完成交易，他们被要求发挥稳定股票价格的作用。但无论是否有相关制度，有股市就会有庄家。庄家炒股的目的在于盈利，由于他们使股市增添资金、激发活力，因而庄家是股市中不可缺少的具有积极作用的生力军。我国股市自 1994 年 8 月以来庄股林立，成为投资者选股的一大重要品种。发现并及时购进庄股，享受一段“搭车坐轿”的乐趣，是个人投资者获取盈利的一条捷径。

二、庄股与主力股的区别

庄股指主力大户大比例持仓，一般最少持流通盘的 35％以上，多则可达 85％流通盘；主力股是指有部分资金的投资者或短线客在某一阶段介入的个股。两者的主要区别表现在以下几个方面。

▶ 1. 持仓量不同

庄股一般最少持仓流通盘的 35％以上，多则可达 85％流通盘；而主力股一般仅几十万、几百万股，持仓不会超过 20％流通盘。

▶ 2. 连贯性不同

庄股主力大户在操作时具有连贯性，一般不会出光某只股，而是采用高抛低吸部分筹码来摊低成本；而主力股只选择某段时期介入，获利后即全线抛出另选一只，不在一只股上过久停留，若以后看好，高位再追买也不怕。

▶ 3. 周期不同

一只庄股从建仓至出货最少要 1 年半，平均在 2 年以上(视其控盘度)；而主力股时间周期很短，多则 3～4 个月，少则 1～2 天。

▶ 4. 从上榜席位来看，庄股的上榜席位具有连贯性

庄股的上榜席位具有连贯性；而主力股的上榜席位不同，即每次上榜者不重复出现。

▶ 5. 运作时机不同

庄股主力大户的建仓时机选择大盘下跌时或个股出利空时；而主力股发力则选择大盘走好或有突发性利好时。

▶ 6. 资金实力不同

庄股至少 2 亿元以上；主力股仅需几百万元，最多 1 亿元，即使有 1 亿元也很少会全部投入。

▶ 7. K 线形态不同

由于庄股高度控盘，其对 K 线的控制游刃有余，对关键价位的细微控制很好，甚至可以一天仅让其在几分钱的区间内震荡，拉升区可连续收阳；而主力股则波动起伏较大，阴阳线交错，常有中阴出现，此为主力大户无法控制盘口所致。

▶ 8. 均线形态不同

均线上，由于庄股主力锁仓型拉抬，中期市场成本沉在底部，中期均线发散，不会黏合、重叠或交叉；而主力股由于大起大落，中短期市场成本相差不远，均线上下穿插。

三、强庄股的判别准则

(一) 股价的抗跌性

大盘下跌是主力实力的一块试金石，若是强庄股，主力控制了大部分的筹码，大盘下跌时不会乱了阵脚，不会随波逐流，保持良好的抗跌性。特别是在大盘较长时间内都处在调整期，某股如果能一直屹立不倒，其中必然埋伏着强庄。有时大盘受突发性消息影响出现急跌、大跌，对那些“万绿丛中一点红”的抗跌股可特别加以关注。

(二) 筹码的集中度

目前，市场习惯用人均持股来判断筹码的集中程度，人均持股越多，说明筹码集中程度越高；人均持股越少，说明筹码越分散。在一般情况下，人均持股超过 3 000 股，可视为庄股。假如某股人均持股较大且呈集中趋势，说明主力在不断增仓，后市自然应看好。

(三) 行情的前瞻性

一个成功的主力必然对大盘走势有准确的把握，善于在跌势末期勇敢建仓，在行情初期提前出击，在行情火爆时功成身退，也就是善于打提前量。强庄股一般都会先于大盘见底，大盘创出新低时，不再创新低。

(四) 走势的独立性

一般来说，若个股的 K 线图与大盘不一致，则说明该股有资金介入运作，个股走势与

大盘走势偏离得越久，主力的实力越强。

四、庄家炒作四部曲

庄家对某股的炒作一般要经历吸筹、震仓、拉升和派发四个阶段。

（一）吸筹

庄家对某股的做庄过程并非是灵机一动的，而是需要经过较长时间的准备，首先必须看准适当的时机。当国家的宏观经济面并不支持股市向上时，庄家一般较少对某股进行炒作。主力进行建仓时常会研究“天时、地利、人和”。

天时，即最好的坐庄时机，一般是指当宏观经济运行至低谷而有启动迹象之时，此时入庄意味着在日后的操作过程中能得到来自基本面的正面配合，能顺应市场大趋势的发展。从某种意义上讲，大主力看上去能操纵一只股票，但其进庄行动也必须符合市场发展趋势的要求，如果大盘处于极不乐观的情况，他们不会盲目介入股票进行操作。

地利，即选择合适的个股。这种条件的形成主要与所选择品种的有利条件有关。一般情况下，其所选择做庄的股票大都会有较佳的基本面支持。从近两年一些炒作较猛烈的庄股来分析，主力大都将目光放在次新股板块之中，由于这类股票上市后未曾送配，股本的含金量极高，很容易进行高比例送增，而上市公司也极容易进行配合。

人和，是建仓必须且很重要的条件。这种条件的形成必须是主力能看到较长一段时间内股市有走强的趋势，而且在一定时间符合建仓的人为条件，也就是说，必须既看好大盘，同时又有投资者不看好某只股票的条件。

除此之外，还要对个股进行题材的挖掘，这是一个必备的一个条件。可供炒作的题材不外乎以下几种：一是收购或者控股题材；二是合资合作或者股权转让；三是分红配股题材；四是经营业绩有较大改观。

庄家除了对股票进行题材的挖掘以外，还必须对其二级市场的情况进行了解，该股目前是否有庄家，对之前庄家情况的了解也是必须的。如果对其了解不透或者根本不了解，则无法做到知己知彼，一旦在炒高后常会受到老庄主力的干扰。

庄家对个股的收集大都采取极为耐心的方法。因为对个股的收集并非如同一般大户那样买进几万股就可以了，不少庄股对流通盘的控盘程度达到80％～90％，而这些流通盘的吸纳必须在较长时期内所完成。庄家吸筹的方法有以下几种。

（1）趁利空消息出现时吸纳。股市中常会有一些利空消息的出现，其中既有管理层对市场具有调控作用的利空措施，也有上市公司所出现的利空消息。在重大的利空消息出现时，盘中常见一些个股下跌幅度不深，而成交量却很大，这类个股很可能是庄家吸纳的对象，主力正在利用上市公司的利空消息进行建仓。

（2）在大盘下跌过程中或者整理过程中进行吸纳。这一吸纳过程要表现得十分有耐心，因为吸纳过程不能给市场留下明显的痕迹，因此，一些庄家对个股的吸纳采取每日少量吸纳的方法。如果卖盘挂出2万股，庄家并不会一下子将该股吃完，而是采取几千股、几千股慢慢吸纳的方法。进行吸纳的同时挂上少量的买盘，当抛盘对其砸下时这自然成为胜利果实。

(3) 对某股的技术图形进行破坏，使一些技术派人士看淡该股后进行逢低吸纳。例如，当某股随大盘一起下跌，在进入关键技术位置时，庄家利用手中的筹码进行故意的打压，将其中一些技术支撑位击穿，使一些技术派人士认为该股进入深幅调整期而扔掉手中的筹码。

(4) 在拉升中进行建仓。这类庄家大都表现出一种短期的操作行为，其对股票的炒作一般不会像做长庄那样进行精心的策划与研究，其选择的目标一般是盘子较小的、有题材的个股。在经过一些低位的吸纳后，会突然在某一天拉出长红，使一些见长红出货的散户抛掉手中的筹码，然后在震仓中继续吸纳该股，在较短的时间内完成吸筹过程。

(二) 震仓

庄家筹码吸收完毕后必须进行震仓，因为庄家不能持有比其他投资者高的成本，否则会导致拉升过程中无法出货。因此，庄家常常通过震仓来降低手中筹码的成本。

一般来说，庄家震仓的方法是多样的，其目的无非是一个：震出其他投资者手中的廉价筹码，使别人的成本比自己高。要达到这一目的是极其费力的，其手法有如下几种。

▶ 1. 借助上市公司的力量

有的庄家在震仓时甚至要上市公司配合发布一些不利于公司的声明，例如，公司声明近期没有分红的打算，或者业绩没有提高等。这一效果起初还是可以，不少中小散户见消息当日出货。但后来有不少投资者发现了其中的门道，于是每当上市公司出消息，该股不跌反涨，说明其手法被大多数投资者识破后，成为抢筹码的机会。于是不少庄家开始反其道而行之，有的利用上市公司的严正声明进行出货，使不少跟风的投资者成为出货的对象。

▶ 2. 破坏图形进行震仓

庄家洗盘的目的只有一个，即必须使在低位买进该股的投资者在洗盘时扔掉该股，这是一项高难度、高技巧的股票操作。为达到这一目的，庄家首先必须对技术图形进行破坏。例如，某股拉出长红以后，第二天庄家将手中的廉价筹码进行高位打压，使其初次实现第一次利润，但打压时必须击破一定的技术位，以便一些低位买入该股的投资者在较低的位置抛出，方法是当日在走势图上拉出一根长阴线，随后在盘中出现一定的反弹，给这些投资者以获利了结的机会。因为对这些投资者而言，当昨日该股拉出一根长红后，一开始带有很大的幻想，希望该股能一下子上涨较多，可第二天该股不升反跌，使投资者后悔当初应该获利了结才是，可该股还是一个劲地下沉，几乎进入成本区域，因此，当庄家在盘中再次拉升时，这些投资者为了保持胜利果实很少有不出局的，有的甚至贴手续费出局，真正成为庄家的口中食。同时，该股的庄家还必须使一些投资者认为该股应在回档时介入，因此，在进行洗盘时，庄家又不失时机地将股价拉至 10 日均线或者其他一些被投资者认为合理回档的区域，这样，这部分投资者才会进来抬轿，从而使庄家降低了成本。

（三）拉升

庄家吸纳某只股票的目的是获利，在低位长期盘整对庄家而言是极不利的，这并不会实现获利。因此，必须将股价拉升。一个老练的庄家并不会逆势而行，那些逆势而行的庄股往往不会得到广大投资者的跟风，因此，选择合适的时机拉升对庄家而言是必不可少的。就沪深两市的做庄情况而言，深市一些庄家的拉升十分成功，几乎不露一些痕迹，等众人发觉时，该股已处于较高的位置了。拉升时庄家一般会选择大盘走强的过程，和大盘一起走强，但其上涨幅度不会进入涨幅前几名，每天保持一定的涨幅，累积相加时，该股已上涨很多。而且这类老道的庄家在拉升时并不会忘记在拉升中获利，他们常会在盘中进行高抛低吸，使一些意志不坚定的投资者轻易将筹码让出。

除此以外，不少庄家也会进行强行拉升，一般这类庄家的流通盘控制得比较多，由于其急于完成短期的派发过程，必须在一定的时间内将该股拉升到某种价位。因此，这类庄股的拉升往往是急升形态的，一般的投资者不敢轻易跟进。

（四）派发

庄家进行吸筹、震仓、拉升的最终目的是能顺利进行派发。前面已经讲过，庄家的不少筹码已在拉升中进行了派发，但仍有大多数筹码必须选择合适的机会进行派发，否则账面的盈利无法实现。庄家的派发有以下几种情况。

(1) 筑平台进行派发。这类庄股大都有急速拉升某股的行为，在拉升至某一位置后，庄家开始筑平台进行技术位的修正，而且不少个股的形态十分好看，容易使投资者产生进化冲动。庄家在筑平台的过程中，逐渐将其手中的筹码进行派发，随后将一些剩余的筹码朝下一扔，并争取在低位再次捡回这些筹码。

(2) 向上拉升中派发。此类派发往往选择大盘在人气鼎沸的时候通过大幅拉升进行派发。在大盘急速上涨时，不少喜欢追涨的投资者往往在此时不计成本地买入，有的甚至进行透支加码买入，希望在第二天有利润便抛掉。实际上，买入此类股票第二天一般很难有利可获，由于庄家的行为是出货，因此其在第二天往往会压低价格出货，而且不容反弹机会的来临，这些追涨者只得以低于买入的价格将股票卖出。

(3) 在进入目标位后直接向下派发。此类庄家在派发时，由于其持筹的成本十分低，当该股被拉升至几倍以上的价位后，庄家会进行不计成本的抛售。

(4) 直接打压股价出货。这种情况的出现往往是因为庄家发现了突发性的利空，或者某种原因迫使庄家必须迅速撤庄。投资者千万别以为庄家只有拉高股价才能出货，事实上庄家持股成本远远低于大众持股成本，即使打压出货也有丰厚的利润。这种出货方式阴险毒辣，容易将股性搞坏，一般庄家不愿采用。

(5) 除权后大量出货。在庄股出货的方式中，这种方式较为普遍而且较为有效。庄家常在手中的股票除权后用少量的资金将该股进行拉升，给市场投资者一种短期能够填权的印象，然后顺利达到派发的目的。

本章重要概念

换手率　量比　集合竞价　投资三分法　因素分散法　等额投资成本法　固定金额投资计划法　趋势投资法　等级投资计划法

本章思考题

1. 简述看盘三要素。
2. 简述股票投资时机选择的有关策略。
3. 证券投资的主要方法有哪些?
4. 庄家操作股票的过程一般要经历哪几个阶段?各阶段是如何操作的?
5. 在牛市和熊市中，分别怎样进行股票操作?

参 考 文 献

[1] 曹凤岐，刘力，姚长辉．证券投资学[M]．2版．北京：北京大学出版社，2000.

[2] 何孝星．证券投资理论与实务[M]．北京：清华大学出版社，2004.

[3] 谢百三．证券投资学[M]．北京：清华大学出版社，2005.

[4] 兹维·博迪，亚力克斯·凯恩，艾伦·J．马科斯．投资学[M]．6版．北京：机械工业出版社，2005.

[5] 吴晓求．中国资本市场：从制度变革到战略转型[M]．北京：中国人民大学出版社，2005.

[6] 徐国祥．证券投资分析[M]．北京：科学出版社，2006.

[7] 托姆塞特．利用基本面分析在股市获利：华尔街操盘手阅读新经典[M]．林海，译．北京：中国青年出版社，2007.

[8] 李英．证券投资学[M]．北京：中国经济出版社，2008.

[9] 查尔斯·P．琼斯．投资学分析与管理[M]．北京：机械工业出版社，2008.

[10] 罗伯特·雷亚．道氏理论[M]．北京：地震出版社，2008.

[11] 吴晓求．中国资本市场：全球视野与跨越式发展[M]．北京：中国人民大学出版社，2008.

[12] 马骥．证券投资学[M]．北京：科学出版社，2008.

[13] 赵文明．股市铁律[M]．北京：经济管理出版社，2008.

[14] 陈超．我国股票市场波动的非对称性研究[J]．现代经济信息，2009(18).

[15] 马君潞，李学峰．证券市场分析[M]．北京：科学出版社，2009.

[16] 中国证券行业协会．证券投资分析[M]．北京：中国财政经济出版社，2009.

[17] 于璟，束景虹．投资分析[M]．北京：对外经济贸易大学出版社，2009.

[18] 李锦生，潘善启．证券投资理论与实务[M]．合肥：安徽大学出版社，2009.

[19] 龚曙明．宏观经济统计分析[M]．北京：中国水利水电出版社，2010.

[20] 袁春生．上市公司财务舞弊研究[M]．北京：经济管理出版社，2010.

[21] 罗伯特·爱德华，约翰·迈吉．股市趋势技术分析[M]．郑学勤，译．北京：机械工业出版社，2010.

[22] 邱太钦．主力机构建仓策略与实战手法[M]．合肥：安徽人民出版社，2010.

[23] 智君．股市趋势分析技巧与投资策略12讲[M]．北京：地震出版社，2010.

[24] 杜娥，李景、邵明龙．证券投资分析[M]．北京：清华大学出版社，2011．
[25] 史蒂文·阿基利斯．技术分析指标大全[M]．应展宇，桂荷发，译．北京：机械工业出版社，2011．
[26] 李向科．证券投资技术分析[M]．4版．北京：中国人民大学出版社，2012．
[27] 中能兴业．公司基本面分析实务[M]．北京：地震出版社，2012．
[28] 陈晓彬．我国股票市场波动的时变性及原因探讨：来自股权分置改革后的经验[J]．商业时代，2012(21)．
[29] 许拯声．投资基本面分析，从读懂财报开始[M]．北京：机械工业出版社，2012．
[30] 拉尔夫·N．艾略特．波浪理论经典[M]．天津：天津社会科学院出版社，2012．
[31] 陈文汉．证券投资理论与实务[M]．北京：清华大学出版社，2012．
[32] 吴可．证券投资理论与市场操作[M]．北京：清华大学出版社，2012．
[33] 邱立波．K线技术分析[M]．北京：中国宇航出版社，2012．
[34] 黄凤祁．形态理论赢利实战[M]．北京：经济管理出版社，2013．
[35] 吉姆·罗杰斯．街头智慧：罗杰斯的投资与人生[M]．杨青，译．北京：机械工业出版社，2013．
[36] 雷冰．股市投资资金管理与止损止盈技巧[M]．北京：中国宇航出版社，2013．
[37] 张新民，钱爱民．财务报表分析[M]．4版．北京：中国人民大学出版社，2017．
[38] 詹姆斯·奥肖内西．投资策略实战分析：华尔街股市经典策略20年推演[M]．北京：机械工业出版社，2014．
[39] 吴晓求．证券投资学[M]．4版．北京：中国人民大学出版社，2015．
[40] 张维．证券投资学[M]．北京：高等教育出版社，2015．
[41] 魏建华，李雯，方芳等．证券市场概论[M]．6版．北京：中国人民大学出版社，2015．
[42] 赵锡军，魏建华．证券投资分析[M]．6版．北京：中国人民大学出版社，2015．
[43] 王军旗，王海山．证券投资理论与实务[M]．4版．北京：中国人民大学出版社，2015．
[44] 中国证券投资基金业协会组编．证券投资基金[M]．北京：高等教育出版社，2015．
[45] 李向科．证券投资技术分析[M]．5版．北京：中国人民大学出版社，2015．
[46] 扬得勇，葛红玲．证券投资学[M]．3版．北京：中国金融出版社，2016．
[47] 廖海燕．技术指标分析大全[M]．广州：广东经济出版社，2016．
[48] 吴晓东．证券投资技术分析[M]．成都：西南财经大学出版社，2016．
[49] 刘钟海．证券投资学[M]．北京：经济管理出版社，2016．
[50] 高广阔．证券投资理论与实务[M]．3版．上海：上海财经大学出版社，2016．
[51] 斯蒂芬 H．佩因曼(Stephen H．Penman)．财务报表分析与证券估值[M]．5版．北京：机械工业出版社，2016．
[52] 证券业从业人员一般从业资格考试专家组．证券市场基础知识2017[M]．北京：中

国金融出版社，2017.

[53] 扬波. 技术指标与买卖点分析[M]. 北京：电子工业出版社，2017.

[54] 郑振龙，陈蓉. 金融工程[M]. 北京：高等教育出版社，2012.

[55] Martin L. Leibowitz. Franchise Value: A Modern Approach to Security Analysis. Wiley &Sons, 2004.

[56] James Monitier. Value Investing: Tools and Techniques for Intelligent Investment. Wiley &Sons, 2009.

[57] Godon, Myron J. Dividends, Earings and Stock Prices. Review of Economics and Statistics, 1959, 41(2): 99-105.

[58] Brainard W. C. and J. Tobin. Pitfalls in Financial Model Building. American Economic Review, 1968, 58(2): 99-122.

[59] Franco Modigliani and Merton H. Miller. The Cost of Capital, Corporation Finance and the Theory of Investment. The American Economic Review, 1958, 48(3): 261-297.

[60] Martin L. Leibowitz and Stanley Kogelma. Franchise Value and the Growth Process. Financial Analysis Journal, 1992, 48(1): 53-62.

教学支持说明

▶▶ 课件申请

尊敬的老师：

您好！感谢您选用清华大学出版社的教材！为更好地服务教学，我们为采用本书作为教材的老师提供教学辅助资源。鉴于部分资源仅提供给任课教师使用，请您直接用手机扫描下方二维码实时申请教学资源。

任课教师扫描二维码
可获取教学辅助资源

▶▶ 样书申请

为方便教师选用教材，我们为您提供免费赠送样书服务。任课教师扫描下方二维码即可获取清华大学出版社教材电子书目。在线填写个人信息，经审核认证后即可获取所选教材。我们会第一时间为您寄送样书。

任课教师扫描二维码
可获取教材电子书目

清华大学出版社

E-mail: tupfuwu@163.com　　网址：http://www.tup.com.cn/
电话：8610-62770175-4506/4340　　传真：8610-62775511
地址：北京市海淀区双清路学研大厦B座509室　　邮编：100084